多数当事者間契約の研究

中舎寛樹
Hiroki Nakaya

日本評論社

はしがき

本書は、椿寿夫先生の提唱による、「三角・多角取引」現象についての「多角的発想からする法律構成の可能性」という課題に対する著者なりの答案である。厳しい先生のことゆえ、到底合格だとはいわれないであろうが、努力賞くらいをいただけるかもしれない。

三人以上の多数当事者間で、各当事者が取引によってそれぞれ固有の利益を実現するために、独立の当事者として契約を個別に締結し、これら複数の契約を組み合わせることによって、意思表示の合致がない当事者間を含めて、一つの社会的・経済的目的を達成しようとする取引が多数存在する。椿先生は、一九九九年から二〇〇〇年にかけて、これを三角取引ないし多角取引と命名され、これに新たな法律構成上の概念としての可能性があることを提唱された（椿寿夫「民法学における幾つかの課題（一）（七）（八）（九）」法教二二四号六七頁、二三一号三一頁以下、二三二号五五頁以下、二三三号六五頁）。その後、二〇一二年には、椿民法研究塾を母体とする共同研究を組織され、著者との共同編集になる『多角的法律関係の研究』を上梓され、さらに二〇一五年にも、「三角取引（多角取引）について（上）（中）（下）」（NBL一〇四八号四頁、一〇五〇号四四頁、一〇五一号四一頁）において、これまでの研究の発端と場面、契約・法律行為の分類との関係、要件、効果を明確にする必要があること、理論的には、契約＝二当事者原則ないし契約の相対効を見直す必要があることを指摘されている。このような椿先生の発想とそれに端を発する共同研究が本書の前提的基礎となったことはいうまでもない。また、二〇一六年には、日本私法学会第八〇回大会（東京大学）において、著者を責任者として、共同研究を基礎としたシンポジウム「多角・三角取引と民法」を実施した（私法七九号三頁以下、NBL一〇八〇号四頁以下参照）。

その間、著者は、共同研究の一員として、椿先生の編集ないし椿先生と著者の共同編集による研究においていくつかの論文を公表してきたが、それとは別に、単独でも多角的発想からする法律構成に関する研究を少しずつ進めてきた。本書の基になった論文は、「三角・多角の観念と団体的発想」（椿寿夫編『三角・多角取引と民法法理の深化（別冊NBL一六一号）』〔商事法務研究会、二〇一六年〕二三五頁）以外は、椿先生の編集（ないし著者との共同編集）による多角関係に関する共同研究の外で発表してきたものである。共同研究での論文は、あくまで一つの研究の一部をなすものと考えたからである。ただし、例外的に、右の論文は、著者の個別的な研究を本書の題名でもある多数当事者間契約論へと橋渡しをするうえで、欠かすことができない論文であること、また同書に収録されている論文はそれぞれが独立性の高いものであることから、椿先生のお許しをいただいて本書に盛り込んだ。

本書で主張している多数当事者間契約論は、三人以上の当事者があらかじめ確定された合意事項について「同意」することにより、一つの契約関係が成立するというものである。これは、伝統的な法律行為論ないし契約成立論が前提としてきた二当事者間契約の原則とはまったく異なる契約論であるが、著者としては、これまでの研究により、このような契約論も十分成り立つものと考えている。しかし他方では、二当事者間契約の原則に対する十分な検討、とくに比較法的な検討が十分でないとの批判や、具体的な問題場面を保証取引と多数当事者間決済に限った限定的な立論にすぎないとの批判がありうる。著者としても、そのような批判に応える必要があることは十分承知しており、そのような意味では、本書は、著者の中間的なまとめである。今後もし著者にもなお体力・知力に余力があれば、そのような次の課題にも取り組みたいと考えている。

本書を上梓するにあたっては、日本評論社の串崎浩社長にまたまたお世話になった。「またまた」というくらいであるから、これまで何度も無理をきいていただいてきたが、今回も、ある日突然持ち込んだ話を例の如く「いいよ」の一言で引き受けてくださった。いつもながら感謝状を贈りたい気持ちだが、いつかは日本評論社が儲かるものも書きたいと思う。また、本書の校正は、今年四月に正式入社した明治大学大学院出身の晴山秀逸氏にお世話になった。社長から「今後の勉強のためだ」などと言われて押し付けられた仕事だったが、引用の確認、表記の統一など微細にわたって非常に丁寧にやってもらった。間違いの多い著者が言えた義理でもないが、今後とも「初心不可忘」で頑張ってほしい。

二〇一九年　初秋

中舎寛樹

『多数当事者間契約の研究』

目　次

はしがき　i
本書収録論文初出一覧　xi

第I章　序　論 ……… 1

第1節　問題提起 ……… 3
一　多角取引の意義　3
二　二当事者への還元構成の問題点　5
三　古典的多角取引の限界　6
四　複合契約論の展開　7
五　多角的発想の可能性　9

第2節　本書の構成……13
一　多角的発想が克服すべき課題　13
二　本書で取り扱う問題　14

第Ⅱ章　保証取引の構造……17

第1節　保証取引と錯誤……19
一　問題提起　19
二　保証取引における錯誤の裁判例　24
三　担保価値の誤信と保証取引　53
四　反社会的勢力と保証取引　59

第2節　保証取引の多角的構造……86
一　保証取引の構造と錯誤の意義　86
二　法人保証における免責の意義　108

第Ⅲ章　多数当事者間決済の構造……133
第1節　多数当事者間相殺の効力……135
一　問題提起　135
二　多数当事者間相殺契約の効力　141
第2節　多数当事者間決済の多角的構造……164
一　はじめに　164
二　多数当事者間相殺の対外的効力　166
三　一人計算・三面更改と対外的効力　172
四　一人計算・三面更改の限定と相互保証の併用　177
五　むすびにかえて　183
第Ⅳ章　多数当事者間契約の法理……187
第1節　多角的法律関係の法的課題……189
第1項　多角的発想からする法的課題　189
一　問題提起　189

二　法定複合取引に関する個別規定とその限界　193
三　現代的複合取引に関する従来の見解とその限界　197
四　多角的法律関係として構成する可能性　211
第2項　多角的発想と団体的発想　224
一　はじめに　224
二　法人と組合の相対的関係　225
三　団体と契約の相対的・連続的関係　227
四　団体と多角取引との類似性・連続性　229
五　団体を参考にした多角取引の基準　233
第2節　多数当事者間契約論……238
第1項　多角取引の法律構成　238
一　多角的発想による法律構成の課題　238
二　多角的発想による法律構成の可能性　239
三　二当事者間契約の「原則性」について　244
四　多数当事者間契約の法律構成　249
第2項　ボアソナードの合意論と多数当事者間契約論　255
一　はじめに　255
二　民法起草者による法律行為規定の位置づけ　257
三　従来の学説におけるボアソナードの契約論の評価　259

四　ボアソナードの合意論　264
五　多数当事者間契約論との関係　273
第3節　多数当事者間契約論の展開……281
第1項　抗弁の接続に関する給付関連性説と多数当事者間契約論　281
一　はじめに　281
二　抗弁の接続に関する給付関連性説　282
三　給付関連性説の特徴　288
四　多数当事者間契約論との比較　291
五　むすびにかえて　295
第2項　三層的法律行為論と多数当事者間契約論　298
一　はじめに　298
二　三層的法律行為論　299
三　三層的法律行為論の評価　305
四　多角取引と三層的法律行為論　310
五　むすびにかえて　315
第4節　多数当事者間契約と相互協力義務……319
一　多数当事者間契約論　319
二　保証取引の多角的構造　324
三　保証と錯誤に関する裁判例とその実際上の意義　326

四　多数当事者間決済と多角取引　335
五　保証取引における各当事者の相互協力義務の内容　340
六　むすびにかえて　344

本書収録論文初出一覧

第Ⅰ章　序　論

第1節　問題提起

「多角・三角取引と民法――問題提起」ＮＢＬ一〇八〇号（二〇一六年）四頁

第2節　本書の構成

「多角・三角取引と民法――問題提起」ＮＢＬ一〇八〇号（二〇一六年）九頁

第Ⅱ章　保証取引の構造

第1節　保証取引と錯誤

「空クレジット契約と連帯保証契約の錯誤無効」法教二七〇号（二〇〇三年）一一四頁

「保証取引と錯誤」名法二〇一号（二〇〇四年）二八九頁

「一　物的担保の価値を誤信して締結した保証契約と錯誤　二　主債務の債権譲渡を異議なく承諾した場合と保証契約の錯誤無効の主張」リマークス四七号（二〇一三年）三八頁

「反社会的勢力を主債務者とする信用保証協会の保証契約と要素の錯誤（否定）」判評六六四号（判時二二一七号）（二〇一四年）六頁

第2節　保証取引の多角的構造

「保証取引の多角的構造と錯誤無効の意義」明治大学法科大学院論集一七号（二〇一六年）九九頁

「法人根保証と保証契約解約事由――免責とその法的根拠」椿寿夫＝堀龍兒＝河野玄逸編『法人保証・法人根保証の法理――その理論と実務』（商事法務研究会、二〇一〇年）九一頁

第Ⅲ章　多数当事者間決済の構造
第1節　多数当事者間相殺の効力
「債権の差押えと相殺予約に基づく相殺の優劣」民商一一五巻六号（一九九七年）一〇一一頁
「多数当事者間相殺契約の効力」堀龍兒＝鎌田薫＝池田真朗＝新美育文＝中舎寛樹編『伊藤進先生古稀記念論文集・担保制度の現代的展開』（日本評論社、二〇〇六年）三三四頁
第2節　多数当事者間決済の多角的構造
「多数当事者間決済の対外的効力」法時八三巻二号（二〇一一年）七〇頁
第Ⅳ章　多数当事者間契約の法理
第1節　多角的法律関係の法的課題
第1項　多角的発想からする法的課題
「多角的法律関係の法的構造に関する覚書」名法二二七号（二〇〇八年）一八五頁
第2項　多角的発想と団体的発想
「三角・多角の観念と団体的発想」椿寿夫編著『三角・多角取引と民法法理の深化（別冊NBL一六一号）』（商事法務研究会、二〇一六年）一三五頁
第2節　多数当事者間契約論
第1項　多角取引の法律構成
「多角的発想からする法律構成の可能性」NBL一〇八〇号（二〇一六年）一七頁
第2項　ボアソナードの合意論と多数当事者間契約論

「ボアソナードの合意論と多数当事者間契約論」伊藤進先生傘寿記念論文集編集委員会編『現代私法規律の構造』（第一法規、二〇一七年）一頁

第3節　多数当事者間契約論の展開

第1項　抗弁の接続に関する給付関連性説と多数当事者間契約論

「抗弁の接続と多角取引」名法二七〇号（二〇一七年）一六三頁

第2項　三層的法律行為論と多数当事者間契約論

「三層的法律行為論と多数当事者間契約論」加藤新太郎＝太田勝造＝大塚直＝田髙寛貴編『加藤雅信先生古稀記念・21世紀民事法学の挑戦（下巻）』（信山社、二〇一八年）五頁

第4節　多数当事者間契約と相互協力義務

「保証取引と相互協力義務」法論九一巻二・三号（二〇一八年）一五九頁

第Ⅰ章 序　論

第1節　問題提起

一　多角取引の意義

1　多角取引の意義

近代市民法においては、契約は、申込者と承諾者の二当事者間での意思表示の合致により形成されるという原則が採られている。しかし、実際には、「三人以上の多数当事者間」で、各当事者が取引によってそれぞれ「固有の利益」を実現するために、独立の当事者として契約を個別に締結し、これら複数の契約を組み合わせることによって、「意思表示の合致がない」当事者間を含めて、「一つの社会的・経済的目的」を達成しようとする取引が存在する。本書では、このような「三当事者以上の者により、複数の契約によって、各当事者の独立の利益を実現するために行われる、一つの取引」現象を「**多角取引**」と呼んでおく。

(1)　現代的多角取引

このような多角取引には、民法典に直接の規定がない現代的な取引として、たとえば、リース取引、第三者与信型取引、ネット契約、フランチャイズ契約、サブリース契約、下請負などがある。本書では、このように現代取引の必要性に応じて展開されている多角取引を「**現代的多角取引**」と呼んでおく。

(2)　古典的多角取引

また、民法典にすでに規定があるか解釈上その存在が定着している多角取引も存在する。たとえば、保証取引、併存的債務引受け、第三者のためにする契約、転貸借などは、多数の当事者が固有の利益を有しながら複数の契約から構成されている取引である。本書では、このような民法典に規定があるか解釈上その存在が定着している多角取引を「古典的多角取引」と呼んでおく。

2　取り上げない問題

(1)　取引ではない多角的法律関係

その他、契約関係に限定しなければ、復代理、連帯債務など多数当事者間の債権債務関係、債権者代位権、詐害行為取消権、三者間不当利得、共同不法行為などもまた、多数の当事者が固有の利害関係を有する多角的な法律関係であるといえよう。本書では、多角取引とこれらの関係を含めて「**多角的法律関係**」と呼ぶことがあるが、テーマを契約の結合による取引に限定し、これらは取り上げない。

(2)　隠れた多角取引

他方、代理、債権譲渡、免責的債務引受け、契約譲渡、弁済による代位、債権者・債務者の交替による更改、物上代位などでも、多数の者により一つの法律関係が形成されているが、これらでは、多数当事者の関係を二当事者の関係に還元し、そこから離脱する当事者を独立の当事者としない工夫がなされており、三当事者以上の者による複数の契約が存続しているわけではない。したがって、これらの制度・概念は、現在の法律構成からすれば、厳密には、本書でいう「多角取引」ないし「多角的法律関係」とはいえない。しかし、これらでは、それぞれにおいて法律関係から離脱すると構成されている当事者の法的地位をどのように解すべきかという問題があり、これは、実際には多数の当事者が参加して行われた取引が二当事者関係に置き換えられていることの妥当性を見直すという意味において、多角取引ないし多角的法律関係に準ずる場合であって、多角取引と連続性があり、「**隠れた多角取**

引」ともいうべき場合である。しかし、本書では、(1)と同様、テーマを契約の結合による取引に限定し、これらは取り上げない。

3　複合契約的発想と多角的発想

最後に、本書では、多角取引をどのように法律構成するかという問題を取り上げるが、これについて、二当事者間の契約の存在を前提に、それらの結合要素を考える発想を「**複合契約的発想**」と呼び、多数当事者の存在から、それらすべての当事者を包括する契約を観念する発想を「**多角的発想**」と呼ぶことにする。

二　二当事者への還元構成の問題点

前述したように、民法では、多数当事者による取引を法的にどのように捉えるかについて、基本的には、これを二当事者間の法律関係に還元するという構成が採られてきた。たとえば、代理では、代理人を本人に代わる意思表示の担い手と構成することにより、本人・代理人・相手方という三当事者間の法律関係を本人と相手方の契約と構成することによって二当事者間の法律関係に還元されてきた。債権譲渡や免責的債務引受けでは、契約関係の一方当事者の立場を承継すると構成することによって、譲渡人・譲受人・債務者ないし引受人という三当事者間の法律関係を二当事者間の法律関係に還元することが行われてきた。弁済による代位や物上代位でも、代位される者の地位を代位者が承継するという構成が採られている。そこで、多角取引、とくに現代的多角取引についてもこれと同様の構成が採れないかが問題になるが、これらの構成では、二当事者の一方当事者の内部関係に還元された当事者の固有の利益を内部関係としてしか構成できず、多角取引における各当事者の固有の利益を反映した結果を導くことができない。

そのような現象は、とくに、現代的多角取引において顕著に現れる。たとえば、もっとも典型的に問題が現れるのは、リース取引のように、契約が循環的に連鎖する場合において、直接契約関係がないサプライヤーとユーザー間の法律関係を契約に基づいて基礎づけることが困難であるというような場合である。同じような問題は、第三者与信型取引における信販会社と消費者間のいわゆる抗弁権の接続について、特別法がない場合にも見られるところである。また、下請負のような二当事者間の契約が順次連続する取引でも、注文者と下請人間の法律関係は不明確であり、下請がさらに連続的に拡大している場合には、元請人と末端の下請人との関係も不明確である。さらに、契約譲渡のように、契約当事者の地位を承継させる構成が採られる場面では、譲渡人・譲受人・相手方の三者間では、譲渡人を完全に契約関係から離脱させることが妥当ではない場合もあるのではないかという問題が生じている。

三　古典的多角取引の限界

このような問題の解決のために、保証取引、併存的債務引受け、第三者のためにする契約、転貸借のような古典的多角取引の構成を利用することが考えられる。たしかに、これらでは、固有の利益を有する第三の当事者の存在を前提にしなければならないために、すでに特別の規定や解釈が存在する。すなわち、第三者のためにする契約や転貸借に見られるように、二当事者間の契約関係を前提にしながら、その契約の当事者ではない者（受益者、転借人）について特別の規定（民五三七条以下、民六一三条）が設けられ、また、保証取引や併存的債務引受けに見られるように、主債務契約を前提としながら、保証契約や債務引受契約をそれに附従する契約と位置づける解釈が行われている。しかし、これらは、特殊な問題に関して契約関係にない者に対する権利（転貸借）ないし契約関係にない者の権利（第三者のためにする契約）を定める限定的な規定であるために、二つの契約を結びつけるために機能するにとどまり、契約関係にない当事者間の関係（転貸借における賃貸人と転借人の関係、第三者のためにする契約の要約者・諾約者・受益者の関係、保証取引ないし併存的債務引受けにおける債務者と保証人・引受人の関係）を取引構造に取り込むものではないので、これらによっては、三当事者間に存在する種々の利益状況に応じた法律効果を導くことが難しい。

四　複合契約論の展開

このような問題を克服するために、これまで各問題場面で数多くの解釈上の努力がなされてきたことは言うまでもない。ここでこれらのすべてを取り上げることは到底できないので、以下では、検討の対象とされた多角取引ごとに、代表的な見解を時系列的に取り上げておく。

1　下請負・サブリース

わが国では、下請負やサブリースのように、二つの契約が連続的に結合する場合について、前述の二当事者還元構成による履行補助者論などが主張されてきたが、この段階ですでに、第一契約における当事者の義務を第二契約の相手方にも及ぼすために、元請人の安全配慮義務を下請人の従業員に拡大する付随義務の拡大論[1]や、フランス法を参考にして、同一財産についての権利義務が特定承継されるとする特定承継論[2]、債権者代位権の転用論[3]、取引についての大筋の合意である基本契約と個別契約からなるとする基本契約論[4]などが展開されていた。これらは、特定の問題場面を超えて、今日でもなお、多角取引一般についても有用な視点を提供している。

2　リース取引・第三者与信型取引

しかし、多角取引が本格的に議論の対象となる契機となったのは、リース取引、第三者与信型取引であり、最近の議論では、いわゆる「複合的契約」論といわれる多数の議論が先行している。すなわち、リース取引におけるユーザーの修補請求権、第三者与信型取引における買主の抗弁権を認めるために、前述の場合と同様に与信者の付随義務違反とする付随義務の拡大論[5]のほか、システムに関与し利益を享受した者は割合的にリスクも負担すべきであるとするリスクの割合的配分論[6]、端的に三当事者からなる契約関係であるとする三当事者契約論[7]、提携契約によって販売契約と与信契約間には相互に他方を条件とする牽連関係が認められるとする提携契約論[8]、複数の契約の複合体としての契約結合によって相互依存効が認められるとする契約結合論[9]、共通した債務負担の実質的理由（コーズ）によって各契約の相互依存効がもたらされるとする給付の関連性論[10]、当事者の合意した契約を取引の経済的実質に従って組み換える契約組換論[11]などが展開された。

3　その後の議論

その後、同一当事者間ではあるが、マンションの販売契約とスポーツクラブ会員契約が締結されたが、後者の不履行により前者を解除できるとする判例が現れ[12]、これを理論的に説明するために、売買契約上の付随義務の拡大論[13]、枠契約と支分契約からなる取引であるとする枠契約論[14]、個々の契約から得られる利益以上に契約の複合により産み出される付加価値が本質的要素となっている契約であるとするハイブリッド契約論[15]などが示されている。

他方、必ずしも多角取引ないし多角的法律関係を対象とした議論ではないが、これらの議論を普遍化する可能性がある最近の議論として、意思を中心にしたパラダイムの限界を指摘して当事者の置かれている社会関係そのものが契約の拘束力や契約上の義務を生み出すとする関係的契約論[16]、法律行為は表面上の表層合意とは別に深層レベルでの深層合意があるとする三層的法律行為論[17]、契約の相対性原則そのものを限定的に解する契約の第三者効論[18]などがあり、多角取引を直接の対象とするものとしては、フランス法上のコーズ概念を参考に各個別契約を締結した当事者の目的を淵源として契約の相互依存効を認める契約の目的論[19]がある。

これら3の見解は、後述の多角的発想と共有しうる視点に基づいており、簡単に複合契約的発想として位置づけることができない側面がある。

五　多角的発想の可能性

以上の諸見解の詳細、およびこれらをどのように整理し、どのように評価するかについて、現在では問題点が多様化・重層化し、内容的にはもはや一つの軸で分析することが困難である。しかし、これらの複合契約的構成を契約の捉え方という観点から見るときには、これらは共通した問題点を抱えているように思われる。すなわち、これらの「複合契約的発想」に基づく構成は、端的に言えば、多角取引を二当事者の契約関係とその延長上で問題を捉えるため、第三者与信型取引のように、三当事者が循環的に契約関係で連結されている場合や、マンション販売とスポーツクラブ会員契約のように、二当事者間で複数の契約が締結される場合には、各契約間の相互関係が問題になるとはいえ、三者間の法律関係ないし複数の契約関係を契約関係として説明できる。しかし、下請負、リース取引、サブリース契約、ネット契約のように、契約で連結されていない当事者が存在する取引では、当然のことながら、これらの者の間には契約が存在しないので、その権利義務関係を相互的に問題にすることができないという問題がある。このため、このような複合契約的発想では、実際には多数の固有の利益を有する当事者が存在するにもかかわらず、すべての当事者間の権利義務関係を関連づけて規律するための明確な根拠・基準・効果を導くことが困難である。

これに対して、問題を実体から捉えるならば、取引をそのまま場面として、いわば面で捉え、多数当事者により一つの法律関係が形成され、その効果として各当事者に法律効果が発生し、またそのような法律関係が移転し、消滅するという構成を採ることが考えられてよいのではないか。これが「多角的発想」ということである。これは、いわば「線」としての契約の連鎖ではなく、取引場面をあるがままに「面」として捉えた契約関係を構想できないかという発想である。前述のように、従来わが国で議論の対象とされてきた多角取引現象を多角的な発想から捉えるならば、従来、二当事者による契約の成立を前提として、直接の契約関係にはないと理解されてきた当事者間にも一定の法律関係があることを導ける可能性が出てくるのではないかと考えられる。

このような発想は、実はすでに、たとえばドイツにおいて、リース取引を Dreieck（三角）の関係であるというカナーリス、法律行為を einseitige Rechtsgeschäft（一方行為）、mehrseitige Rechtsgeschäft（多方行為）に分類するボルフ＝ノイナー、ヒュップナー、メディクスや、最近、『多方契約』（mehrseitige Vertrag）なる著書を刊行して、ドイツでは組合契約を例外として、二当事者間契約に主たる関心が置かれてきたことの問題点を指摘するツヴァンツガー、『契約結合と契約システム』（Vertragsbünde und Vertragssysteme）なる著書を刊行して、現代的多角取引を契約ネットとその下位概念である契約システムと契約結合により説明するマルツァーなどに萌芽が見られるが、その法律構成の詳細はいまだ明らかでない[20]。

このような発想は、むしろわが国において一五年以上前から展開されている椿寿夫博士の研究に見られるところである。同博士は、一九九九年から二〇〇〇年にかけて、複合契約的構成に関する研究やドイツ法での議論を踏まえつつ、多数の事例を挙げて、契約関係にない者の間でどのような法律効果が生じると解すべきか、また契約関係が連鎖している場合に契約相互の影響をどのように捉えるべきかなど、多角取引の問題点を指摘し、「多角的法律関係」「多角取引」という発想が、単に問題を捉える際の視点にとどまるのではなく、取引関係を捉える新たな法律構成上の概念としての可能性があることを示されており、[21]その後、筆者との編集により、共同研究の成果として、従来の複合契約的構成では、取引の基礎・根底に関する部分を明らかにできないのではないかとの観点から、各種の多角的法律関係の分析をした『多角的法律関係の研究』を上梓されている。[22]さらに近年でも、「三角取引（多角取引）について」と題する論文を公表され、これまでの研究の発端と場面、契約・法律行為の分類との関係、ドイツにおける研究状況、課題へのアプローチの方法などを検討され、今後は、多角取引の範囲、要件、効果を明確にする必要性があること、理論的には、契約＝二当事者原則ないし契約の相対効を見直す必要があることを主張されている。[23]このような同博士の発想と、それに端を発する共同研究が本書を刊行する前提的基礎となったことはいうまでもない。

（1）　判例として、最判平成3・4・11判時一三九一号三頁がある。
（2）　野澤正充「契約の相対的効力と特定承継人の地位（一）〜（五・完）」民商一〇〇巻一号一〇八頁、二号二八一頁、四号六二〇頁、五号八六二頁、六号一〇六六頁（いずれも一九八九年）。
（3）　平野裕之「債権者代位権の優先的債権回収制度への転用（一）〜（三）」法論七二巻二・三号一頁、四号六五頁（いずれも一九九九年）、六号（二〇〇〇年）八三頁。
（4）　加藤雅信『契約法』（有斐閣、二〇〇七年）五三〇頁以下。
（5）　植木哲ほか「特別座談会・消費者信用取引における抗弁権対抗の法律構成と射程距離」金法一〇四一号（一九八三年）五四頁以下〔山下、根岸発言〕、長尾治助『消費者信用法の形成と課題』（商事法務研究会、一九八四年）一七〇頁以下、松本恒雄「クレジット契約と消費者保護」ジュリスト九七九号（一九九一年）一九頁以下。
（6）　本田純一『契約規範の成立と展開』（一粒社、一九九九年）一八七頁以下。

（7）　半田吉信「ローン提携販売と抗弁権の接続条項（上）（下）」判タ七二四号六〇頁以下、七二五号二七頁以下（いずれも一九九〇年）。
（8）　執行秀幸「第三者与信型消費者信用取引における提携契約関係の法的意義」国士舘一九号（一九八七年）三七頁、新美育文「ローン提携取引についての一考察（上）（下）」ジュリスト八九三号一二〇頁、八九七号一〇一頁（いずれも一九八七年）。
（9）　谷川久＝北川善太郎「約款――法と現実（4・完）」NBL二四二号（一九八一年）八二頁以下、北川善太郎『現代契約法Ⅱ』（商事法務研究会、一九七六年）五五頁以下。
（10）　千葉恵美子「割賦販売法上の抗弁権接続規定と民法」民商九三巻臨時増刊(2)（一九八六年）二八〇頁以下、同「『多数当事者の取引関係』をみる視点」椿寿夫教授古稀『現代取引法の基礎的課題』（有斐閣、一九九九年）一六一頁以下。
（11）　山田誠一「『複合契約取引』についての覚書（一）・（二・完）」NBL四八五号三〇頁、四八六号五五頁以下（いずれも一九九一年）。
（12）　最判平成8・11・12民集五〇巻一〇号二六七三頁。
（13）　北村實「複数契約上の債務不履行と契約解除」星野英一ほか編『民法判例百選Ⅱ〔第五版新法対応補正版〕（別冊ジュリスト一七五号）』（有斐閣、二〇〇五年）一〇一頁、同「判批」法時六九巻一二号（一九九七年）一〇三頁以下、宮本健蔵「混合契約および複合契約と契約の解除」志林九九巻一号（二〇〇一年）四三頁以下。
（14）　河上正二「判批」判評四七〇号（一九九八年）一八頁（判時一六二八号一八〇頁）、同「ホーム契約と約款の諸問題」下森定編『有料老人ホーム契約』（有斐閣、一九九五年）一七〇頁以下。
（15）　池田真朗「『複合契約』あるいは『ハイブリッド契約』論」NBL六三三号（一九九八年）六頁以下。
（16）　内田貴『契約の再生』（弘文堂、一九九〇年）二二三頁以下、同『契約の時代』（岩波書店、二〇〇〇年）二九頁以下。
（17）　加藤雅信『民法総則〔第二版〕』（有斐閣、二〇〇五年）二六一頁以下。
（18）　岡本裕樹「『契約は他人を害さない』ことの今日的意義（一）〜（五・完）」名法二〇〇号一〇七頁、二〇三号一七三頁、二〇四号一三五頁、二〇五号一一九頁（いずれも二〇〇四年）、二〇八号（二〇〇五年）三三五頁。
（19）　都筑満雄『複合取引の法的構造』（成文堂、二〇〇七年）三三二頁以下。その他に、松浦聖子「フランスにおける契約当事者と第三者の関係および契約複合理論」法研七〇巻一二号（一九九七年）五六一頁。
(20) ドイツ法については、後掲注（23）の椿・ＮＢＬ一〇四八号（二〇一五年）一〇頁以下による。
(21) 椿寿夫「民法学における幾つかの課題（一）（七）（八）（九）」法教二二四号六七頁、二三一号三一頁以下（いずれも一九九九年）、二三二号五五頁以下、二三三号六五頁（いずれも二〇〇〇年）。
(22) 椿寿夫＝中舎寛樹編『多角的法律関係の研究』（日本評論社、二〇一二年）。
(23) 椿寿夫「三角取引（多角取引）について（上）（中）（下）」ＮＢＬ一〇四八号四頁、一〇五〇号四四頁、一〇五一号四一頁（いずれも二〇一五年）。

第２節　本書の構成

一　多角的発想が克服すべき課題

多角的発想を実際に理論化し、法律構成として生かすためには、乗り越えなければならない課題は非常に多い。多角的発想は、多数当事者の存在から、従来の二当事者間契約の原則からすれば契約関係にない当事者を含めて、それらすべての当事者を包括する契約を観念するとともに、契約関係で繋がれている当事者間にあっては、契約が相互に影響を及ぼすという構成であるから、二当事者間契約の原則、債権の相対性ないし契約の相対効論、契約当事者と第三者を分断する契約当事者論[24]、現代的多角取引で語られている経済的一体性論・協調関係論・提携契約論、多数の者が共同の事業を行う際の組合契約・法人などの団体論との関係解明[25]などは、このような多角的発想が真っ先に直面する課題であり、また、従来の解釈論的努力、たとえば、履行補助者論、抗弁権の接続、直接訴権、契約の目的という構成などとの関係も明らかにしなければならない。そもそも、このような発想は、前述した問題を扱った研究者であれば、多角という言葉を用いなくとも、誰もが一度は抱いたことがあるといえるかもしれない。そうであるとすれば、多角的発想を、問題を捉える際の視点として受け容れながら、従来の二当事者間契約の原則を前提に、その修正をはかるほうが、より現実的で実際的な途ではないかという見方もあるであろう。とくに、債権の相対性ないし契約の相対効原則や契約成立に関する二当事者契約の原則の問題は、民法の体系的基礎に関わる問題であり、歴史的研究、比較法研究などを踏まえた検討が必要であり、早計に結論を出すことは不可能である。また、多角取引をどのように整理し、類型化するか、また類型化できるかは、それ自体が重大な問題であり、民法の取引法体系の見直し、ひいてはその組み直し、すなわち立法論にも繋がる問題である。

二　本書で取り扱う問題

そこで、本書では、具体的には、代表的な多角取引のみを取り上げ、その問題点を提示したうえで、それを克服するための法律構成につき、二当事者還元的発想や複合契約的発想により従来考えられてきた各種の構成と、多角的発想による構成を比較検討し、それらを踏まえて、多角取引について、多角的発想からする新たな法律構成を呈示することにしたい。

すなわち、具体的には、代表的な古典的多角取引として「**保証取引**」を取り上げる。保証取引は、主債務契約と保証契約からなる取引関係であり、債権者、主債務者、保証人の三者によって取引関係が形成されている。主債務契約と保証契約は、伝統的な法律構成の下では、別々の契約であるが、保証契約は、それだけが独立して存在することはありえず、主債務契約の存在を前提にしている（保証債務の附従性）。また、伝統的な法律構成の下では、保証委託関係は、保証契約の成立等に無関係なものと解されているが、実際には、他人の債務を何の利害関係もなく保証するなどということは現実的ではない。そうすると、保証取引は、実際には、主債務契約・保証契約・保証委託関係からなる多角取引であると考えられる。本書での課題は、この実際上の関係を法律上の関係として構成するためにはどのように考えるべきかということになる。

次に、現代的多角取引として「**多数当事者間決済**」を取り上げる。現代においては、三者またはそれ以上の当事者間に存在する複数の債権を対当額で同時に消滅させ、全体として同時決済をはかろうとする契約関係が存在する。たとえば、ＡがＢに対して甲債権を有し、ＢがＣに対して乙債権を有し、さらにＣがＡに対して丙債権を有する場合に、甲乙丙を同時に消滅させる契約や、ＡがＢに対して甲債権を有し、ＢがＣに対して乙債権を有する場合に、Ｂの信用悪化に際して甲と乙を同時に消滅させる契約などがある。消滅する複数の債権が同一当事者間で相対立していないので、この相殺は法定相殺とは異なるが、同一企業グループ内や緊密な取引関係にある者相互間での債権回収ないし清算処理をはかることができる点にメリットがある。そうすると、このような多数当事者間決済は、実際には、複数の当事者間の利害関係を一括して解決するために利用される多角取引であると考えられる。しかし、このような取引は、当事者以外の者（典型的には差押債権者）の利害と衝突する。したがって本書での課題は、このような多数当事者間決済の仕組みを法律上どのように取り扱うべきか、とくに対外的効力を認めることができるか、またそれを認めるべきでないとすれば、どのような契約関係を形成すれば、この仕組み全体が対外的効力を有するものとして認めることができるかということになる。

多角取引の分析、検討の視点は、筆者としては、前述のように、取引を個別契約の結合による「線」で捉えるか、すべての当事者を包括する契約のように「面」で捉えるか、というように比ゆ的に対比したところを基本的な発想の違いとしながら、その構成要素が何であるかについて、個人の「意思」と取引の「構造」を両極とする軸に沿って、各取引の成立・効力・移転・消滅の場面ごとに分析することであり、それによって、多角取引に共通する課題とそのための新たな法律構成が浮き彫りになるのではないかと考える。

(24)　池田真朗「契約当事者論」山本敬三ほか『債権法改正の課題と方向〔別冊NBL五一号〕』（商事法務研究会、一九九八年）一四七頁（とくに一六〇頁以下）は、当事者概念と第三者概念の区分の見直しという観点から多角取引に迫るものであり、かつ、それが契約構造論にかかわることを指摘する先駆的研究である。多角的発想からすれば、契約の「相手方」は取引の「当事者」として捉えることが必要であり、「第三者」もまた当事者となりうるものであって、当事者・第三者という概念の見直しが必要になることはいうまでもない。

(25)　河上正二「定款・規約・約款」竹内昭夫編著『特別講義商法Ⅱ』（有斐閣、一九九五年）三四頁（初出、法教一三八号〔一九九二年〕四三頁）は、複合的契約、マルチ販売組織、会員制サービス提供契約などの多様な組織形態や契約形態を考えるとき、従来の個人法・団体法、行為法・組織法といった二分論は必ずしも適合的ではないとして、これを各構成員間の関係（個々人のネットワーク的契約関係）から出発して、団体の組織原理を契約法の観点から捉え直す視点の重要性を指摘する先駆的研究である。同『民法総則講義』（日本評論社、二〇〇七年）一四三頁も参照。

第Ⅱ章

保証取引の構造

第1節　保証取引と錯誤

一　問題提起

以下では、最判平成14・7・11日判時一八〇五号五六頁を素材として、保証取引と錯誤に関する法律構成上の問題点を示すことにする。これは、空クレジット契約の連帯保証契約に関する事例である。

1　事実と判旨

(1)　事実

A社は、B社から機械を購入する契約を締結し、その代金につき、Xとの間で立替払契約（クレジット契約）を締結した。Yは、Aの従業員であり、Aに依頼されてこの立替払契約につき連帯保証契約を締結した。しかし、これは、Aの営業資金を捻出するために実際には売買契約がないままなされた、いわゆる空クレジットであり、XからBへ支払われた立替金は、Bが受領後にAに交付するという約束になっていた。その後、Aが分割金の支払いを怠り、倒産してしまったので、XはYに対して保証債務の履行を請求した。これに対して、Yは、連帯保証契約は空クレジットであることを知らずに締結したものであり、錯誤（民九五条）により無効であると主張した。第一審、原審はともに、クレジット契約は金融の性質を有しており、それが実体のあるものであっても、空取引に基づくものであってもこのことは異ならないことからすれば、機械の引渡の有無は連帯保証人Yにとってさほど重要な意味を持たず、この点についての誤信は動機の錯誤にすぎない、また、契約書面上に機械に関する表示があるといっても、空クレジットであれば保証契約を締結しないという動機が表示されたものとは認められないとして、Xの請求を認容した。Yが上告し、機械が実在することはクレジットの連帯保証契約にとって不可欠の構成要素であるなどと主張した。

(2)　判旨

最高裁は、原判決を破棄し以下のように自判した（Y勝訴）。「保証契約は、特定の主債務を保証する契約であるから、主債務がいかなるものであるかは、保証契約の重要な内容である。そして、主債務が、商品を購入する者がその代金の立替払を依頼しその立替金を分割して支払う立替払契約上の債務である場合には、商品の売買契約の成立が立替払契約の前提となるから、商品売買契約の成否は、原則として、保証契約の重要な内容であると解するのが相当である。…（中略）…本件立替払契約はいわゆる空クレジット契約であって、…（中略）…Yは、本件保証契約を締結した際、そのことを知らなかった、というのであるから、本件保証契約におけるYの意思表示は法律行為の要素に錯誤があったものというべきである。…（中略）…本件立替払契約のようなクレジット契約が、その経済的な実質は金融上の便宜を供与するにあるということは、原判決の指摘するとおりである。しかし、主たる債務が実体のある正規のクレジット契約によるものである場合と、空クレジットを利用することによって不正常な形で金融の便宜を得るものである場合とで、主債務者の信用に実際上差があることは否定できず、保証人にとって、主債務がどちらの態様のものであるかにより、その負うべきリスクが異なってくるはずであり、看過し得ない重要な相違があるといわざるをえない。まして、前記のように、1通の本件契約書上に本件立替払契約と本件保証契約が併せ記載されている本件においては、連帯保証人であるYは、主債務者であるAが本件機械を買い受けてXに対し分割金を支払う態様の正規の立替払契約であることを当然の前提とし、これを本件保証契約の内容として意思表示したものであることは、一層明確であるといわなければならない。」

２　問題点

空クレジット契約ないし空リース契約と連帯保証契約の錯誤無効について、従来、下級審判決の判断は分かれていた[1]。本判決は、この問題に関する初の最高裁判決であるだけでなく、下級審では錯誤無効否定の傾向がやや強かった中での肯定判決であるとともに、破棄自判判決であって、今後に与える影響は極めて大きいと思われる。

従来この問題は、連帯保証契約の動機の錯誤の問題として扱われてきた。しかし、この種のクレジット取引では、商品の売買契約・立替払契約・連帯保証契約が経済的には相互に牽連性を有しながら締結される。この点に着目するならば、ここでの連帯保証契約の効力も、本来は空クレジット取引の全体をどう捉えるかという観点から処理されるべきであり、①空クレジットであることを秘してなされた保証委託の効力や、②空クレジット契約そのものの効力と、それらが保証に与える影響が問題になるはずである。しかし、①については、今日、主債務者と保証人間の関係は保証契約の成否に直接影響を与えないと解されているので、これを前提にする限り保証契約の動機としてしか問題にしようがない[2]。また、②については、保証債務の附従性という点で問題となるところではあるが、従来の判例・学説は、クレジット契約の金融的側面と、主債務者自身が空クレジットを企てたという点を重視して、クレジット業者が善意（無過失）である限り、主債務者に無効ないし不成立の抗弁を認めず、結論的には空クレジット契約の効力を否定していない[3]。本判決もまた、「商品の売買契約の成立が立替払契約の前提」としながら、Ｙが上告理由で主張した立替払契約の無効について何らふれておらず、このことからすれば、空クレジットは正規のクレジット契約ではないが、金融の便宜を得るための金銭消費貸借類似の契約であるという第一審の判断をそのまま認めているようである。また、逆に本件売買が割賦購入あっせんにあたることを前提として、割賦販売法三〇条の四により、Yが連帯保証人としてAの機械未受領の抗弁権をXに対して援用することも考えられるが、そうすると本件では機械の購入行為がAにとって商行為になるため、これもできない（割賦販売三〇条の四第四項二号）。こうしてYとしては、連帯保証契約それ自体の効力を問題とせざるを得なくなるわけであるが、Aに騙されたという事実を率直に第三者の詐欺と法律構成してみても、Xが善意であることから認められない（民九六条二項）。そこで、Yは、XもYもAに騙されたとの主張を、いわば最後の手段として、Y自らが間違えたという法律構成に託しているのである。

本件における錯誤の主張の実質的な意味が以上のようであるとすれば、これは、表意者の動機の錯誤というよりは、保証契約の両当事者に共通する前提事情の誤解ないし共通錯誤、あるいは前提的合意と意思表示による合意との齟齬という概念で論じられる問題に近い[4]。すなわち、本件では、意思表示の相手方の信頼もまた誤信である以上、通常の錯誤の場合と同様に保護に値するものとはいえないので、これを表意者の動機の錯誤に関する判例や学説に当てはめて処理するのは適当ではない。ここでは、当事者双方が契約の前提事情を誤信したという意味で「要素の錯誤」であるか否かが問題となるのであるから、動機の錯誤についてどのような立場に立つかにかかわらず、当事者「双方」にとってその前提が崩れてもなお契約を維持する意思であったかを判断すべきである。

この点、動機の錯誤の範ちゅうで議論する場合には、クレジット・リース取引の金融的側面を重視する見解は、商品の存在は連帯保証人にとって副次的なものであるとして、要素性を否定し（本件第一審、原審も同じ）、他方、商品の存在がクレジット・リースの前提であることを重視する見解は、空取引であることは主債務者の信用という面で連帯保証人にとって重要であるとして、要素性を肯定する[5]。しかし、ここでの問題が当事者双方に共通するものであると捉えるときは、このような表意者にとっての事情を問題にするだけでなく、相手方であるクレジット・リース業者の事情、すなわち、これらの業者も空取引であることが判っていたならば取引しなかったという事情を考慮しなければならないであろう。空クレジット・リース取引は、商品売買・賃貸借契約、立替払契約、連帯保証契約からなるクレジット取引・リース取引の構造を逸脱したものであり、クレジット・リース取引ではない。そのような状況下においては、業者もまた、融資を行い、連帯保証契約を締結したとはいえない以上、少なくとも連帯保証は無効とされるべきであり、正規の取引構造を悪用されたことのリスクは、そうした構造で営業をしているクレジット・リース業者が負担すべきものである。(6)

本判決は、判旨の後半では従来の議論に配慮したと思える理由づけをしてはいるが、全体としては、動機の錯誤という言葉を一切用いず、クレジット取引における取引構造、すなわち、売買契約・立替払契約・保証契約の相互牽連性を強調して、連帯保証人は正規の立替払契約であることを当然の「前提」として意思表示しているとして、要素の錯誤であるとした。このような理由づけは、本件固有の事情（Ｙは、Ａの倒産に伴い解雇され、連帯保証人となった基盤をなくしており、他方、Ｘは、販売業者Ｂに対する関係では空取引であることを前提にして、支払った立替金の一部を回収しているという事情があり、これらを法律構成することもあり得た）を超えて、クレジット取引一般に当てはまることである。このように本判決は、クレジット取引を構成する各契約の牽連的な関係に由来する問題を、「前提」という表現を媒介にして、錯誤という法律構成の範ちゅうで処理したものと評価することができるであろう。

（1）　肯定例として、大阪高判昭和56・10・29判時一〇三七号一一八頁、広島高判平成５・６・11判タ八三五号二〇四頁、仙台地判平成８・２・28判時一六一四号一一八頁。否定例として、東京高判昭和58・12・13金法一〇六三号四〇頁、東京地判昭和59・7・20金判七一六号二六頁、仙台高判昭和60・12・9判時一一八六号六六頁、東京地判平成元・６・28判時一三四一号九五頁、東京地判平成２・５・16判時一三六三号九八頁、東京地判平成10・３・23判タ一〇一五号一五〇頁（本件第一審判決）。

(2) これに対する批判としては、中舎寛樹「保証といわゆる多角関係」椿寿夫編『法人保証の現状と課題(別冊NBL六一号)』(商事法務研究会、二〇〇〇年)一九七頁以下。
(3) 庄政志「判批」判評四七一号(判時一六二一号)(一九九八年)三〇頁、小林一俊「判批」金判六六一号(一九八三年)五一頁参照。民法九三条、民法九四条二項(売買契約無効の対抗不能)、信義則違反、契約解釈などによるようである。
(4) 小林・前掲注(3)五二頁以下がこのことを明確に指摘する。その他、大西武士「判批」金判一〇五二号(一九九八年)五九頁、四宮和夫＝能見善久『民法総則〔第九版〕』(弘文堂、二〇一八年)二五三頁、二五八頁、加藤雅信『新民法体系Ⅰ〔第二版〕』(有斐閣、二〇〇五年)二六四頁以下参照。
(5) 従来の裁判例・学説については、庄・前掲注(3)三一頁のほか、小久保孝雄「判批」判タ一〇〇五号(一九九九年)三六頁、宇田川基「判批」判タ一〇三六号(二〇〇〇年)二八頁参照。
(6) 吉原省三「判批」(一九八三年)金法一〇二二号五頁。なお、庄・前掲注(3)三三頁は、共通錯誤の問題であるとしながら、業者から代金がすでに支払われていれば、無効主張を認めなくとも業者が不当に利得するとか信義則に反することはないとするが、それは購入者との関係でいえることにすぎないように思われる。

二　保証取引における錯誤の裁判例

1　最高裁平成一四年判決の意義と問題点

保証否認は、契約成立、存続、解約などの場面において、種々の法律問題として現われるが、錯誤による無効主張も、そうした問題の代表的なものの一つである。また、保証と錯誤という問題の中でも、空クレジット・リースにおける保証は、一つの問題群を形成しており、従来の下級審判決は、動機の錯誤としてこの保証の効力を肯定するものと、要素の錯誤としてこれを否定するものとに分かれていた。[1] このような状況の下で、最判平成14・7・11判時一八〇五号五六頁は、主債務者の従業員が空クレジット契約であることを知らないまま信販会社との間で締結した連帯保証契約につき、「商品売買契約の成立が立替払契約の前提となるから、商品売買契約の成否は、原則として、保証契約の重要な内容であ」り、保証人の「意思表示は法律行為の要素に錯誤があったものというべきである」とし、空クレジット・リースにおける保証契約が原則として錯誤により無効となることを肯定した。この判決の法律構成および理由づけは、当該事案の個別性を超えて、空クレジット・リースに一般的に当てはまるものであり、今後この種の事案のリーディング・ケースとなるように思われる。

その後公表された評釈等においては、本判決を文字通り錯誤論の範ちゅうで評価するのが一般的であり、従来の判例理論、すなわち、動機の錯誤は表示により要素の錯誤になりうるという理論との関係で、本判決がそれを踏襲したものか、それとも有力説のように一元的に錯誤の重要性を問題にすることへ向かう傾向を示したものかが議論されている。(2)学説の中には、本判決以前から、空クレジット・リースにおける保証を共通錯誤と構成する見解もあるが、(3)これもまた、要素の錯誤の一類型として共通錯誤を掲げるものであって、錯誤論の範ちゅうでの議論であることに変わりはない。

しかし、筆者は、一の問題提起で述べたように、委託による保証取引は、主債務契約・保証契約・保証委託契約が相互に牽連性を有しながら行われるのであるから、法的にも、保証契約の効力を考えるにあたって、主債務契約や保証委託契約と保証契約との関連性を検討すべきではないかという視点を提示した。すなわち、錯誤とはいっても、空クレジット・リースにおける保証でのそれは、通常の一方当事者の意思表示における（動機）錯誤と異なり、保証契約の両当事者に共通する前提事情の誤解ないし共通錯誤、あるいは前提的合意と意思表示による合意との齟齬という問題に近く、同判決は、保証取引を構成する各契約の牽連的な関係に由来する問題を錯誤という法律構成の範ちゅうで処理したものではないかと述べた。これは、端的に言えば、保証取引を構成する各契約間の牽連的な関係は当事者の個別具体的な意思表示の効力とは区別されるべき、保証取引の構造的な関係であって、従来保証における錯誤として論じられてきた問題の中には、本来的に錯誤の問題である場合と、そうではなく、あくまで保証に関する現在の通説的理解の枠内での仮託的な法律構成にすぎない場合とがあるのではないか、という問題提起である。

このような視点は、理論的には、保証契約に関する従来の理解、すなわち、保証契約は債権者と保証人との間で締結される契約であって、主債務契約とは別個独立の契約であるとともに、主債務者と保証人との関係は保証契約の成立・存続・内容・終了に直接の影響を及ぼさないという伝統的な理解[4]に対する疑問になる。このような疑問を解明するためには、本来、保証に関する本格的な理論研究、歴史的研究、比較法研究などが必要であることはいうまでもない[5]。また、保証以外にも、いくつかの契約が多重的・多角的に一つの取引関係を形成している場面は数多く存在するので、それらと保証との比較検討も必要である[6]。しかし、以下では、保証取引を構成する債権者・主債務者・保証人をめぐる牽連的な構造関係を明らかにするという目標を念頭に置きながら、その序説的な検討の一つとして、具体的には、空クレジット・リースと保証を含む、保証と錯誤に問題場面を限定し、錯誤という法律構成に仮託されている問題の実体を明らかにするとともに、それと保証取引の構造との関係を検討することにしたい。すなわち、保証と錯誤に関する従来の学説・判例を保証取引の構造という側面から再検討する、ということである。

2　保証と錯誤に関する従来の議論とその意義

(1)　錯誤論の観点からする問題理解

保証と錯誤という問題には、従来の錯誤論の観点から見た場合、錯誤の種類によって種々の類型があるとされており、論者によって若干異なるものの、それは、おおよそ以下のように整理されてきた[7]。すなわち、①契約締結意思の欠缺（氏名冒用、契約そのものの意味の誤解、能力欠如など）、②主債務者の同一性に関する錯誤（主債務者が誰であるかを誤信、主債務が連帯債務で債務者が複数いると誤信など）、③主債務額に関する錯誤（包括的保証を個別保証と誤信など）、④主債務者の資力・信用に関する錯誤（主債務者の営業状況、資産状況、将来性などの誤信）、⑤物的担保の存在に関する錯誤（他に抵当権などが設定されていると誤信）、⑥人的担保の存在に関する錯誤（他にも連帯保証人がいると誤信）、⑦主債務の使途に関する錯誤（借入金の返済に充てるための金融と誤信、商品代金の支払いに関する債務と誤信〔空クレジット・リース〕など）、である。

以上のような誤信は、動機の形成に先立つ認識や判断の形成過程にすぎないものであって、意思表示の動機とさえいえないとする見解もあるが[8]、錯誤論からこの問題に迫る学説では、これらの各類型（①以外）はいわゆる動機の錯誤であるとして、錯誤に関する判例理論との関係が議論されている。保証と錯誤について従来の判例を整理・解説する文献は数多く存在するが、それらの中でも、錯誤に関する自己の見解との関係を明らかにしているものだけを拾い上げてみると、以下のように整理することができる。すなわち、(a)判例の立場を支持する立場においては、主債務者の信用状態や他の物的・人的担保の存在に関する誤信は、保証契約の動機に関する錯誤であり、したがって、それが保証契約において表示されていれば要素の錯誤となりうるが、そうでなければ、何ら保証契約の無効を来たすものではないとされ、表示の有無によって保証契約の効力を判定すべきであると解されている[9]。これに対して、(b)動機の錯誤を他の錯誤と区別しないいわゆる一元説の立場からは、前述のいずれの類型についても、動機であるからという一言によって要素の錯誤であることが否定されるべきではなく、直接的な誤信の内容それ自体のほかに、債権者が知っていたかなども含めて総合的に要素性が判断されるべきである、と解されている[10]。また、(c)一元説の中でも、共通錯誤を錯誤の一類型として認める立場からは、とくに空クレジット・リースの事例について、債権者と保証人が共に錯誤に陥っている共通錯誤であり、両当事者が保証契約の当然の前提としている事項に関する錯誤であるから、動機の錯誤とは区別されるべき錯誤の一類型として要素性を肯定すべきであるとされる[11]。さらに、(d)意思表示の錯誤と動機の錯誤とを完全に区別し、後者は意思表示の内容足りえず、したがって錯誤とは無縁であり、当該事項を特約ないし条件とした場合にのみその特約ないし条件成就の効果として保証が効力を失うにすぎないと解する立場からは、保証と錯誤の問題においても、保証契約の当事者が前述の類型のような事情を誤信したとしても、錯誤にはならないと解されている[12]。

以上のような見解は、いずれも、錯誤に関する立場の違いがあるにもかかわらず、保証と錯誤の問題をもっぱら錯誤の観点から捉え、「保証契約それ自体の錯誤に関する問題である」と捉えている点では違いがない。これらによれば、保証と錯誤という問題は、錯誤事例の一つにすぎないという位置づけがなされ、それ自体が独立した問題ではないと解されることになろう。しかし、これでは、何ゆえに保証において、錯誤が問題になる裁判例がこれだけまとまって現われるのかが明らかにならない。これには、保証契約を債権者と保証人間で締結される契約の一つとして捉える以外の何らかの要素が関係しているのではなかろうか。それとも、この問題には保証取引の構造に由来するような問題点などは存在せず、錯誤の一態様として処理する以外に議論の余地はないのであろうか。

(2)　錯誤論では収まりきらない要素を指摘する見解

以上のような錯誤論の観点からの問題理解とは異なり、保証取引の特殊性がこの問題に影響を及ぼしていると解する学説がいくつか見られる。たしかに、これらの学説自身は、いずれも、そのような特殊性が錯誤の要素性の判断に影響を及ぼすという捉え方をしており、その限りにおいては、結局のところ錯誤論の観点からの議論と同様になる。しかし、筆者のような観点から検討しようとする場合には、これらは、その主張の主観的な意図を超えて、保証取引の構造に関する重要な問題を提起しているように思われる。

(a)　債権者と保証人間の特殊事情を指摘する見解

保証と錯誤に関する事例のいくつかでは、保証契約の締結時における債権者と保証人間の事情に何らかの問題があったと指摘する見解がある。たとえば、①全体的に、要素の錯誤が肯定されているのは、保証人の誤信に債権者の何らかの寄与がある場合（大丈夫と言った、勧めたなど）であると指摘する見解⒀、②錯誤というよりも、債権者の説明義務違反ないし誤った説明による誤信惹起といえる場合があることを指摘する見解⒁、③他にも連帯保証人がいると誤信した事案につき、債権者の説明によって信頼した部分だけの債務免除があったと構成できるとする見解⒂などがそれである。

これらの見解が指摘する事情をそのまま法律構成しようとするときには、錯誤論からする議論とは少し違う構成になるのではないかと思われる。すなわち、これらの事情を錯誤論へ還元するのではなく、そのまま直接法律構成することによって、たとえば、保証契約以外の他の契約が締結されたとする可能性や、保証契約の付随義務違反、詐欺などと解する可能性が生じよう。このように、これらの見解が保証と錯誤の問題には、必ずしも錯誤論の範ちゅうには収まりきらない事情が含まれており、それが保証契約の効力に影響を及ぼしていることを指摘していることには注目できる。ただ、そのようにいえるのは、実際にはいくつかの事例に限られるであろう。これらの見解が挙げる事情は、むしろ当該事案の特殊性に基づくものであり、保証であるがゆえに共通して生じる問題というわけではないからである。保証契約締結時における債権者や保証人の態様にとくに特殊なものがない通常の場合を考えるときには、少なくともこれらの見解によってすべての事案を説明することは困難である。すなわち、これらの見解が挙げる事情は、錯誤とは異なる観点という意味では注目できるものではあるが、締結された保証契約それ自体が問題を内包する場合であって、保証契約外の事情が保証契約の効力に影響を及ぼすことを構造的に示すものではない。

(b)　債権者と主債務者間の事情（主債務契約）の影響を指摘する見解

学説の中には、主債務契約に関する事情が保証契約との関係で一般的に認められている保証の同一性・附従性ないしはその再検討から問題解決の糸口を見出すべきことを指摘する見解がある。すなわち、まず、①空クレジット・リースの事例について、保証人の無効主張を否定すべきとする立場から、そのための方法としては、動機の錯誤という法律構成を採る以外に、保証債務の附従性によって、主債務者が主張できないことは保証人もまた主張できないとする方法があり、後者のほうが動機の表示の有無といったことに左右されないので、より安定した方法であるとする見解がある。[16] しかし、他方では、同じく空クレジットの場合につき、逆に、②錯誤以外の法律構成の余地として、主債務者は商品の引渡がないことを信義則上主張できないが、保証人は独自の立場でそれを主張できると解することができるのではないかという見解もある。[17] また、③錯誤が問題となった判例は三つの視角（動機錯誤論の視角、保証契約の保証委託からの別個独立性の視角、主債務と保証債務の同一性の視角）から整理できるとしつつ、従来は、錯誤論と保証契約の別個独立性の視角から問題を論じることが一般的であったが、今後は、保証契約の契約類型としての特殊性をどのように把握するかという観点から、保証債務の態様同一性の視角について検討することが必要である（たとえば、附従性・補充性の強化）とする見解もある。[18] もっとも、この見解によっても、その先において、保証債務の同一性は具体的にどのように理解され直されなければならないのかは明らかではない。

以上の見解が保証契約外の事情、しかも保証特有の事情を保証契約の効力判断において考慮すべきであるという視点を提示していることは重要である。しかし、ここでの問題は、たとえ保証債務の附従性を前提にしても、保証人は、どのような場合に、どのような理由で、どのような抗弁を独自に主張して保証契約の効力を否定できるか否かということであり、附従性をいうだけではそれに答えたことにはならない。附従性を再検討すべきだということは、結局、主債務と保証債務間の附従性・同一性にもかかわらず、それ以外の観点から（③説のいうところに従えば、保証契約の別個独立性の再検討）保証債務の効力に与える影響を明らかにすべきことに繋がるのではなかろうか。

(c)　保証人と主債務者間（保証委託関係）、保証人第三者間の事情の影響を指摘する見解

以上のように、保証についての従来の理解の枠内での議論とは異なり、従来は保証契約に直接影響がないと解されている保証人と主債務者間の事情や保証人と第三者間の事情がここでの問題に影響を与えていることを指摘する見解がある。すなわち、まず、①空リースの場合を利益考量の観点から捉えて、錯誤無効が否定されている場合には、空リースであるにもかかわらずなお保証人にとって保証をする何らかの利益があったことが考慮されていると指摘する見解[19]や、②錯誤無効が認められる実質論は、保証人の求償権が確保されるか否かという点にあると指摘する見解[20]がある。また、④空クレジット契約の保証では、保証債務の内容である主債務の法律上の発生原因が真実と異なっていること自体が客観的に信用不安を意味するという点に特徴があるとして、資力に関する錯誤一般、他の担保の有無に関する錯誤、融資金の使途に関する錯誤等とは別個の問題であるとする見解[21]は、立替払契約と保証契約との構造的な一体的関係を指摘するものであり、前述の問題提起における空クレジットに関する近時の最高裁判決についての筆者の指摘と発想を共通にするところがある。[22]これらは、保証委託関係や求償関係の保証契約への影響を説く点で、保証取引の構造という視点をこの問題に与えるものであり注目できる。ただし、これらは、保証が錯誤無効とされる基礎には、主債務者と保証人間の事情が影響を与えているとするものであり、それ以上にそれが錯誤以外の法律構成に結びつくべきだとの主張をしているわけではない。

これに対して、④主債務者と保証人間の関係が保証契約に与える影響を保証の理論上の問題として捉えようとする見解がある。[23]これによれば、まず、この問題においては、錯誤論からすると錯誤無効の範囲は限定されるという要請があるのに対して、保証意思の側からするとその厳格な要求の要請があり、この一見すると逆の方向での議論の関係がどうなるかが問題であるとする。そして、保証契約締結の構造をフランスでの保証におけるコーズや錯誤の議論を参考に検討し、結局、保証契約の有効性の根拠は主債務者と保証人間の社会関係にあるとして、わが国で

も動機の錯誤といった議論をするのではなく、主債務者と保証人との関係からみて、「外部的事情の判断リスクを保証人に引き受けさせるべきか否か」という観点からの解釈論を試みるべきであるとする。しかし、この見解は、わが国での議論を展開する際にこのような観点をそのまま保証契約の構造理解に持ち込むわけではない。むしろ、保証意思をいくら明確にしても、それは「保証契約を締結する」という以上に明らかになるものではなく、また、逆にすべての外部事情の判断リスクを負担するという保証意思があるというのは硬直的・擬制的であるので、これを保証人の保証意思の中にそのまま読み込むことは困難であり、したがって、逆の視点から、「保証契約締結に際して、保証人が自ら引き受けるリスクの範囲を明確化しておくことを要求できたか否か」という評価によって判断すべきだとする。そして、具体的には、専門性（すなわち、リスクについての合理的判断を期待できる）と有償性（すなわち、対価と引き換えにリスクを負う）という要素によって類型化ができるとして、保証が機関保証として行われるような場合や、有償保証として行われる場合には原則として保証契約の錯誤無効の主張が否定されるとするのである。

この見解が問題を保証契約の構造、とりわけ、主債務者と保証人間の関係から捉えようとしていることは示唆に富む。また、保証と錯誤という問題が、実は、保証契約の外部的事情に対するリスク引受の有無という主債務者と保証人間の関係を反映した問題であるとの指摘は、筆者の立場からも基本的な視点として首肯しうるものである。しかし、これをわが国の解釈論において展開するにあたり、あくまで問題を保証意思の問題として扱い、かつ、主債務者・保証人間でのリスク負担の関係は、その意思の中には直接読み込めないとしながら、結局は錯誤の問題として扱うことができるとする部分については、現在の保証取引の構造理解（保証委託関係と保証契約との別個独立性）にとらわれたものではないかとの疑問が生じる。むしろその主張をストレートに法律構成に生かすためには、この見解の基本的な視点を保証契約の構造の再検討において生かすべきであると考える。

(3)　以上、従来の学説によれば、保証と錯誤の問題は、錯誤論の観点から、錯誤に関する解釈論的立場の違いを反映した問題として捉えられているが、実際の議論の内容を見ると、学説の中には、錯誤論では収まりきらない要素があることを指摘しているものがあること、また、それらの要素の中には、当該事案の特殊性を超えて、保証取引の構造に関連している要素があること、そして、そのような要素としては、主債務契約および保証委託関係の保証契約に対する影響が重要であることが明らかとなった。そこで、次には、保証取引の構造という点から従来の裁判例を整理し、保証契約の錯誤と構成されている問題と保証契約以外の事情との関係を検討することにする。

3　保証の構造の観点からする裁判例の整理

(1)　従来の裁判例において問題となった事情の整理

従来の判例を整理する文献は数多く存在する。しかし以下では、本書での関心に従い、保証と錯誤において問題とされた事情が、債権者・主債務者・保証人という三者で構成される保証取引のうちの、【1】債権者・主債務者間の主債務契約に関する事情、【2】債権者と保証人間の保証契約に関する事情、【3】主債務者と保証人間の保証委託関係に関する事情、【4】以上の関係に含まれない事情のうち、いずれの事情であったのかという観点から判例を整理することにする（○＝錯誤肯定、△＝肯定しかし重過失あり、×＝否定）。

【1】主債務契約に関する事情の誤信が保証契約の「錯誤」を構成すると主張された場合

各事案の詳細は捨象して、債権者と主債務者間のいかなる事情を保証人が誤信したのかによって整理すると、以下のようになる。

①主債務者を他の者と誤信

	判決年月日・登載判例集	結果	備考
1	大判昭和9・5・4民集一三巻六三三頁	○	書類を預かった者が主債務欄を勝手に書き換えた。
2	東京高判昭和36・7・17東高民時報一二巻七号一五二頁	×	会社債務を代表者個人の債務と誤信したが、とくに差はなかった。
3	神戸地判昭和41・3・26判時四五二号五四頁	△	借主欄白紙の用紙に署名押印し預けたところ他人の債務だった。
4	東京高判平成6・3・24金法一四一四号三三頁	○	八〇歳の老人への詐欺的な説明で他人の債務を保証させた。

②主債務者数を複数と誤信

1	大判大正7・6・1民録二四輯一一五九頁	×	将来他人も債務者になると主債務者が言った（将来の見込み）。
2	大判昭和12・12・28判決全集五輯二号三頁	×	連帯債務は主債務者の偽造（物的担保があるとも誤信）。
3	大判昭和14・5・9新聞四四三七号一二頁	×	2と同一当事者（差戻後の上告審か）。
4	広島高松江支判平成4・3・18判時一四三二号七七頁	○	主債務者の偽造・説明により他にも債務者ありと誤信（抵当権ありとの誤信については否定）。

③主債務の金額を誤信

1	大判昭和10・3・2法学四巻一〇号一一四頁	○	金額欄白地の証書に署名。保証意思ある部分は有効とされた。

2	大判昭和13・2・12法学七巻六号一〇四頁	○	示談契約で一部が免除されていると誤信。

④包括根保証を特定保証と誤信

1	東京地判昭和38・6・3金法三四九号九頁	○	連帯保証の範囲確認したところ、一回限りと債権者が言明。
2	京都地判昭和38・9・19金法三五五号二四頁	×	とくになし。
3	東京地判昭和42・6・17判タ二一〇号二〇五頁	△	特定債務の保証であることを主債務者が強調した。
4	仙台高判昭和59・4・20金法一〇七八号一一八頁（6の原審）	×	すべて承認していたとされた。
5	大阪地判昭和59・12・24判時一一六七号七三頁	×	誤信していたとは認められないとされた。ただし解約を認めた。
6	最判昭和60・7・16金法一一〇三号四七頁	×	すべて承認していたとされた。
7	大阪地判昭和63・3・24判タ六六七号一三一頁	○	一五〇〇万円のつもりが根保証で八〇〇万円の債務になった。
8	東京地判平成12・1・27判タ一〇七四号一九三頁	×	契約前に根保証との説明あり。信義則上責任を特定債務の範囲に制限。

⑤借受金の差引計算を現金授受がなされると誤信

1	大判大正7・5・6民録二四輯八九〇頁	×	とくになし。

2	大判昭和12・1・23判決全集四輯二号三頁	○	借入金で保証人への債務を弁済するとの約束があった。

⑥追加融資ありと誤信

1	仙台高判平成元・9・28判時一三四五号八一頁	○	追加融資で自己への代金が完済されると説明されていた。

⑦空クレジット・リース、空取引を真正のものと誤信

1	大阪高判昭和56・10・29判時一〇三七号一一八頁	○	空クレジット。
2	東京高判昭和58・12・13金法一〇六三号四〇頁	×	空オートローン。保証人も仮装取引の当事者と同視
3	東京地判昭和59・7・20金判七一六号二六頁	×	空リース。主債務者の下請で協力要請に応じた。保証人も別の空リース。
4	仙台高判昭和60・12・9判時一一八六号六六頁	×	空リース。実質は融資に対する保証であったとされた。
5	東京高判昭和62・1・20判タ六五〇号一七六頁	×	空クレジット。保証は金融的側面についてなされたとされた。
6	大阪地判平成元・3・10判時一三四五号一〇〇頁	×	金融のために商品売買契約に商社が介入した取引の空取引。
7	東京地判平成2・5・16判時一三六三号九八頁	×	空リース。金融を受けることについて保証する意思ありと認定された。
8	広島高判平成5・6・11判タ八三五号二〇四頁	○	空リース。保証人は、スーパーチェーン親会社の取締役。物件引渡が保証の前提であったと認定された。
9	仙台地判平成8・2・28判時一六一四号一一八頁	○	空リース。保証人は主債務者の従業員。

10	東京地判平成10・3・23判タ一〇一五号一五〇頁（12の第一審）	×	空クレジット。保証人は主債務者の従業員であったが解雇されている。空であることは保証人に重要な意味はなかったとされた。
11	福島地会津若松支判平成12・7・27判タ一一〇一号二〇二頁	○	空クレジット。真正売買であることを前提として保証を決断したと認定された。
12	最判平成14・7・11判時一八〇五号五六頁	○	空クレジット。商品引渡がクレジットの前提であることが強調された。

⑧利息を誤信

1	大判大正元・11・28民録一八輯一〇一〇頁	×	主債務は利息制限法内に制限されるので錯誤にならないとされた。

⑨準消費貸借を消費貸借と誤信

1	東京控判大正5・3・18評論五巻商法三六〇頁	×	手形債務を準消費貸借に改めたものを新規借受と誤信。
2	大阪高判昭和35・7・14金法二五一号五頁	×	借受金の一部が既存債務を準消費貸借にしたものであった。

⑩借受金の使途を誤信

1	東京高判昭和40・10・6東高民時報一六巻九・一〇号一九九頁	×	主債務者が支店を出すための借受と誤信。

【2】債権者と保証人間の保証契約に関する事情が保証契約の「錯誤」を構成すると主張された場合

これは、保証契約自体が保証人の意思に基づいて締結されたものではないことを錯誤という構成で主張している場合である。

①保証契約締結意思の欠缺

1	東京高判昭和45・5・29東高民時報二一巻五号一一八頁	○	自己が借り受けるつもりで他人に印を預けたところ保証人にされた。
2	東京高判昭和51・8・30判時八三四号九一頁	○	他の書類にまぎれて署名押印させられた。

②書類の記載内容の誤信

1	横浜地判平成元・7・13判時一三三七号八一頁（2の原審）	○	預金証書の預り証と思って保証・質権設定した。
2	東京高判平成2・3・8金法一二六一号三〇頁	×	誰が見ても預り証と誤解するものではないと判示。

【3】主債務者と保証人間の保証委託関係に関する事情が保証契約の「錯誤」を構成すると主張された場合

主債務者と保証人間の保証委託関係に関する事情の誤信が直接、保証契約の錯誤を構成すると主張された事例は、従来の裁判例を見るかぎりでは見当たらない。しかし、このことから直ちに、主債務者と保証人間の事情が考慮されていないと考えることができないことは後述のとおりである。

【4】債権者・主債務者・保証人相互の関係以外の事情が保証契約の「錯誤」を構成すると主張された場合

債権者・主債務者・保証人相互の関係以外の事情が保証契約の「錯誤」を構成すると主張された裁判例は、【1】の場合と並んで非常に多い。しかし、誤信した事情に従って分類すると、以下のようにまとめて整理できる。

①主債務者の資力・信用を誤信

1	大判大正12・7・9評論一二巻民法五二〇頁	○	主債務者である会社が設立無効であった。
2	東京地判昭和50・1・30金法七五四号三五頁	×	信用力の程度の誤信。
3	東京地判昭和53・3・29下民集二九巻一～四号一五三頁	○	信用保証協会保証。債務者は資産等実体皆無の会社であった。協会保証の保証条件違反。
4	大阪地判昭和62・8・7判タ六六九号一六四頁	○	債権者、主債務者同席のうえ大丈夫だと保証人になることを説得した。
5	東京高判平成元・3・29金法一二四三号二九頁	×	保証人は、主債務者の経営手腕を評価していた。
7	水戸地下妻支判平成11・3・29金判一〇六六号三七頁	○	支払能力ないことを知っていたら主債務者の要請を断ったと判示。

②物的担保があると誤信

1	大判明治38・12・19民録一一輯一七八六頁	×	乾燥繭担保の存在を誤信。
2	大判大正6・5・30民録二三輯九一一頁	×	抵当権の存在を誤信。
3	東京地判大正7・7・29評論七巻民法五四三頁	×	担保物の価格十分と誤信。
4	大判昭和4・12・17新聞三〇九〇号一一頁	×	将来抵当権設定されると期待。
5	大判昭和11・7・4判決全集三輯七号三頁	○	【1】②2と同一当事者別事件。重過失ありとの原審を破棄差戻。

6	大判昭和12・12・28判決全集五輯二号三頁	×	（主債務者が複数とも誤信）
7	大判昭和15・6・28民集一九巻一〇八七頁	○	船荷証券担保の存在を誤信。担保あることに着眼して保証した。偽造でも保証するとの特約なければ責任なしとした。
8	大判昭和20・5・21民集二四巻九頁	×	主債務者は準禁治産者。しかし資力のみに不安があった。
9	最判昭和32・12・19民集一一巻一三号二二九九頁	×	他に連帯保証人があり、その者が抵当権を設定すると誤信。
10	東京地判昭和49・7・9金法七四六号三八頁	×	誤信があったか定かでないとされた（他に連帯保証人ありとも誤信）。
11	福岡高判昭和51・11・22判時八五六号五六頁	△	保証人が根抵当権の設定を強く要望し、主債務者がこれを承諾したことから保証に応じた（他に連帯保証人ありとも誤信）。
12	広島高松江支判平成4・3・18判時一四三二号七七頁、金法一三四八号三七頁	×	債務者になると思った者に資産あると確認していただけ（主債務者数の誤信については錯誤肯定）。
13	東京地判平成6・11・9金法一四三八号四一頁	○	自動車の代金債務の返済を所有権留保付売買と誤信。
14	東京地判平成8・2・21判時一五八九号七一頁	○	借入金全部に質権が設定されると債権者（その後債権譲渡）が説明、これを前提に保証。

③他にも連帯保証人がいると誤信

1	最判昭和32・12・19民集一一巻一三号二二九九頁	×	他に連帯保証人があり、その者が抵当権を設定すると誤信。
2	最判昭和38・2・1判タ一四一号五三頁	×	署名の際、債務者から他にも保証人がいると告げられていただけ。

3	東京地判昭和49・7・9金法七四六号三八頁	×	誤信があったか定かでないとされた（物的担保ありとも誤信）。
4	福岡高判昭和51・11・22判時八五六号五六頁	△	保証人が根抵当権の設定を強く要望し、主債務者がこれを承諾したことから保証に応じた（物的担保ありとも誤信）。
5	神戸地姫路支判平成元・9・26金判八八〇号一六頁（6の原審）	×	保証をする一つの動機にすぎないとされた。
6	大阪高判平成2・6・21判時一三六六号五三頁	○	他の保証人と連帯して責任を負う意思であったので、二分の一の範囲では有効とされた。

(2)　裁判例の検討

以上から分かるとおり、従来の裁判例において、保証契約の錯誤を構成すると主張されている事情としては、【1】と【4】の場合がほとんどであり、【2】はほとんどなく、【3】はまったくない。しかし、【1】、【4】の場合の主張内容を検討すると、実際には【3】に属する事情が関係していることが多いといえる。

まず、【1】（主債務契約に関する事情）に属する裁判例で保証人が主張している事情は、たしかに表面上は主債務者と保証人との保証契約上の事情であり、保証人は、主債務契約と保証契約の齟齬を錯誤として主張しているように見える。しかし、錯誤無効が肯定された裁判例におけるその主張の実質は、保証の委託された際の委託内容と事実とが異なるというものであって、委託の内容いかんにかかわらず純粋に主債務契約と保証契約との間に齟齬があることを主張しているような事例は、まったく存在しない。すなわち、錯誤肯定例のうち、①主債務者を他の者と誤信した場合では、人違いも保証契約の内容に関する錯誤になると主張されているが、これは、委託関係上承諾していた債務者と違うという主張をしているにほかならない。また、錯誤否定例は、保証の委託が人的な要素に力点のないものであった場合である。②主債務者数を複数と誤信した場合とは、連帯債務であるとして保証人になること受託したが、実際には単独債務者であったという場合である。委託においてそれがどの程度明確なかたちで内容になっていたか、それとも保証人の思惑にすぎなかったかで結論が分かれたと思われる。③主債務の金額を誤信した場合、④包括根保証を特定保証と誤信した場合とは、いずれも、一定金額の債務のみを保証するものとして保証を受託したが、実際には異なっていたという場合である。錯誤を肯定している例が少ないが、それは、肯定されるような事情がある場合には、そもそも保証契約の解釈として特定債務の保証とされていることが多いからではないかと思われる（最判昭和43・6・21金判一一六号二頁参照）。すなわち、そのような認定がなされないような場合が錯誤によって争われているともいえ、実際、保証人の主張は、主債務がその後膨らんだための翻意にすぎないものが多いように思われる。⑤借受金の差引計算を現金授受がなされると誤信した場合、⑥追加融資があると誤信した場合で錯誤が肯定されたのは、借受金で保証人が債務者に対して有している債権が返済されるとの了解で保証人になったにもかかわらず、債権者と主債務者間の既存債務の相殺に充てられたとか、追加融資がなく返済がなされなかったという場合である。⑦空クレジット・リース、空取引を真正のものと誤信した場合とは、商品・物品の授受がある取引であるとして保証の委託を受けたが、実際には空取引であった場合である。錯誤が肯定された事例においては、物件引渡が保証に応じる前提であったことが認定されている。逆に否定された事例では、保証人にとって商品の引渡は重要な問題ではなく、金融について保証する意思であったと認定されていることが多い。

これらはいずれも、主債務者が保証人に保証を委託するにあたって、説明していた事情と実際の主債務契約の内容が異なるために、保証人が錯誤を主張している場合であり、実質的には保証委託の関係上の誤信があった場合であるといえる。一言でいえば、保証人にとっては「話が違う」ということであるが、ここでの場合、その「話」とは、保証委託のことなのである。このような保証委託関係の実際上の機能は、保証債務の附従性（同一性）や保証債務の別個独立性という性質からは出てこないだけでなく、むしろこれらの性質に反するものであるかのように見える。しかし、実際には、委託による保証取引においては、主債務契約と保証契約との間に保証委託関係が介入しており、保証委託関係を媒介項ないし連結項としながら、保証債務は主債務に附従し、また保証契約は法律構成上は委託関係とは別個独立の契約として成り立っているというほうが正鵠を得ているように思われる。

裁判例では、同じ事情を主張している場合であっても、保証契約の錯誤無効が肯定されている事例も否定されている事例も存在しており、その結論は一様ではない。また、【1】に属する場合でも一様に錯誤無効が否定されているものもある（⑧利息を誤信した場合、⑨準消費貸借を消費貸借と誤信した場合、⑩借受金の使途を誤信した場合）。これは、いずれも保証の趣旨に関係ない事情を主張している事例である。これらの状況は、まさに、当該事案の下で保証人の主張する誤信事情について、委託内容を逸脱する事情の違いであると解釈することができるか（錯誤肯定）、それとも、誤信にもかかわらずその程度の事情の違いは当該保証委託の委託内容に包含されると解釈することができるか（錯誤否定）によって結論に違いが生じることを示しているといえるのではなかろうか。このように、錯誤という法律構成は、ここでは、保証委託関係を保証契約の効力判断に反映させるための仮託的な法律構成ではないかと思われる。

次に、【2】（保証契約に関する事情）の裁判例で保証人が主張している事情は、①保証契約締結意思の欠缺の場合および②書類の記載内容の誤信の場合ともに、保証取引に特有の問題ではなく、保証をするという意思がないことを錯誤という構成で主張したものであって、本来的な意思表示に関する錯誤であり、本書で取り上げるべき問題ではない。

【4】（保証取引以外の事情）に属する裁判例は、【1】と並び保証と錯誤という問題における重要な場合を形成しているが、【1】について述べたところを参考にすれば、これもまた、保証人の主張が委託関係と無縁な主張であったのか否かによって明確に分かれるということができる。すなわち、ここで保証人が主張しているような主債務

者の資力や他の担保の状況は、それ自体は、いずれも債権者と保証人間で締結される保証契約とは無関係な事情であり、錯誤論からすれば、まさに動機にすぎない場合である。比較的多くの裁判例において錯誤の主張が否定されているのもそれを裏付けるものであろう。しかし、おそらくかなり例外的な場合にはなろうが、たとえば、主債務者から保証人への保証委託の際に、主債務者の資力や他の担保状況について説明があり、それを前提にしてのみ保証に応じるとの合意があったと解釈できる場合であれば、それと、保証人の一方的な思い込みにすぎない場合とでは、事情がかなり異なるといえる。前者の場合の誤信は、保証委託関係上の誤信を主張していることになるからである。錯誤無効を肯定した裁判例では、表現上は錯誤論によったかたちでの法律構成がなされていても、実質的には、このことを考慮したといえるのではなかろうか。①主債務者の資力・信用を誤信した場合の〔3〕判決は、信用保証協会の事例であるため、委託関係の重要性がそのまま反映されやすかったと思われる。同じく①の場合の〔1〕、〔4〕、〔6〕判決では、錯誤が認められた事情は、保証契約の前提である以前に、保証委託の前提であったと思われる。また、②物的担保があると誤信した場合および③他にも連帯保証人がいると誤信した場合において錯誤が肯定された例は多くないが、保証契約上は差がないにもかかわらず、肯定例と否定例とに分かれるのは、保証委託上それが本質的な事項であったか否かによるとみることができるのではなかろうか（③の場合の〔6〕判決は、二分の一の責任を認めたが、保証契約上もまた委託関係上も、そのような意思があったかは疑問である）。裁判例の中には、同種の事案につき、錯誤という構成ではなく、物的担保があることを条件として保証人になることを約したので、保証契約上もそれが停止条件であったと解したものがあるが（東京高判昭和44・9・30金法五六三号二四頁）、内容的には、以上のような私見とほぼ同様になるのではないかと思われる。

このように考えれば、保証委託上の関係が保証契約において表示されていたか否かは、本来は保証契約の効力判断に関係がないというべきである。錯誤論の観点から見て、判例理論によるときには、動機の錯誤が考慮されるためには、それが表示されていること、しかも債権者との間で表示されていることが必要になるが、それはあくまで問題を保証契約の側から捉えるからである。上記のような保証取引における保証委託と保証契約の牽連的な関係を考慮すれば、保証契約において委託関係上の事情が表示されていたことは必ずしも必要ではなく、また、その事情が重要であるか否かも判断する必要はなく、ただ、委託関係において委託内容に包含されていたと解することができるか否かのみが問題となる。このように、委託関係と保証契約とのこのような関係を錯誤として構成するのは、保証取引における仮託であり、したがってまた、それが本来の錯誤論における議論を必ずしも忠実に適用した結果にはなっていない理由である、ということができるのではなかろうか。

４　保証取引の構造を反映した法律構成

以上の検討から、委託による保証取引においては、保証委託関係が保証契約の効力にも実質的に影響を与えており、それが保証と錯誤という問題に仮託されて議論されているのではないかということが明らかとなった。そこで以下では、このことを錯誤よりも、より直截に法律構成に反映することができないかを検討することにする。

(1)　問題場面の限定

①保証取引における他の問題との関係

保証と錯誤という問題を保証の側から取り上げ、錯誤が仮託的な法律構成ではないかと考える場合には、問題は、錯誤以外の問題をも含めたものとして捉えなければならない。すなわち、保証契約をめぐっては、成立、存続、消滅のすべての場面において、その効力が問題とされており（代表的な問題としては、かつての包括根保証における解約権の問題）、その際の法律構成には、信義則や詐欺をはじめ種々のものがある。[24] 本来ならば、こういった法律構成をすべて取り上げて、それらを総合的に考察し、これまで述べてきたこととの関連を検討しなければならないであろう。しかし、本書ではその余裕はない。

②物上保証との関係

これまで取り上げた裁判例は、保証に限定しているが、物上保証においても、保証の場合と同様にして錯誤が問題となる。しかし、従来、物上保証においては、保証以上に、主債務契約関係および債務者と物上保証人との関係と物上保証契約との牽連性はないものと理解されている。これまで錯誤の問題を保証取引の構造に由来する問題ではないかという観点から検討してきたが、もし、物上保証における錯誤と保証におけるそれが同種の問題であるとすれば、物上保証においても委託関係の牽連性などということがはたしていえるのかが問題になるであろう。筆者としては、物上保証においても委託関係には取引の本質上重要な意味があり、物上保証は保証取引と同じような構造にあると考えるが、その検討は他日を期すほかない[25]。

以上のように、以下の検討には、保証取引の構造にかかわる問題において、保証の成立につき、しかも、保証と錯誤として議論されている問題場面についてのみ法律構成を試みるという限界がある。

(2)　保証委託の牽連性を考慮した法律構成

保証と錯誤という問題についてこれまでに指摘しえたのは、①保証委託関係は実質的には保証契約の効力に影響を与えており、主債務契約および保証契約は、保証委託関係とは別個独立に締結されるが、保証委託の委託内容に事実との齟齬があった場合には、保証契約の効力が否定される、②その際、保証契約または主債務契約において委託内容が表示されていたことは必要ない、ということである。このような理解は、保証契約に関する従来の理解からはかけ離れたものとの印象を否めないが、金融取引などでは、保証がなされることが主債務契約成立の前提とされているのが実情であり、このような理解のほうが今日における委託による保証取引の実体にはむしろ近いといえるのではないかと思われる。

このことを法律関係に率直に反映させるとすれば、それは、保証委託関係の内容が保証契約の解除条件的な関係にあると構成することではなかろうか。条件関係といえるか否かは、委託契約の解釈によることになり、これが実際上大きな問題となる。[26] 解釈の一般的な基準としては、①有償保証の場合には、基本的に対価に応じて委託の範囲は広い、②さらに、機関保証の場合には、保証の専門家として委託の範囲を明確化しておくことが容易に可能であるから、内容が不明な場合は委託に含まれると解してよい、ということを挙げることができよう。[27]

債権者と保証人間で合意されていないにもかかわらず、これを保証契約と条件的関係にあると構成することには問題があるかもしれない。しかし、ここでいう条件的とは、保証取引に構造的な前提事情であるという意味であり（錯誤論における前提理論との混同を避けるために前提という語を用いないにすぎない）[28]、債権者の知・不知、認識可能性、重要性などには関わらないものであって、債権者が保証人の誤信を知らなくとも保証契約の効力が否定される場合もある反面、それを知っていても保証の効力が否定されない場合もある。また、権利濫用や信義則のように債権者の個別的な態様に左右されるものでもない。したがって、条件とはいっても、それは保証取引に構造的で本質的なものであるというほかない。こうして、委託による保証取引において、保証委託関係は、保証契約の構造的な牽連性を有し、主債務契約と保証契約とを連結する機能を有していると解することができるのではなかろうか。これは、主観的な認識の有無や、重要性判断によるのではない点において、錯誤という法律構成よりも、より明確性のある構成ではないかと考える。[29]

以上のように解することに対しては、債権者の立場からすれば、自己の関知しえない事項によって保証契約の効力を否定されることもありうることとなり、不利益を被る場合が増大するという懸念が生じるであろう。もちろん、保証人が委託関係に反することを知りながらまたは重過失によって保証契約に応じたような場合には、信義則ないし不当な方法による条件成就に関する解釈の類推、または契約解釈により、条件的な関係にあることを主張できないかまたはなかったものと解してよいが、そうではない場合には、債権者が一方的に不利になる。しかし、従来、債権者としては、主債務契約の内容を明確化し、保証人の保証意思を確認さえしておけば、あとは保証債務の同一性と保証債務の委託関係からの別個独立性とによって自己の権利は保護されると理解されてきたことこそが問題である。むしろ、債権者は、自己の知らない事情によって保証人が保証取引から離脱する可能性があることを認識し、それに対処するために、保証契約の締結時に、合意による特約を締結したり、条件を付したりすることによって、どのような状況下ならば保証契約の効力が維持されるかを規定しておくことが求められると解することが妥当であり、このようにして、保証意思の確認だけでなく、保証契約の効力維持のために慎重な姿勢を求めるほうが合理的ではないかと思われる。(30)(31)

（1）　後述、3(1)【1】⑦の裁判例参照。

（2）　香月裕爾「判批」NBL七四三号（二〇〇二年）六頁、野村豊弘「判批」判例セレクト二〇〇二（法教二七〇号別冊）（二〇〇三年）一六頁、松本恒雄「判批」NBL七五七号（二〇〇三年）六六頁、古積健三郎「判批」法セミ五七八号（二〇〇三年）一〇八頁、尾島茂樹「判批」『平成一四年度重要判例解説（ジュリスト一二四六号）』（二〇〇三年）六一頁、大中有信「判批」金判一一六八号（二〇〇三年）五七頁、宮本健蔵「判批」判評五三五号（判時一八二四号）（二〇〇三年）一〇頁など。また、第一審判決の解説として、宇田川基「判批」『平成一一年度主要民事判例解説（判タ一〇三六号）』（二〇〇〇年）二八頁がある。また、松本恒雄「判批」金融判例研究一三号（金法一六八四号）（二〇〇三年）四五頁も本判決の評釈であるが、これについては、錯誤論にとどまらない問題提起を含んでいるので、後述であらためて取り上げる。

（3）　小林一俊「判批」金判六六一号（一九八三年）五二頁以下、大西武士「判批」金判一〇五二号（一九九八年）五九頁。その他、共通錯誤については、四宮和夫＝能見善久『民法総則〔第九版〕』（弘文堂、二〇一八年）二五三頁、二五八頁も参照。

（4）　我妻栄『新訂債権総論』（岩波書店、一九六四年）四四九頁以下、四五五頁以下など。

(5)　保証に関する近時の本格的研究としては、福田誠治「一九世紀フランス法における連帯債務と保証（1）〜（7完）」北大法学論集四七巻五号一二〇五頁、四七巻六号一七〇一頁、四八巻一号三三頁、四八巻二号二六九頁、四八巻六号一三〇七頁、五〇巻三号四六九頁、五〇巻四号七二一頁（一九九七年〜一九九九年）、同『保証委託の法律関係』（有斐閣、二〇一〇年）がある。

(6)　とくに、割賦購入あっせんなど、複数当事者間の複数の契約で、法的にはそれぞれの契約が別個のものと構成されながら、それら全体で一つの経済効果をはたす場合との比較が重要である。多くの文献があり引用は省略するが、これらの問題を含めた、多角的法律関係の問題点については、椿寿夫「民法学における幾つかの課題（七）〜（九）」法教二三一号（一九九九年）三一頁以下、二三二号（二〇〇〇年）五五頁以下、二三三号（二〇〇〇年六五頁以下参照。

(7)　前掲注（2）、（3）のほか、淡路剛久「連帯保証と要素の錯誤」『担保法の判例Ⅱ』（有斐閣、一九九四年）二一七頁、牛尾洋也「保証契約と錯誤に関する覚書」龍谷法学二五巻四号（一九九三年）八九頁、大西武士「リース取引の保証と錯誤（一）〜（五）」銀法五五六号（一九九八年）四頁、五五七号三四頁、五五八号四〇頁、五五九号四六頁、五六一号四〇頁（いずれも一九九九年）、同「判批」金法一二七五号（一九九一年）四頁、同「判批」私法判例リマークス二号（一九九一年）一一頁、岡林伸幸「判批」同志社法学四一巻六号（一九九〇年）一六六頁、同「判批」名城法学四三巻三号（一九九三年）二九七頁、賀集唱「判批」私法判例リマークス三号（一九九一年）一〇頁、鹿野菜穂子「判批」ジュリスト九九四号（一九九二年）九八頁、神作裕之「判批」ジュリスト一〇三〇号（一九九三年）一二七頁、栗田哲男「判批」判評三八八号（判時一三七九号）（一九九一年）一六頁、小久保孝雄「判批」判タ一〇〇五号（一九九九年）三六頁、古久保正人「判批」判タ七六二号（一九九一年）七四頁、小林一俊『錯誤（叢書民法総合判例研究④―1）』（一粒社、一九八九年）六九頁以下、佐々木洋一「銀行取引約定書による保証と錯誤」判タ七二六号（一九九〇年）二二頁、塩崎勤「判批」銀法五七〇号（一九九九年）三六頁、庄政志「判批」判評四七一号（判時一六三一号）（一九九八年）二九頁、菅野佳夫「判批」判タ一〇一五号（二〇〇〇年）六七頁、鈴木正和「保証契約と要素の錯誤」金法一三八八号（一九九四年）四頁、須田晟雄「判批」判タ六九三号（一九八九年）四八頁、中野哲弘「リース契約・割賦販売契約と連帯保証人の錯誤」判タ六四二号（一九八七年）一七頁、西尾信一「判批」手形研究四一五号（一九八八年）五六頁、同「判批」手形研究四二八号（一九八九年）四八頁、同「判批」判タ七三九号（一九九〇年）七一頁、同「判批」手形研究四七六号（一九九三年）六四頁、同「判批」判タ八〇五号（一九九三年）四六頁、野口恵三「判批」NBL五八七号（一九九六年）六四頁、同「判批」NBL七三一号（二〇〇二年）七二頁、野田良夫「高齢者との保証契約と要素の錯誤」銀法五一二号（一九九五年）四頁、野村豊弘「判批」判タ七一三号（一九九〇年）三六頁、同「連帯保証契約と要素の錯誤」金法一二七二号（一九九〇年）四頁、同「動機の錯誤」『民法判例百選〔第五版〕』（有斐閣、二〇〇一年）四四頁、原村憲司「保証契約締結上の諸問題」野田宏＝後藤邦春編『裁判実務大系一四巻』（青林書院、一九九一年）三一三頁、平野裕之「保証契約における債権者の保証人に対する義務（一）～（四）（未完）」法論七四巻一号（二〇〇一年）一頁、六号（二〇〇二年）一三三頁、七五巻一号（二〇〇二年）一七頁、五・六号（二〇〇三年）二七頁、藤平克彦「判批」金法一四二一号（一九九五年）三〇頁、牧弘二「貸金債務の保証契約と詐欺・錯誤」薦田茂正＝中野哲弘編『裁判実務大系一三巻』（青林書院、一九八七年）二五八頁、松本崇「判批」判タ六七一号（一九八八年）五六頁、同「判批」判タ六八〇号（一九八九年）四九頁、同「判批」金法一二一〇号（一九八九年）四頁、同「判批」金判八七六号（一九九一年）四五頁、同「判批」判タ七五二号（一九九一年）五六頁、同「判批」金法一二八七号（一九九一年）二頁、宮川不可止「判批」金法一三四八号（一九九三年）一三頁、山下純司「保証意思と錯誤の関係」学習院大学法学会雑誌三六巻二号（二〇〇一年）七三頁、吉田光碩「錯誤による保証否認」法時六三巻九号（一九九一年）九一頁、吉原省三「判批」金法一〇二二号（一九八三年）四頁、同「判批」金法一二六四号（一九九〇年）四頁など参照。

（8）　菅野・前掲注（7）判タ一〇一五号六九頁以下。ただし、主債務者の信用状態に関する誤信の場合についてのことである。

（9）　塩崎・前掲注（7）三八頁。

（10）　野村・前掲注（7）金法一二七二号七頁、同・判タ七一三号三九頁。

（11）　小林・前掲注（3）参照。平野・前掲注（7）は、錯誤との関係にとどまらず、保証契約の種々の場面における保証人に対する債権者の責任に関する包括的な判例総合研究であるが、同・法論七四巻一号三六頁以下、七六頁、六号一七五頁、七五巻一号二一頁では、保証契約締結段階における債権者の対応を保証人に対する説明義務、保証意思確認義務違反をという観点から捉え直しつつ、それをそのまま保証人の権利制限の根拠とするのは無理であるとして、このような義務を介した錯誤の柔軟な活用を提唱しており、錯誤法理の広い適用という点で小林説に共通するとしている。

（12）　岡林・前掲注（7）同志社法学四一巻六号一七二頁以下、同・名城法学四三巻三号三一六頁以下。

(13)　吉田・前掲注（７）九五頁。

(14)　栗田・前掲注（７）二〇頁、鹿野・前掲注（７）一〇一頁。また、平野・前掲注（７）七四巻一号四一頁以下、六号一七四頁、七五巻一号四九頁以下は、膨大な判例を整理・分析したうえで、錯誤構成による裁判例では債権者の説明義務違反があったといえると主張している。しかし、これは、説明義務を従来いわれているところよりもかなり広く認めるべきであるという論者の見解を前提にしていえるところであろう。

(15)　賀集・前掲注（７）一三頁。

(16)　中野・前掲注（７）二三頁。

(17)　吉原・前掲注（７）金法一〇二二号五頁。

(18)　牛尾・前掲注（７）九〇頁、一〇八頁。

(19)　大西・前掲注（７）銀法五六一号四〇頁以下。

(20)　松本（崇）・前掲注（７）金判八七六号五〇頁、淡路・前掲注（７）二一九頁。

(21)　松本（恒）・前掲注（２）四八頁。

(22)　松本（恒）・前掲注（２）四八頁。

(23)　山下・前掲注（７）七五頁、九〇頁、九五頁、一〇一頁、一〇二頁。

(24)　福田誠治「伝来型保証の特徴と保証人保護の正当化理由」椿寿夫編『法人保証の現状と課題（別冊ＮＢＬ六一号）』（商事法務研究会、二〇〇〇年）一八〇頁以下、中舎寛樹「保証といわゆる多角関係」椿寿夫編『法人保証の現状と課題（別冊ＮＢＬ六一号）』（商事法務研究会、二〇〇〇年）一九七頁以下など参照。

(25)　比較的最近の事例として、東京地判昭和62・4・15金判七八六号二八頁（錯誤無効否定）、その控訴審である東京高判昭和63・8・18金法一二二五号三四頁（錯誤無効否定）などがある。学説上、保証と物上保証の関係は、従来あまり注目されてこなかったが、近年、とくに椿久美子教授によって、物上保証人保護の観点から両者の関係が研究されている。淡路剛久＝新美育文＝椿久美子「保証法理の物上保証人等への適用可能性（一）〜（五完）」金法一二六三号六頁、一二六四号二八頁、一二六六号一六頁、一二六七号一九頁、一二六八号一八頁（いずれも一九九〇年）、椿久美子「債務者でない担保物所有者の防御権（一）

〜（四完）」民商一〇八巻四・五号六五四頁、一〇八巻六号八五〇頁、一〇九巻一号三六頁、一〇九巻二号二三五頁（いずれも一九九三年）、同「物上保証人の保護法理」ジュリスト一〇六〇号（一九九五年）一〇五頁、同「物上保証兼連帯保証について」ジュリスト一〇九九号（一九九六年）一二七頁、同「物上保証人の保護法理」私法五九号（二〇〇七年）一六七頁、同「保証と物上保証」法セミ五七九号（二〇〇三年）二二頁参照。

(26) **3**(1)【4】③6で取り上げた、大阪高判平成2・6・21判時一三六六号五三頁は、他にも連帯保証人がいると誤信したという事案において、一部のみの錯誤を認め、主債務の二分の一については支払いの責めに任ずる意思があるとしたものである。保証契約の一部無効という解決はありうるが、それは、主債務者との保証委託契約において、二分の一の責任を負うとの意思の合致があったと解することができる場合でなければならないであろう。かつて、中舎寛樹「錯誤における一部無効」三重大学法経論叢一〇巻一号（一九九二年）九八頁では、この判決につき、他の連帯保証人の存在が「保証契約上」の条件となっていなければ全部有効と解すべきであると述べたが、現在では、本文で述べたように、保証契約が一部にせよ無効となるには、他の連帯保証人の存在が委託契約上の内容となっていなければならないと考える。

(27) 以上のような私見は、中舎・前掲注（24）一九七頁、一九八頁の発想を基点にしている。

(28) 中舎・前掲注（24）一九八頁では、「錯誤による解釈は適用されるべきでなく、『前提理論』等に依拠して画一的に処理すべきである」と述べたが、それは広義の錯誤論の範ちゅうで問題を解決すべきであるとの主張であるとの誤解を招きやすい表現であった。

(29) ここでの検討は、保証契約の錯誤として扱われてきた問題のみを検討の対象としており、解約権の問題など保証契約の効力に関するその他の問題にはふれていない。しかし、たとえば、①保証委託関係がそもそも無効であった場合にも、やはり解除条件的な構成により、保証契約は無効となると解してもよいと思われるし、②有効な保証委託関係が終了した場合には、それに従って保証契約の解除権が認められると解してよいように思われる。また、③保証委託関係上の抗弁を保証契約上主張できるかについては、そのような委託関係上の抗弁がそのまま保証契約上も抗弁となるわけではなく、委託上の保証条件に違反する保証契約として、保証契約の無効または解除を主張すべきことになるのではないかと思われる。

(30) 私見は、法律構成は別として、結論的には、保証契約の効力判断のポイントを「保証範囲の明確化」に求める点、および判断の一般的基準として「有償保証」と「機関保証」とを挙げる点の両面において、前掲**２**(2)(c)④の山下説と類似している。しかし、同論文が「保証人に保証範囲の明確化を期待できるか」という基準を立てるのに対して、私見は逆の視点から、「債権者が保証範囲の明確化をはかるべきである」と主張するものである。また、従来の錯誤論との関係では、**２**(1)(d)の意思と動機の完全二分説がいう条件と私見のいう「条件」とでは、債権者と保証人のいずれが特別の定めをし、かつ、それを立証しなければならないかという点において、ちょうど原則と例外が逆になる。このように、保証契約においては債権者こそが厳しい姿勢を求められるべきであるという見方は、平野・前掲注（７）七四巻一号四頁以下の視点と、錯誤を柔軟に利用するとの論者の法律構成はさておき、基本的には共通するものではないかと思われる。

(31)　香月・前掲注（２）七頁は、錯誤による保証否認を債権者が回避するための実務上の対策として、錯誤でもなお保証人に責任を負わせるために、損害担保契約の活用を提唱している。しかし、損害担保契約については、それを保証とは別の契約類型と解すべきかが問題となろう。吉田光碩「損害担保契約と保証」椿寿夫編『法人保証の現状と課題（別冊ＮＢＬ六一号）』（商事法務研究会、二〇〇〇年）二九頁が、保証類似の契約につき、各契約の法律効果を個別的に検討すればよく、保証以外に損害担保契約を一個の独立した法概念とする理論は必要ないとするのが参考になる。また、たとえ私見のように、保証委託関係の内容が保証契約の解除条件的な前提となることを認めるとしても、債権者と主債務者間で委託関係と保証契約との関係を切断する特約を締結しておきさえすれば、債権者にとって支障がないとも考えられよう。しかし、特約がどのような内容であれば合理性があるといえるのかは、別の問題になるであろう。委託関係の条件性は、委託による保証にとって本質的なものであり、法定の条件に近いものではないかと考えるので、特約によっても少なくともこれを完全に排除することはできないように思われる。

三　担保価値の誤信と保証取引

以下の**三**と**四**では、保証契約の錯誤として取り扱われている代表的な場合に関する裁判例を素材として、**一**で示した問題提起と、**二**で検討した裁判例の分析の結果の妥当性を具体的な事例に即してあらためて検証する。まず、ここでは、物的担保の価値を誤信した場合関する東京高判平成24・5・24判タ一三八五号一六八頁、金判一四〇一号三六頁、金法一九六二号九四頁を取り上げる。

1　事実と判旨

(1)　事実

A銀行は、B（個人）に対して二億五〇〇〇万円を貸し付け、平成七年六月一〇日、Y（Bの兄で病院内科部長）は、Aとの間で、Bが本件貸付によりAに対して負担する一切の債務について、連帯保証する契約を締結した。これは、その当日、BおよびAの担当者Pらの突然の来訪を受けて、その場で、Pが、Bが貸付を受けて購入を予定しているビルは一〇億円の価値があり、十分な担保価値があるので、Yには一切迷惑がかからないなどと発言したことにより、AがYの責任を追及するような事態には至らないと考えたことによるものであった。しかし実際には、ビルの価値は一〇億円を大幅に下回るものであり、担保価値として十分なものでなかった。

Aは、平成一三年五月一四日、X（整理回収機構）に対し、本件貸付にかかる貸金債権を譲渡し、Bは、Aに対し、同年一月一八日、債権譲渡について異議を留めずに承諾していた。しかしその後Bが返済金の支払いを怠ったので、Xは、Yに対し、連帯保証契約に基づき、貸金の残元金、利息、遅延損害金等の支払を求めて訴えを提起した。これに対してYは、Aによる詐欺ないしBらによる第三者詐欺による取消し、ビルの担保価値が十分であって保証債務の履行を求められる可能性はないと誤信していたことによる錯誤無効、Aの説明義務違反による信義則違反または権利濫用を主張した。Xはこれらに反論するとともに、AからXへの債権譲渡につき、Yは債権譲渡承諾書に署名押印しており、保証債権の譲渡についても異議を留めない承諾をしたというべきであると主張した。

第一審（新潟地判平成23・3・2金判一四〇一号四四頁、金法一九六二号一〇二頁）は、ビルの価値が購入価格に見合わないものであったという証拠はなく、連帯保証契約締結時Ｂに支払能力がなかったとは認められないとしたうえで、Ａらに欺罔行為は認められず、Ｙに動機の錯誤などなかったとし、信義則違反または権利濫用を認めるに足りる事情もないとして、いずれの主張も排斥した。そこでＹは、これらの主張を補充するとともに、錯誤について、債権者が錯誤に加担するなどの事情がある場合には、動機の表示があったと捉えることができるなどと主張した。

(2)　判旨

原審と異なり、ビルの価値が実際にはかなり低く、担保価値として十分でなかったと認定したうえで、以下のように判示した。「Ｙは、その誤信した事実を動機として、本件連帯保証契約を締結したものというべきである。そして、Ｙが誤信した事実は、本件連帯保証契約の他方当事者であるＡのＰが積極的に発信した事実であるから、本件連帯保証契約にあたり当事者間でＹの上記動機の表示があったことは明らかである。よって、本件連帯保証契約は、Ｙにおいて表示された動機に錯誤があったから、要素の錯誤により無効であるというべきである。」

なお、保証債務の債権譲渡につき異議を留めない承諾をしたか否かについては、Ｙが異議をとどめない承諾をしたとみることはできないが、仮にそれにあたるとしても、Ｘに対して連帯保証契約の無効を主張することは妨げられないとした。しかし、この点に関する検討は省略する[1]。

２　検討

(1)　先例・学説

判例は、錯誤論における意思・動機二分論を保証契約に関する錯誤についてもそのまま適用している。すなわち、錯誤が動機の錯誤である場合には、明示または黙示の表示により意思表示の内容となっているときに限り、要素の錯誤となりうる（大判大正３・12・15民録二〇輯一一〇一頁、最判昭和32・12・19民集一一巻一三号二二九九頁）。このような二分論からすれば、保証契約締結意思の欠缺の場合を除き、主債務者の同一性に関する錯誤、主債務額に関する錯誤、主債務者の資力・信用に関する錯誤、主債務についての物的担保・人的担保の存在に関する錯誤、主債務の使途に関する錯誤は、いずれも動機の錯誤であり、原則として錯誤無効の主張は認められないことになる。しかし、実際には、直接意思表示の内容の錯誤であるとしたり、または動機の錯誤であるとしながら表示の存在を緩やかに認定したりして錯誤無効を認めているものが少なくない。たとえば、最判平成14・7・11判時一八〇五号五六頁は、空クレジット契約であることを知らないまま連帯保証した事案で、商品売買の成否は保証契約の重要な内容であり、要素に錯誤があったとしている。そのほか、近年の下級審裁判例として、東京高判平成17・8・10判タ一一九四号一五九頁（債務者が事実上破綻状態にあったことを知らなかったことは動機の錯誤だが、債権者の言を信じたので表示があったとした）、東京高判平成19・12・13金法一八二九号四六頁（債務者が企業実体のない会社でないことは信用保証協会保証の重要な要素であるとした）、大阪地判平成21・7・29判タ一三二三号一九二頁（債務者に期限の利益喪失事由がないことが保証の前提であり、仮に動機の錯誤であるとしても黙示の表示があったとした）、神戸地姫路支判平成24・6・29金判一三九六号三五頁（債務者が反社会勢力でないという動機は信用協会保証の当然の前提または黙示に表示されていたとした）などがある。(2)

本件のように、物的担保・人的担保の存在や価値に関する裁判例の動向もまた同様であり、かつては動機の錯誤にすぎないとして錯誤無効を認めない事例が多かったが（前掲最判昭和32・12・19のほか、大判明治38・12・19民録一一輯一七八六頁、大判大正6・5・30民録二三輯九一一頁、大判昭和4・12・17新聞三〇九〇号一一頁、大判昭和15・6・28民集一九巻一〇八七頁（以上、物的担保）、最判昭和38・2・1判タ一四一号五三頁（人的担保））、近年の下級審裁判例では、錯誤無効を認めるものが目立っている。たとえば、東京地判平成6・11・9金法一四三八号四一頁（自動車の所有権留保の存在）、東京地判平成8・2・21判時一五八九号七一頁（質権の存在）、大阪高判平成2・6・21判時一三六六号五三頁（連帯保証人の存在。ただし二分の一の責任あり）などがある。とくに本件に類似する事例として、東京地判平成９・11・25金判一〇四二号四七頁は、物上保証人が設定した根抵当権物件に担保余力があるので保証人に最終的な責任が及ぶことはないという債権者の説明を信じて、実際には物権には担保余力がないのに連帯保証契約を締結したという事案で、特段の論拠を示さないまま、動機の錯誤であるが、動機は表示され、しかも要素の錯誤にあたるので保証契約は無効であるとしている。

これらの裁判例で共通して重視されているのは、当該事実の存否が保証契約の当然の前提か、債権者の説明がどうであったか、錯誤があれば保証しないであろうことについて債権者に認識があったか、といった事情である。他方、学説では、これらの動向を捉えて、判例がなお意思と動機の二分論を維持しているのか、それとも意思・動機一元論に転向したのかといった点に関心が集まっている。[3]

本判決は、意思・動機の二分論を前提に、保証人が突然、主債務者と債権者の担当者らの来訪を受けたにもかかわらず、同日中に巨額の保証契約に直ちに署名押印したのは、債権者の担当者の発言によることを認定したうえで、動機の表示があったことおよび要素の錯誤であることを認めている。これは、債権者が説明したという事実を重視して動機の表示および要素性を緩やかに判断するものであり、最近の裁判例の傾向に沿うものであるといえよう。

(2)　問題点

私見によれば、保証契約について錯誤が争われる裁判例が多いのは、主債務者と保証人間の保証委託関係が保証契約の成否に無関係とされていることに原因がある。すなわち、保証契約で錯誤が問題となるのは、保証契約それ自体の意思欠缺による場合を除き、実際には、錯誤の対象が何であるかを問わず、主債務者が保証人となることを委託する際に保証契約の内容を限定するものとして前提とされていた事実が実際とは異なることが明らかとなった場合として共通している。[4]このような場合に、たとえ保証委託契約の効力を否定できたとしても、保証契約自体は債権者と保証人間の契約であり、委託関係の存否はその成否に無関係であると解されているため、保証人が保証契約の効力を否定するには、その事実関係の齟齬を保証契約についての錯誤として主張せざるを得ない。保証契約における「錯誤」という問題の実体がこのような特徴を有するものであるとするならば、重要なのは、保証委託上のそのような事情が債権者・主債務者・保証人の三者間で保証取引がなされるための共通の基礎となっていたか否かであるというべきである。委託による保証においては、保証契約は、実質的には、主債務契約および保証委託契約とともに形成される保証取引の一部ないし個別部分を成すものであり[5]、取引の前提となる共通の基礎が失われれば、保証契約はそれ自体には問題がないときでも、その行為基礎を失って当然に無効となると解すべきであろう。法律構成上は、これを錯誤として認めるとすれば、この場合の「錯誤」が内容の錯誤であり、かつ要素の錯誤であると判断するにあたっては、とりわけ主観的要素として、債権者がその事項についてどのような認識・認識可能性を有していたかが重要であり、また客観的要素として、保証取引の全体が維持されるために必要不可欠な事項であるか否かが重要であると解すべきである（これは錯誤の一般論において一元説によるべきことを主張するものではない）。また、動機の表示の有無や保証人の重過失の有無についても、その事項が共有の基礎といえるかそれとも保証人の主観的な認識にとどめていたかという観点から判断されるべきであろう。本判決が、債権者が説明したことを重視し、保証契約は錯誤無効であるとしたのは、物的担保の価値があることが共通の認識であったという実質を錯誤として法律構成したという意味に理解すべきであるように思われる[6]。

（1）　この点に関する検討については、中舎寛樹「判批」私法判例リマークス四七号（二〇一三年）三八頁を参照されたい。
（2）　このほかの戦前・戦後の裁判例については、**本節二3**、小林一俊『錯誤の判例総合解説』（信山社、二〇〇五年）五九頁以下参照。

（３）　最近の文献として、山田希「被保証資格の誤信に関する考察――近時の裁判例と錯誤理論との関係から」銀法七五三号（二〇一三年）一四頁参照。
（４）　**本節二３**(2)参照。
（５）　中舍寛樹「保証取引と多角的法律関係」椿寿夫・中舍寛樹編『多角的法律関係の研究』（日本評論社、二〇一〇年）二〇九頁参照。
（６）　本件評釈として、谷本誠司「判批」銀法七五二号（二〇一二年）五五頁がある。

四　反社会的勢力と保証取引

以下では、三と同様の趣旨から、主債務者が反社会的勢力であることが判明した場合の信用保証協会の保証契約の効力に関する最判平成28・１・12民集七〇巻一号一頁を取り上げる。

１　事実

X銀行（原告、被控訴人、被上告人）とY信用保証協会（被告、控訴人、上告人）は、昭和四一年八月、約定書と題する書面により信用保証に関する基本契約（以下、「本件基本契約」という）を締結した。本件基本契約には、Xが「保証契約に違反したとき」は、YはXに対する保証債務の履行につき、その全部または一部の責めを免れるものとする旨が定められていたが（以下、「本件免責条項」という）、保証契約締結後に主債務者が反社会的勢力であることが判明した場合の取扱いについての定めは置かれていなかった。

その後、政府は、平成一九年六月、企業において暴力団を始めとする反社会的勢力とは取引を含めた一切の関係を遮断することを基本原則とする「企業が反社会的勢力による被害を防止するための指針」（以下、「本件指針」という）を策定した。これを受けて、金融庁は、平成二〇年三月、「主要行等向けの総合的な監督指針」を一部改正し、また、同庁および中小企業庁は、同年六月、「信用保証協会向けの総合的な監督指針」を策定した。

Xは、A社から、三回にわたり運転資金の融資の申込みを受け、それぞれ審査した結果、平成二〇年七月、同年九月及び平成二二年八月、Yに対してそれらの信用保証を依頼し（いわゆる経由保証方式）、A社とYは、保証委託契約を締結した。そこで、Xは、上記各月、A社との間でそれぞれ金銭消費貸借契約を締結し、三〇〇〇万円、二〇〇〇万円および三〇〇〇万円の各貸付け（以下「本件各貸付け」という）をした。また、Yは、上記各月、Xとの間で、本件各貸付けに基づくA社の債務を連帯して保証する旨の各契約（以下「本件各保証契約」という）を締結した。本件各保証契約においても、契約締結後に主債務者が反社会的勢力であることが判明した場合の取扱いについての定めは置かれていなかった。

ところが、警視庁は、平成二二年一二月、国土交通省関東地方整備局等に対し、A社について、暴力団員であるBが同社の代表取締役を務めてその経営を実質的に支配している会社であるとして、公共工事の指名業者から排除するよう求めた。これを受けて、同整備局は、同月、A社に対し、公共工事について指名を行わないことを通知した。

A社は、平成二三年三月二日、取引停止処分を受けたため、本件各貸付けについて期限の利益を喪失した。そこで、Xは、Yに対し、本件各保証契約に基づき保証債務の履行を請求した。これに対して、Yは、A社が反社会的勢力であることを知らずに本件各保証契約を締結したのであり、本件各保証契約には要素に錯誤があるので無効である、または、本件各保証契約においては、貸付けが反社会的勢力に対するものでないことが保証条件であり、Yは本件免責条項により保証債務の履行を免れるなどと主張した。

２　第一審判決と原判決

第一審判決（東京地判平成25・４・24民集七〇巻一号四八頁、判時二一九三号二八頁）は、A社が反社会的勢力であると認定したうえ、以下のように判示し、本件各保証契約における当事者の意思解釈上、Yの認識であったA社が反社会的勢力関連企業でないことが、本件各保証契約の内容となっていたと認めることはできないので、本件各保証契約が要素の錯誤により無効となることはないというべきであるとして、Xの請求を認容した。

「保証契約は、特定の主たる債務を保証することを内容とする契約であるところ、Yが、本件各貸付けに係る各債務を主債務として、これを保証する意思で本件各保証契約に係る意思表示をしたことは明らかであって、……主債務者であるAの属性、すなわちAが反社会的勢力関連企業でないことが保証契約の重要な内容であったということはできない。

もっとも、……Yは、Aが反社会的勢力関連企業でないとの認識に基づいて、本件各保証契約の締結の意思表示をしたと認められる。このような認識の齟齬がある場合には、これをいわゆる動機の錯誤と呼ぶかについては措くとしても、本件各保証契約が無効となるには、この認識に係る事実、すなわちAが反社会的勢力関連企業でないことが、明示又は黙示に意思表示の相手方であるXに表示されて本件各保証契約の内容とされており、もし認識の齟齬がなかったならば、Yが本件各保証契約に係る意思表示はしなかったであろうと認められる場合でなければならない。……XとYとの間では、保証契約の締結までに主債務者が反社会的勢力関連企業であることが判明した場合には、保証契約を締結しないことについては、YがXに対してこれを改めて表示するまでもなく、当然の前提となっていたことが認められる。しかしながら、これは、主として、反社会的勢力の社会からの排除という公益的観点からの要請に応えたものであって、必ずしも、特定の債務についてその債務者に代わって債務を履行する責任を負うことを合意するという保証契約の本質的内容から導かれるものではない。……XとYとの間においては、保証契約の締結までに主債務者が反社会的勢力関連企業であることが判明した場合には、保証契約を締結しないことが当然の前提となっていたといっても、それは、いわば共通の行為規範を有していたにとどまるというべきであって、保証契約の締結後に主債務者が反社会的勢力関連企業であることが判明した場合の保証契約の効力については、共通の理解が形成されておらず、この点において、主債務者であるAが反社会的勢力関連企業でないことが合意の内容となっていたと認めることはできない。……本件各保証契約における当事者の意思解釈上、Yの認識であったAが反社会的勢力関連企業でないことが、本件各保証契約の内容となっていたと認めることはできないから、Yにおいて、上記の認識の齟齬がなかったならば本件各保証契約における意思表示をしなかったであろうと認められるとしても、本件各保証契約が要素の錯誤により無効となることはないというべきである。……Yは、本件各貸付けが反社会的勢力関連企業に対する貸付けでないことが保証条件であり、Xはこれに違反したから、Yは本件免責条項により免責される旨主張するが、……本件各貸付けが反社会的勢力関連企業に対する貸付けでないことが本件各保証契約における保証条件であったと認めることはできないから、Yの主張はその前提を欠き、採用することができない。」

これに対して、Xが控訴したが、原審（東京高判平成26・3・12民集七〇巻一号七三頁）は、本件各保証契約が締結された当時、主債務者が反社会的勢力であることが後に判明した場合もYにおいて保証債務を履行することが本件各保証契約の内容となっていたものであり、仮にYの内心がこれと異なるものであったとしても、そのことは明示にも黙示にも表示されていなかったのであるから、Yの本件各保証契約の意思表示に要素の錯誤があったとはいえない、また、本件各貸付けが反社会的勢力に対するものでないことが本件各保証契約における保証条件であったとは認められないとして、控訴を棄却した。そこでYが上告した。

３　判旨

最高裁は、以下のように判示し、主債務者が反社会的勢力でないことというＹの動機は、明示または黙示に表示されていたとしても、当事者の意思解釈上、保証契約の内容となっていたとは認められず、Ｙの意思表示に要素の錯誤はないとしつつ、Ｘが、主債務者が反社会的勢力であるか否かについて相当な調査をすべきであるというＹとの間の信用保証に関する基本契約上の付随義務に違反して、その結果、反社会的勢力を主債務者とする融資について保証契約が締結された場合には、基本契約に定められた保証債務の免責条項にいう金融機関が「保証契約に違反したとき」にあたるとし、Ｙの保証債務の免責の抗弁について更に審理を尽くさせるためとして、原判決を破棄し、東京高等裁判所に差し戻した。

「⑴　信用保証協会において主債務者が反社会的勢力でないことを前提として保証契約を締結し、金融機関において融資を実行したが、その後、主債務者が反社会的勢力であることが判明した場合には、信用保証協会の意思表示に動機の錯誤があるということができる。意思表示における動機の錯誤が法律行為の要素に錯誤があるものとしてその無効を来すためには、その動機が相手方に表示されて法律行為の内容となり、もし錯誤がなかったならば表意者がその意思表示をしなかったであろうと認められる場合であることを要する。そして、動機は、たとえそれが表示されても、当事者の意思解釈上、それが法律行為の内容とされたものと認められない限り、表意者の意思表示に要素の錯誤はないと解するのが相当である（最高裁昭和35年（オ）第五〇七号同37年12月25日第三小法廷判決・裁判集民事六三号九五三頁、最高裁昭和63年（オ）第三八五号平成元年９月14日第一小法廷判決・裁判集民事一五七号五五五頁参照）。

⑵　本件についてこれをみると、前記事実関係によれば、Ｘ及びＹは、本件各保証契約の締結当時、本件指針等により、反社会的勢力との関係を遮断すべき社会的責任を負っており、本件各保証契約の締結前にＡ社が反社会的

勢力であることが判明していた場合には、これらが締結されることはなかったと考えられる。しかし、保証契約は、主債務者がその債務を履行しない場合に保証人が保証債務を履行することを内容とするものであり、主債務者が誰であるかは同契約の内容である保証債務の一要素となるものであるが、主債務者が反社会的勢力でないことはその主債務者に関する事情の一つであって、これが当然に同契約の内容となっているということはできない。そして、Xは融資を、Yは信用保証を行うことをそれぞれ業とする法人であるから、主債務者が反社会的勢力であることが事後的に判明する場合が生じ得ることを想定でき、その場合にYが保証債務を履行しないこととするのであれば、その旨をあらかじめ定めるなどの対応を採ることも可能であった。それにもかかわらず、本件基本契約及び本件各保証契約等にその場合の取扱いについての定めが置かれていないことからすると、主債務者が反社会的勢力でないということについては、この点に誤認があったことが事後的に判明した場合に本件各保証契約の効力を否定することまでをX及びYの双方が前提としていたとはいえない。また、保証契約が締結され融資が実行された後に初めて主債務者が反社会的勢力であることが判明した場合には、既に上記主債務者が融資金を取得している以上、上記社会的責任の見地から、債権者と保証人において、できる限り上記融資金相当額の回収に努めて反社会的勢力との関係の解消をはかるべきであるとはいえても、両者間の保証契約について、主債務者が反社会的勢力でないということがその契約の前提又は内容になっているとして当然にその効力が否定されるべきものともいえない。

そうすると、A社が反社会的勢力でないことというYの動機は、それが明示又は黙示に表示されていたとしても、当事者の意思解釈上、これが本件各保証契約の内容となっていたとは認められず、Yの本件各保証契約の意思表示に要素の錯誤はないというべきである。

(3)　信用保証協会は、中小企業者等に対する金融の円滑化をはかることを目的として、中小企業者等が銀行その他の金融機関から貸付け等を受けるにつき、その貸付金等の債務を保証することを主たる業務とする公共的機関であり（信用保証協会法一条参照）、信用保証制度を維持するために公的資金も投入されている。また、本件指針等により、金融機関及び信用保証協会は共に反社会的勢力との関係を遮断する社会的責任を負っており、その重要性は、金融機関及び信用保証協会の共通認識であったと考えられる。他方で、信用保証制度を利用して融資を受けようとする者が反社会的勢力であるか否かを調査する有効な方法は、実際上限られている。

以上のような点に鑑みれば、主債務者が反社会的勢力でないことそれ自体が金融機関と信用保証協会との間の保証契約の内容にならないとしても、X及びYは、本件基本契約上の付随義務として、個々の保証契約を締結して融資を実行するのに先立ち、相互に主債務者が反社会的勢力であるか否かについてその時点において一般的に行われている調査方法等に鑑みて相当と認められる調査をすべき義務を負うというべきである。そして、Xがこの義務に違反して、その結果、反社会的勢力を主債務者とする融資について保証契約が締結された場合には、本件免責条項にいうXが「保証契約に違反したとき」にあたると解するのが相当である。

(4)　本件についてこれをみると、本件各貸付けの主債務者は反社会的勢力であるところ、Xが上記の調査義務に違反して、その結果、本件各保証契約が締結されたといえる場合には、Yは、本件免責条項により本件各保証契約に基づく保証債務の履行の責めを免れるというべきである。そして、その免責の範囲は、上記の点についてのYの調査状況等も勘案して定められるのが相当である。」

４　検討

(1)　第一審判決について

第一審判決は、結論および法律構成のいずれも妥当でないと考える。

(a)　保証契約について、錯誤無効が争われる事例は数多い[1]。これは個人保証の場合だけでなく、信用協会保証でも異ならない。しかし本件で問題となった反社会的勢力に関する事例は、最近になって見られるようになったものである。以下では、第一審判決の特徴と錯誤という法律構成の問題点を検討する。

反社会的勢力を主債務者とする信用保証協会保証の効力が争われるようになったのは、企業活動から反社会的勢力を排除するために、平成一九年に政府が「企業が反社会的勢力による被害を防止するための指針」を公表し、すべての事業者に反社会的勢力との関係遮断の取組みを求め、金融庁等が定める監督指針では、信用保証協会および金融機関に対して、反社会的勢力が取引先になることを防止すること、反社会的勢力であることが判明した場合には、債務保証や融資を行わないことを求めていたことに由来する。これらを受けて、金融機関の金銭消費貸借証書ひな型および信用保証協会の信用保証委託契約書ひな型では、反社会的勢力排除の規定を置き、債務者が現在かつ将来にわたって反社会的勢力でないことの表明と確約を求めている。しかし、金融機関と信用保証協会の保証契約書やその約定書には、契約締結後に主債務者が反社会的勢力であることが判明した場合の保証契約の帰すうについて明文の定めがなく、このため、反社会的勢力に対し融資を実行していた金融機関が保証債務の履行を求め、これに対して信用保証協会が保証契約の無効を争うという紛争が発生しているのである。

(b)　(ア)　このような状況の下、本件を挟む裁判例では、本件第一審判決とは逆に、すべて信用保証協会による錯誤無効の主張が認められている。すなわち、【1】神戸地姫路支判平成24・6・29金法一九七八号一三二頁、金判一三九六号三五頁は、X信用金庫がY信用保証協会の保証による融資の斡旋（斡旋保証）に応じて、反社会的勢力であるAに対して貸付けをし（貸付け①）、それに続いて、金融機関を経由した保証の依頼（経由保証）により、Aに対して貸付け（貸付け②）を行ったが、Aが期限の利益を喪失したところ、Aが反社会的勢力であることを理由にYが保証債務の履行を拒絶したという事案であり、貸付け①の事情が異なる以外、本件とほぼ同様の事例である。しかし、同判決は、反社会的勢力でないので保証するという動機は、たとえ明示的に表示したことがなくとも、保証契約の当然の前提となっていた、または黙示に表示されていたというべきであり、Ａが反社会的勢力であることを認識していれば保証することはなかったといえるので要素の錯誤であるとし、さらに、斡旋保証というだけでは重過失があったといえず、錯誤の主張は信義則にも反しないとして、保証は錯誤により無効であるとした。

【１】に対しては、貸付け①が斡旋保証であることを考慮して、信義則違反とするなどの構成もあり得たのではないかとの評釈も示されたが[2]、控訴審判決である【２】大阪高判平成25・３・22金法一九七八号一一六頁、金判一四一五号一六頁は、錯誤の成否については、Ｙが信用保証を行うに際し、反社会的勢力でないことは当然の前提になっているものというべきであり、Ｘにおいても十分認識しており、要素の錯誤があったものと認められ、Ｙに重過失はなかったとしつつ、信義則違反については、貸付け①は斡旋保証事案であり、Ａへの融資をあっせんしたＹが錯誤無効を主張して保証債務の履行を全部免れることは著しく衡平に反するので、貸付け①の二分の一について履行を拒絶することは信義則ないし衡平の観念に照らして許されないが、貸付け②は経由保証事案であり、斡旋保証と異なり、信義則ないし衡平の観念に照らして許されないと評価できないとした[3]。

また、【３】東京地判平成25・４・23金法一九七五号九四頁、金判一四二二号五二頁は、Ｘ信用金庫が反社会的勢力であるＡ社（本件の訴外Ａ社と同一法人）およびＢ社（Ａの代表者が全額を出資して設立した会社）に対して貸付けをし、Ｘを経由する方法でＹ信用保証協会に保証を依頼し、保証契約が締結されたが、ＡおよびＢが期限の利益を喪失したところ、主債務者が反社会的勢力であることを理由にＹがこれを拒絶したため、ＸがＹに対して主位的に保証債務の履行を請求し、予備的に不法行為に基づく損害賠償を請求したという事案であり、予備的請求の部分を除き、本件とほぼ同じ内容の事例である。しかし、判決は、保証が行われた当時、主債務者が反社会的勢力であることが判明していれば、Ｙが信用保証することはなかったことは明らかであり、Ｘにおいてもそのことは認識可能であったと考えられるから、主債務者が反社会的勢力でないことは法律行為の要素であったというべきであり、主債務者が反社会的勢力に該当するときは契約を締結しないことが当然の前提となっていたというべきであるから、契約書中に反社会的勢力排除条項が存在しないことは要素の錯誤になっていなかったという理由にならないとしたうえで、錯誤の主張は信義則違反となるものではなく、経由保証では、A、Bが反社会的勢力でないことについて審査・確認を行う第一次的責任はXにあるというべきでありYに重過失はないとして、保証が錯誤により無効であるとした（予備的請求についても、経由保証では、Xにおいて調査委確認すべき責任があるとして不法行為は成立しないとした）。

この控訴審判決である【4】東京高判平成25・10・31金判一四二九号二一頁もまた、反社会的勢力でないことが契約の要素となる旨の条項が設けられていないからといってYにおいて錯誤を主張できないということにはならない、信用保証協会制度の利用にあたっては、融資や信用保証を申し込む者が反社会的勢力でないことは当然の前提になっており、そのことはXも十分認識していたとして、錯誤無効を認め、不法行為の成立を否定した原判決は相当とした。

これに対して、本件第一審判決は、反社会的勢力でないことが合意の内容となっていたか否かを問題にし、そもそも保証においては主債務者の属性は契約の重要な内容ではない、保証が錯誤無効となるには、反社会的勢力でないことが明示または黙示に相手方に表示され、保証契約の内容となっていたことが必要であるところ、それは当事者間の合意に委ねられているというべきであり、本件では、保証契約の締結までに反社会的勢力であることが判明した場合について保証契約を締結しないことは当然の前提となっていたが、それが保証契約締結後に判明した場合については共通の理解が形成されておらず、合意の内容となっていたと認められないとして、錯誤無効を認めず、反社会的勢力に対する貸付けでないことが保証の条件であったということも認められないとした。

（イ）これらの裁判例を比較すると、本件第一審判決とその他の裁判例とでは、問題となった事案がほぼ同様であり、しかも、いずれにおいても反社会的勢力でないことが保証契約の内容であったか否かを問題にしながら、保証契約の内容についての理解の違いから結論を異にするにいたったことが如実に明らかである。すなわち、本判決以外の裁判例は、反社会的勢力でないことが保証契約の当然の前提であり、相手方もそれを認識していたか認識可能性があったとして保証契約の内容であったとしているのに対して、本判決は、反社会的勢力でないことが保証契約の内容といえるためには、当事者間の合意が必要であるとし、そのような合意があったということはできないとしているのである。

また、これらの裁判例では、法律構成上取り上げる位置はそれぞれ異なるが、経由保証または斡旋保証であることとの関係について何らかの考慮がなされている。すなわち、【1】は、斡旋保証であったということで民法九五条ただし書の重過失があったとはいえないとしているのに対して、【2】は、斡旋保証である場合に保証を全部無効とすることは衡平に反するとしている。また、【3】は、逆に、経由保証であることを重視して、錯誤無効を主張するについて重過失はないとしている。他方、本件第一審判決は、経由保証であるからといっても、反社会的勢力でないことの調査は信用保証協会も自ら行うべきであり、反社会的勢力でないことの表明ないし確約には繋がらないとしている。私見によれば、この問題もまた、本件のような問題を錯誤と法律構成することとの妥当性に関わっている。そこで、これについても、保証契約と錯誤との関係を検討した後に取り上げることにする。

(c)　(ア)　錯誤に関して、判例は現在でもなお、意思・動機二分論を採っているといわれているが、実際には、近年の保証の事例では、錯誤の種類が動機の錯誤か否かを問題にせず、したがって表示の有無を問わず、直接、内容の錯誤であったか否かを問題にしている裁判例が見られるようになっている。たとえば、**四**で取り上げた最判平成14・7・11判時一八〇五号五六頁は、空クレジット契約であることを知らないで連帯保証したという事案であるが、商品売買の成否は保証契約の重要な内容であり、要素の錯誤があったとしている。ここで重視されているのは、当該事実の存否が表意者にとって保証契約を締結する当然の前提であったか否か、および、錯誤がなかったならば保証しなかったであろうことについて相手方に認識ないし認識可能性があったか否かであり、少なくとも、伝統的な二分論のように、まず意思表示の錯誤か動機の錯誤かを判断し、後者であるとした場合に表示の有無を問題にするという構成ではない。(4)【1】～【4】は、このような傾向に沿って、反社会的勢力であれば保証しなかったであろうことに対する「相手方の認識・認識可能性」があったことを重視して、それが保証契約の当然の前提であったとし、そこから直ちに要素の錯誤であるか否かの判断に移っているのである。

これに対して本件第一審判決は、基本的には伝統的な意思・動機二分論に親和的であるように思われる。伝統的な二分論によれば、保証契約締結意思の欠缺の場合以外の錯誤はすべて動機の錯誤であり、明示または黙示の表示により法律行為の内容となっている場合にのみ要素の錯誤になりうる。そして本件第一審判決もまた、反社会的勢力でないとの認識に齟齬がある場合には、これを動機の錯誤と呼ぶかについては措くとしつつ、反社会的勢力でないことが明示または黙示に相手方に表示されて保証契約の内容となっていなければならないとしている。そして、反社会的勢力でないことを契約内容とするか否かは、あくまでも当事者間の合意に委ねられているとし、約定書や信用保証書に何らの定めもなく、保証契約の効力について共通の理解が形成されておらず、共通の基盤となっていると解することができないので、反社会的勢力でないことが合意の内容となっていたとはいえないとしているのである。これは、当事者間に「共通の理解」があったか否か、ないし「共通の基盤」が形成されていたか否かを重視して合意の存否を判断しているものといえる。

本件第一審判決およびその他の裁判例の判断構造をこのように理解するならば、反社会的勢力でないことが保証契約の内容となっているか否かの判断要素という点では、「それが当然の前提であることを相手方が認識または認識可能性があったか否か」によって行うか、それとも「共通の理解ないし共通の基盤に基づき当事者に合意があったか否か」によって行うかの違いであるといえよう。両者は似ているが、後者によれば、相手方において、表意者が反社会的勢力でないことを前提にして保証契約を締結していることを認識していたとしても、たとえ事実と異なっていても保証契約の効力は妨げられないと考えていた場合には、反社会的勢力でないことは保証契約の内容とならず、保証契約は無効にならない点で決定的に異なることになる。

（イ）思うに、上記の二つの立論は錯誤の法律構成としては、いずれも成り立ちうるものであるが、いずれが本件の処理にとってより適合的かは、錯誤の理論構成次第によるというよりも、信用協会保証取引の構造の理解にかかっているのではないかと思われる。私見によれば、そもそも保証契約について錯誤無効をめぐる争いが多いのは、主債務者と保証人間の保証委託関係が保証契約の成否に無関係とされていることに原因がある。すなわち、保証契約で錯誤が問題になるのは、保証契約の締結意思自体が問題になる場合を除けば、実際には、錯誤の対象が何であるかを問わず、主債務者が保証を委託する際に保証契約の内容を限定するものとして前提とされていた事実が実際とは異なることが明らかとなった場合として共通している[5]。しかし、保証契約自体は、債権者と保証人間の契約であり、保証委託関係の存否はその成否に無関係であると解されている。このため、保証人が保証契約の効力を否定しようとするには、その事実関係の齟齬を保証契約締結上の基礎的事情に錯誤があるとして主張せざるを得ないのである。

保証契約における「錯誤」問題の実体がこのような特徴を有するものであるとするならば、たとえ法律構成上は錯誤によるとしても、紛争の実体をできるだけ反映できる解釈をすべきである。保証人が錯誤無効を主張する実体は、自らの意思表示のみに錯誤があったということを主張するためではなく、相手方にとっても錯誤があったということ、すなわち、一定の事実関係の存在・不存在が債権者・主債務者・保証人の三者間でなされる保証取引の共通の基礎であったはずだということを主張するためである。私見によれば、そもそも委託による保証においては、保証契約は、実質的には、主債務契約および保証委託契約とともに形成される多角的法律関係としての保証取引の一部ないし個別部分を成すものであり、[6]取引の前提となる共通の基礎が失われれば、保証契約自体に問題がないときでも、その行為基礎を失って当然に無効となると解すべきである。一歩譲って、このような実体を錯誤という構成で生かすとすれば、このような「錯誤」が内容の錯誤であり、かつ要素の錯誤であるか否かを判断するにあたっては、保証人の意思を問題にするのではなく、保証人と相手方の双方にとってそれが共通の基礎であったか否かを問題にすべきである。このような意味において、本件第一審判決以外の裁判例のように、反社会的勢力でないことが保証の「前提」であったか否かと「相手方の認識・認識可能性」を問題にするよりも、本件第一審判決のように、反社会的勢力であった場合の保証の効力について「共通の理解」ないし「共通の基盤」があったか否かを問題にし、当事者間における共通性を重視するほうが、より実体を反映できる解釈ではないかと思われ、その点で本件第一審判決の構成は評価されるべきものである。

（ウ）しかし、本判決がこの共通性を判断するために、保証契約や約定書・信用保証書の文言を過当に重視していることは疑問である。共通の理解や共通の基盤は、そのような事情が保証取引全体を維持するために必要不可欠な事情であるか否かという客観的観点と、そのような事情について両当事者がどのような認識・認識可能性を有していたかという主観的観点から判断されるべきであり、表示の有無を決定的な基準とすべきではない。第一に、本件第一審判決は、反社会的勢力であれば保証しないことが保証契約締結前には両当事者の当然の前提であることを認めながら、契約締結後はそうではないとしている。しかし、このような説明は理解しにくい。契約の締結前後で前提とされる事実の内容や当事者の認識が異なるわけではなく、両当事者には主債務者が反社会的勢力でないという共通の認識がある。そうであれば、契約締結後であっても、反社会的勢力でないことは保証の当然の前提であったというほうが素直であろう。第二に、それにもかかわらず、本件第一審判決のように、契約締結前後で区別することを正当化しうるためには、保証契約を締結したという事実を重視するほかない。しかしそれは、本件第一審判決のように、主債務者の属性は保証の本質ではないという構成を採ればなおさらのこと、保証契約を締結する意思があったというにすぎず、前提の存在を否定する事情にはならないはずである。第三に、そうだとすると、本件第一審判決は、たとえ両当事者が共通の認識を有していたとしても、そのような認識の如何に関わりなく保証するというのが保証契約の本質であり、したがってこれを否定するためには当事者間の合意が必要であると考えていることになろう。しかし、契約の当然の前提ないし共通の理解・基盤は、両当事者にとって当然のことであればあるほど明文で規定されることはなく、特約は、一方にとっては重要な事情であるが、とくに合意しておかなければそれを相手方と共有できない場合にはじめてなされるのが通常であろう。

(d)　(ア)　このように、保証契約の性質について、本件第一審判決のような理解により、かつ厳格な契約解釈をする限り、このような事情は錯誤という法律構成には反映されないままとなりうる。しかし、反社会的勢力でないことは、すでに述べたとおり、単に保証委託契約上の問題ではなく、金融機関の貸付契約上の問題でもあり、債権者・債務者・保証人の三者からなる保証取引全体にとって共通の基礎であり、このことが保証契約に反映されないのは妥当ではない。しかも、本件のような信用保証協会保証取引には、さらに通常の個人保証と異なる特徴がある。すなわち、信用保証協会の保証は、中小企業者等に対する金融の円滑化をはかるという目的を有しており、単に金融機関の貸付債権の保全策として存在するものではない。信用保証協会は、このような制度趣旨・目的に従って保証をなすべき責務を負っており、このため、主債務者となるべき者との保証委託契約において、保証を受託するために必要な条件を提示している。したがって、信用保証協会は、一定の条件の下でなければ保証しないことを主債務者との関係で義務づけられている。このように、信用協会保証では、通常の保証と異なり、保証委委託関係と保証契約とが緊密に連動している。

（イ）しかし、信用保証協会が果たすべき責務のいくつかは、たとえば旧債振替の禁止のように、金融機関の行為に依存している。そこでこのような行為については、金融機関と信用保証協会との間における保証契約において、信用保証協会がその責務を果たすために、金融機関に対して一定の行為義務を課していると解すべきではなかろうか[(7)]。主債務者が反社会的勢力でないことは、まさにそのような事情であり、このような特殊な保証契約上の義務として、信用保証協会は、反社会的勢力の委託を受けず、金融機関もまたそのような者に対して貸付けをしないという義務を負っているというべきである。このように解することができるならば、金融機関が調査ミスにより反社会的勢力に対して貸付けをした場合には、通常の保証のような片務契約と異なり、特殊な双務契約的な保証契約の債務不履行があったものとして、信用保証協会は保証契約を解除できるということになろう。また、金融機関に調査ミスがなかったのであれば、金融機関には債務不履行がなかったものとして、そのまま保証契約の履行を求めることができるのは当然であることになろう。信用保証協会保証の構造をこのように理解すれば、主債務者が反社会的勢力であったことを理由に信用保証協会が保証契約の効力を否定するために、自らの意思表示に錯誤があったという構成による必要はなく、当事者双方の認識と事実関係とに齟齬があったという紛争の実体をより反映した処理ができるのではなかろうか。

（ウ）また、このような構成によるならば、反社会的勢力であることを見逃した信用保証協会にもまた調査ミスがあり、金融機関の一方的な債務不履行とはいえないことになる。したがって、解除の範囲は、過失相殺の法理により、一部解除にとどまるというべきである。前述の裁判例が、斡旋保証と経由保証の違いに言及しているのは、それを取り上げる場面の違いにもかかわらず、本件のような事態に対する当事者の関与の程度を問題にしている点で共通している。保証契約の内容と当事者の義務を私見のように解さず、錯誤という構成によるにしても、反社会的勢力でないことを当然の前提、共通の理解と構成する以上、保証契約が締結されるにいたる当事者双方の関与の程度に応じてリスクを負担し合うべきである。しかし、錯誤という構成では、それをそのまま法律構成に反映させることができないので、ゼロ・サムの結論となりやすく、考慮するとしても信用保証協会の重過失、信義則違反などで考慮せざるを得ない。【２】が斡旋保証について、全部の履行拒絶を認めることは衡平に反するとして二分の一について履行拒絶の主張を認めなかったことは、この問題については双方に責任があり、しかも斡旋保証では信用保証協会にイニシアティブがあることを反映させようとする工夫であると評価できるが、実体法上は、錯誤による全部無効であることを前提にしている。債務不履行構成によれば、この点でも、当事者の関与の程度の違いを比較的容易に反映できるのではなかろうか。

(2)　本判決について

(a)　本判決の構成

本判決は、錯誤無効（民九五条）の成否について多くの説示をしている。[8] このため、これまでに公刊された本判決の解説、評釈でも、錯誤が主な論点として取り上げられている。[9] しかし、私見によれば、本判決は、これまで多くの下級審で争われてきた問題が錯誤の問題ではないことを最高裁として確認したという意味があるにしても、[10] とくに錯誤について新たな判断を示したものではなく、判決理由の構成上は、保証契約が有効であることを踏まえて、保証契約の基本契約上の義務違反を論じるための前提にすぎない。

このように解すると、本判決の主旨は、信用保証協会保証における基本契約の付随義務違反が保証契約に違反したことになるという法律構成を示した点にあることになる。

(b)　保証契約の錯誤

（ア）本判決は、保証契約の錯誤について、とくに目新しい理解を示すものではないにもかかわらず、①動機の錯誤の取扱い、②保証契約の性質、③保証契約の内容化のための要件、④本件各保証契約の内容という問題に分けて詳細に論じたうえで、要素の錯誤により無効であるとのYの主張を斥けている。これは、これらの問題相互の関係について、第一審判決と原判決がいずれも必ずしも明確でなかったためではないかと思われる。

第一審は、①本件におけるA社が反社会的勢力関連企業でないとのYの認識を「動機の錯誤と呼ぶかについては措くとしても」としつつ、②保証契約は、特定の主たる債務を保証することを内容とする契約であり、③本件各保証契約が無効となるには、A社が反社会的勢力関連企業でないことが「明示又は黙示に表示されて」保証契約の内容とされており、もし認識の齟齬がなかったならば意思表示をしなかったであろうと認められる場合でなければならないとしたうえで、④本件各保証契約の締結後に主債務者が反社会的勢力関連企業であることが判明した場合に保証契約の効力を失わせることがXとYの「共通の基盤」となっていると解することはできないので、A社が反社会的勢力関連企業でないことが「合意」の内容となっていたとは認められない、とした。

しかし、これによれば、Yの認識が明示又は黙示にXに「表示」されていれば契約内容とされうるのか、それとも、XY間に共通の基盤が形成されて「合意」となっていなければ契約内容とならないのかが必ずしも明確でない。判決の主旨は後者にあり、当事者間の合意を重視していると思われるが、そうであるとすれば、上記③と④との間、すなわち、「明示又は黙示の表示」と「共通の基盤」との間には飛躍があることになる。

他方、原審は、①ある事実が存在しないことが、保証契約が有効に成立するための「前提条件」であり、かつ、その旨が「明示又は黙示に表示」されて意思表示の内容となっているときには、意思表示が錯誤により無効となる余地があるとし、②本件各保証契約が締結された当時、主債務者が反社会的勢力関連企業でないことが契約締結の「前提条件」とされていたということはできず、仮にYの内心がこれと異なるものであったとしても、そのことは「明示にも黙示にもXに対して表示されていなかった」ので、保証契約の内容になっていなかったとする一方、③主債務者が反社会的勢力である可能性は当事者間で想定されていて、そのことが後に判明した場合もYにおいて保証契約を履行することが本件各保証契約の内容となっていた、とした。

これによれば、Ｙの認識は前提条件ではなく、表示もないので、契約内容にはなりようがない、ということであろう。しかし、他方で、本件各保証契約はＡ社が反社会的勢力であることが後に判明した場合もＹにおいて保証契約を履行することが契約の内容となっていたとしており、これでは、反社会的勢力でないことが契約内容で「ない」のか、それとも、反社会的勢力であってもよいことが契約内容で「ある」のかが判然としない。判決の主旨はおそらく前者であり、内容でないことを重視していると思われるが、そうであるとすれば、上記の①と③との間、すなわち、「前提条件かつ明示又は黙示の表示」と「契約内容」との間には飛躍があることになる。

（イ）これに対して本判決は、まず①本件では、信用保証協会の意思表示に動機の錯誤があるとしたうえで、動機の錯誤により意思表示が無効となるためには、動機が相手方に「表示」されて法律行為の内容となり、もし錯誤がなかったならば表意者がその意思表示をしなかったであろうと認められる場合であることを要するとしつつ、②たとえ動機が表示されても、「当事者の意思解釈」上、それが法律行為の内容とされたものと認められない限り、表意者の意思表示に要素の錯誤はないとし、③保証契約は、主債務者がその債務を履行しない場合に保証人が保証債務を履行することを内容とするものであり、主債務者が反社会的勢力でないことは当然に契約の内容となっているとはいえず、③ＸもＹも、主債務者が反社会的勢力であることが事後的に判明する場合が生じ得ることを想定でき、その場合にＹが保証債務を履行しないこととするのであれば、その旨をあらかじめ定めるなどの対応を採ることも可能であったが、そうしなかったのであるから、主債務者が反社会的勢力であることが事後的に判明した場合に本件各保証契約の効力を否定することまでを双方が「前提」としていたとはいえず、④そうすると、Ａ社が反社会的勢力でないことというＹの動機は、それが明示又は黙示に表示されていたとしても、当事者の意思解釈上、これが保証契約の内容となっていたとは認められず、Ｙの本件各保証契約の意思表示に要素の錯誤はない、とした。

これは、動機の錯誤の取扱いについて、明示または黙示の表示が必要であるとする立場を明確に確認するとともに、要素の錯誤となるためには、契約内容となっていなければならないとして、契約内容化を重視することを示したものである。第一審判決と異なり、明示または黙示の表示と契約内容の関係は明確であり、また、原判決と異なり、本件では反社会的勢力でないことは契約内容でないことも明らかにしている。このように、本判決は、第一審判決と原判決のあいまいさを解消し、議論を交通整理しているが、動機の錯誤に関して新しい見解を示したとまではいえない。すなわち、本判決は、まず動機の錯誤について明示または黙示の表示を要求しており、この点では、多義的であるといわれる判例の中で[11]、表示必要説に属する判決であるといえる[12]。

他方で、動機の錯誤の契約内容化について何を基準にするかについては、「当事者の意思解釈」によるべきことを基本とすることを明らかにしながら、その具体的な要素としては、法人間の取引であることを重視して、主債務者が反社会的勢力である場合に保証契約の効力を否定することまでを「前提」としていたとはいえないから、契約の内容ではないとしている。これは、第一審判決のように「合意」が必要という立場とは明らかに異なる立場であるが、表示と内容との関係は必ずしも明らかでない。表示必要説は、第一段階として、動機が表示されているか否かを問題にし、表示されている場合に、第二段階として、それが要素であるか否かを問題にするという段階的判断構造を特徴とする[13]。これに対して本判決は、最初に表示ではなく、動機が内容となっているか否かを問題にし、次に内容ではない以上、たとえ表示されていたとしても要素の錯誤はないとしているのである。これは、表示の有無にかかわらず内容であるか否かが問題であるという立場ではない。もしそうであるならば、そもそも動機の錯誤の取扱いにおいて、表示の有無に言及する必要はなくなるはずである。しかし、表示必要説に立ちながら、表示の有無にふれることなく内容であるか否かだけを問題にするという構成は、若干分かりにくく、むしろ表示不要説の立場に親和的ではないかとの印象を抱かざるを得ない。本判決のいう表示が、単なる事実としての表示なのか、それとも意思表示、すなわち契約内容のことなのかを明確にしていないためであろう[14]。

いずれにせよ、本判決が、動機の錯誤が要素の錯誤となるためには、その表示とともに意思解釈による契約内容化が必要であるということ自体は、ある事実に対する認識の欠如によるリスク負担を相手方に転嫁することを正当化するためのオーソドックスな立場であることは確かであり[15]、とくに本件のような事業者間契約においては、そのまま妥当することが多いであろう。ここでは、動機の錯誤に関する判例理論の妥当性はさておき、本判決が本件のような事案が錯誤の問題ではないことを明らかにしたという意味で評価しておきたい。

(c)　基本契約の付随義務

(ア)　錯誤無効が否定されたことにより、問題は、有効に成立した本件各保証契約の履行レベルに持ち越されることになったが、本判決は、Xには、本件基本契約上、付随義務があるとした。この点こそが本判決が示した新しい理論構成である。第一審および原審も保証契約上免責されるとのYの主張を斥けているが、錯誤の成否を論じる中で、反社会的勢力でないことが本件各保証契約の内容となっていたか否かを論じており、本判決のように、問題を二つに分けているわけではない。

すなわち、第一審判決は、錯誤と保証条件とを一応別建てで扱いつつ、錯誤について検討したことに照らせば、本件各貸付けが反社会的勢力関連企業に対するものでないことが保証条件であると認めることはできない、とした。また、原判決は、錯誤の成否を判断する過程で、「ある事実が存在する可能性があることが予測され、この事実が保証人の免責事由として規定されている場合、これが存在することが明らかになったときは、保証契約は有効でありながら保証人は責任を免れることとなるが、これはまた別問題である」としながら、本件基本契約では、主債務者が反社会的勢力関連企業であることは、保証人の免責事由の中に定められていない、とした。

(イ)　これに対して本判決は、この問題を錯誤と明確に区別し、①信用保証協会は中小企業者等に対する金融の円滑化をはかることを目的とする公共的機関であり、金融機関と同協会は共に反社会的勢力との関係を遮断する社会的責任を負っているとし、②主債務者が反社会的勢力でないこと自体が本件各保証契約の内容にならないにしても、XとYは「基本契約の付随義務」として、主債務者が反社会的勢力であるか否かについて一般的に行われている調査方法等に鑑みて相当と認められる調査をすべき義務を負うというべきであり、③Xがこの義務に違反して、その結果、反社会的勢力を主債務者とする融資について保証契約が締結された場合には、免責条項にいう「保証契約に違反したとき」にあたるとした。

このような、「基本契約」の付随義務として調査義務があり、これに違反したときは「保証契約」に違反したことになるという構成は、必ずしも分かりやすいものではない。すなわち、A社が反社会的勢力であるということは、XとA社との貸付契約、およびYとA社との保証委託契約上の事由であり、保証契約の内容ではないとしているのであるから、なぜその調査をしなかったことがXとYとの基本契約上「保証契約に違反したとき」にあたるといえるのであろうか。基本契約上、保証契約の免責事由が定められており、基本契約に違反しているので、その効果として免責されるというのかもしれない。しかし、基本契約が保証契約の基本的契約条項を定めたものであるとするならば、端的に、保証契約上の付随義務であるとはいえないのであろうか。

本判決は、A社が反社会的勢力でないことは保証契約の内容でないことを前提にしており、また、保証契約はそれ自体片務契約であって、債権者に義務を課すものではないことを考慮したのではないかと思われる。そのうえで、本判決のようにいうためには、本件基本契約と各保証契約とは別個の契約であるが、それにもかかわらず、これらの契約は債務の保証という一つの目的を達成するために重層的な構造にあると解するほかないであろう。すなわち、本保証取引は、取引全体に適用される免責事項を定める基本契約と、個別の貸付けに関する保証契約との重層構造の下で行われており、基本契約上の義務違反は保証契約の解除条件（一部解除を含む）となると解するのである。

(ウ)　しかし、このような迂遠な構成は、保証契約が片務契約であることに固執した解釈であって、信用保証協会保証の特質を重視するならば、むしろ端的に、調査義務は保証契約上の義務であると構成すべきではないかと考える。すなわち、私見によれば、そもそも委託による保証契約は、実際には、金融機関と主債務者間の貸付契約、主債務者と保証人間の保証委託契約とともに、多数当事者からなる多角取引としての「保証取引」を構成しているにもかかわらず[16]、現在の法律構成の下では、保証契約が主債務の履行を保証することのみを内容とする片務契約であるために、貸付契約、保証委託契約に関する事実の認識と実際との齟齬がある場合でも、これを保証契約の効力に反映できず、保証契約の動機の錯誤と構成せざるを得ないことに根本的な問題がある。

本判決もいうように、信用保証協会保証制度は、中小企業者等に対する金融の円滑化をはかるという目的を有しており、単に金融機関の貸付債権の保全策として存在するものではない。このため、信用保証協会は、このような制度目的に従って保証をなすべき責務を負っており、主債務者に条件違反があれば、信用保証協会は、主債務者との関係で保証債務の履行を免責される。しかし、信用保証協会が果たすべき責務のいくつかは、金融機関の行為に依存している。そこで、このような行為については、金融機関に対して一定の条件違反とならないよう融資をすべき義務を果たすことを要求しており、これが基本契約上、免責条件として規定されていると解すべきであろう。

以上のような信用保証協会保証の特質を法律構成に反映しようとするときは、信用保証協会保証では、通常の保証と異なり、金融機関と信用保証協会との間で、保証債務と上記の義務とが双務的な関係になるまで高められた保証契約が締結されるといえないであろうか[17]。このような金融機関の義務は、個別の保証契約の締結に先立って課せられることになるが、基本契約と個別の保証契約が全体として一個の契約を形成しており、基本契約によって保証取引の基本事項が定められ、後の個別的な保証契約はそれを具体的に特定するものと解すれば、契約締結前に契約上の義務を設定することにはならない[18]。金融機関の調査ミスにより、反社会的勢力に対して貸付けがなされた場合には、金融機関の義務違反による債務不履行があったものとして、保証契約が解除される。免責条件は、この解除が意思表示を要せず、条件違反があれば当然に発生するという特約であると解される（失権約款による解除条件付保証契約の解除）。また、解除の範囲は、すべてに及ぶのを原則とするが（全部免責）、割合的解決でも解除の目的を達することができるときは、一部解除（一部免責）が認められてよい。信用保証協会にも調査ミスがある場合には、過失相殺の法理を類推して、解除の範囲は一部に限られるというべきだからである。[19]本判決が割合的処理に言及していることもまた、基本契約と個別の保証契約との関係を以上のように解することによって、より明確になるであろう。割合的処理については、契約締結による危険引受けの観点から批判があるが[20]、義務違反に基づく契約解除におけるリスク負担の場面では、債務不履行による損害賠償が問題であり、割合的処理が可能である。

（エ）以上のように解することは、基本契約の内容を個別の保証契約の内容に取り込むことになり、それでは錯誤無効を認めることと異ならないではないかとの疑問が生じうるであろう。しかし、保証契約の内容に取り込むのは、金融機関であるXの調査義務であって、A社が反社会的勢力でないということではない。保証契約は有効であるが、あらかじめ免責条件として定められた調査義務に違反したことにより、付随義務違反ではあっても解除されるという構造は、本判決と異なるところはない。たしかに、仮に全部免責を認めるとすれば、効果としては錯誤無効構成とほぼ同様になり[21]、また、錯誤無効にならないとする以上、調査義務といってみても、契約内容に含まれない事項の存在を調査するということになるので、本判決もいうように、金融機関としては、通常の業務における調査さえしていればミスがあったということにはならないであろう。現に、本件の差戻審である東京高判平成28・4・14金法二〇四二号一二頁は、反社会的勢力に関するデータベースによる調査がその時点において相当な方法であったとして、調査義務違反を否定している[22]。しかし、一般的には、事前調査の内容やレベルにはさまざまのものがあることを考えると、ゼロ・サムの解決となる錯誤構成よりも、金融機関と信用保証協会双方の義務違反の程度と内容に応じた弾力的な解決を導くことができる債務不履行構成のほうが、より紛争実体に則した解決を導きやすいといえるのではなかろうか。

（オ）なお、本判決が基本契約を根拠に付随義務を導いたことからすると、このような基本契約が存在しない一般の保証では、債権者に同様の義務を課すことはできないのではないかが問題になる。たしかに、保証契約を基本契約と切り離せば、保証契約は片務契約であり、債権者には何らの義務も存在しないとも考えられる。しかし、一般の保証でも、委託による保証取引の全体構造は、主債務契約、保証委託契約、保証契約の三つの契約からなる多角取引であって[23]、保証契約それ自体が片務契約であっても、実際には、他の二つの契約の影響を受けないということはありえない。このような影響を考慮してあらかじめ定められているのが本件のような基本契約であるが、このような特約が存在しない場合であっても、保証取引の全体構造を維持するために、取引に参加するすべての当事者に相互協力義務があるというべきである。債権者の担保保存義務など（民五〇四条）もその現われであると理解することができるが、そのような法の定めがなく、かつ当事者間に特約がない場合であっても、取引を維持するのに必要な最低限度の調査をすることは、保証取引上、保証契約に内在する債権者と保証人双方の義務であるといってよいのではないかと思われる（ただし義務違反の効果は多様かつ段階的であってよい）[24]。

（１）従来の裁判例については、**本節二3**、**三2**(1)、小林一俊『錯誤の判例総合解説』（信山社、二〇〇五年）五九頁以下参照。
（２）浅井弘章・銀法七四八号（二〇一二年）五四頁、亀井洋一・銀法七五〇号（二〇一二年）五〇頁。
（３）この判決が過失相殺的な処理をしたことを積極的に評価するものとして、中村也寸志・金法一九七九号（二〇一三年）一二頁、浅井弘章・銀法七五八号（二〇一三年）五八頁参照。
（４）これは、判例が伝統的な二分論を採らないことを表明したものではなく、本件のように、当事者双方に共通する錯誤であった事案の特殊性に基づくものだと考えるが、ここではこの点についてはふれない。

（5）　**本節二3**(2)、**三2**(2)。

（6）　中舎寛樹「保証取引と多角的法律関係」椿寿夫・中舎寛樹編『多角的法律関係の研究』（日本評論社、二〇一二年）二〇九頁。

（7）　この点については、後述の**第2節二**で詳しく論ずる。

（8）　本件と同様の内容の別事件に関する最高裁判決が本判決と同一日付で相次いで出されている。判示事項は、錯誤に関して本判決と同様である。これらについては、大中有信「反社会的勢力に対する信用保証協会による保証と錯誤」金法二〇四七号（二〇一六年）八一頁参照。

（9）　本判決と錯誤理論の関係については、大中・前掲注（1）八二頁以下、佐久間毅「最三小判平28・1・12（平成26年（受）第1351号）ほか3判決の意義」金法二〇三五号（二〇一六年）二二頁以下、石川博康「判批」金法二〇四九号（二〇一六年）三四頁以下が詳しいので、それらに委ね、以下では、主として本判決の構造に焦点を当てることにする。

（10）　本件第一審判決及び原判決を含め、これまでの下級審裁判例については、前掲注（3）のほか、鹿野菜穂子「判批」金法二〇〇一号（二〇一四年）三八頁、佐久間毅「信用保証協会による保証と錯誤無効」金法一九九七号（二〇一四年）七頁参照。

（11）　大中・前掲注（8）八四頁以下、石川・前掲注（9）三五頁が詳しい。

（12）　佐久間・前掲注（9）二一頁。本判決が引用する最判昭和37・12・25裁判集民事六三号九五三頁、最判平成元・9・14裁判集民事一五七号五五五頁は、いずれも表示を要求したものである。

（13）　大中・前掲注（8）八七頁、佐久間・前掲注（9）二一頁。

（14）　表示の意味の理解の違いによって錯誤の構成が異なることについて、潮見佳男『民法（債権関係）改正法案の概要』（きんざい、二〇一五年）八頁以下参照。

（15）　佐久間・前掲注（9）二二頁参照。

（16）　保証取引と多角取引については、中舎寛樹「保証取引と多角的法律関係」椿寿夫・中舎寛樹編『多角的法律関係の研究』（日本評論社、二〇一二年）二〇九頁参照。詳しい検討については、後述の**第2節一**参照。

(17)　詳しい検討については、後述の**第２節一**、二参照。
(18)　佐久間・前掲注（10）二一頁、同・前掲注（９）二三頁は、保証契約締結前の義務違反をもって保証契約の解除を認めることは論理的に不自然であるとする。しかし、私見のように基本契約と個別の保証契約が重層的な構造にあるとする構成の下では、保証契約上の義務と解することができるように思われる。
(19)　後述の**第２節一**参照。
(20)　佐久間・前掲注（10）二四頁。石川・前掲注（９）三六頁参照。
(21)　佐久間・前掲注（９）二三頁参照。
(22)　石川・前掲注（９）三六頁、飛澤知行「判批」ジュリスト一四九六号（二〇一六年）七二頁参照。
(23)　多角取引の意義については、**第Ⅰ章第１節**のほか、中舎寛樹「三角・多角取引の素材の範囲」椿寿夫編著『三角・多角取引と民法法理の深化（別冊ＮＢＬ一六一号）』（商事法務、二〇一六年）六五頁参照。
(24)　本判決の解説・評釈として、本文で引用したもののほか、浅田隆「判批」金法二〇三五号（二〇一六年）一六頁、荒井隆男「判批」銀法七九六号（二〇一六年）四頁、今井和男「判批」金法二〇三五号（二〇一六年）一九頁、長秀之「判批」ＮＢＬ一〇七〇号（二〇一六年）一一二頁、河津博史「判批」銀法七九七号（二〇一六年）六五頁、鈴木健之「判批」金法二〇四一号（二〇一六年）三四頁、関沢正彦「判批」金法二〇三五号（二〇一六年）二四頁、高橋恒夫「判批」銀法七九七号（二〇一六年）七〇頁、土岐孝宏「判批」法セミ七三六号（二〇一六年）一二一頁、森原憲司「判批」銀法七九九号（二〇一六年）一〇頁、山下純司「判批」法教四三〇号（二〇一六年）一三四頁などがある。

第2節　保証取引の多角的構造

一　保証取引の構造と錯誤の意義

1　保証委託関係が保証契約に及ぼす効果[1]

(1)　保証債務の独立性・附従性

保証取引は、主債務契約と保証契約からなる取引関係であり、債権者、主債務者、保証人の三者によって取引関係が形成されており、保証契約はそのような取引の一部を成している。両契約は、法律構成上は別々の契約であるが、保証契約は、それだけが独立して存在することはありえず、主債務契約の存在を前提にしている。

このような両契約の関係は、従来、保証債務の独立性と附従性という二つの性質によって説明されてきた。民法には、これらの性質に関する直接の規定はないが、当然の性質と理解されている。すなわち、保証債務は、主債務とは別個独立の債務であり、保証人は自己の債務として保証債務を負う（独立性）。この点で、自ら債務を負わない物上保証と異なる。しかし他方では、保証債務は、主債務の成立・内容・存続・消滅に附従している（附従性）。この点では、主債務と同等の共同責任を負う連帯債務と異なる。このような性質については、以前から法概念としての不明確さが指摘されてきたが[2]、従来、そのような指摘が解釈論において顧慮されることはほとんどなかった。むしろ、これらの性質は、保証の中心的な概念として位置づけられ、保証の具体的な法律効果がこれらの性質から演繹して導かれている。

(2)　保証委託関係の保証への影響

しかし、民法の規定上（民四四六条～四六五条の五）または判例・学説により解釈上認められている保証債務の法律効果の中には、保証債務それ自体に内在する効果（保証債務の独立性による効果）、主債務の影響による効果（保証債務の附従性による効果）以外に、以下のように、主債務者と保証人間の保証委託関係の影響による効果が存在している。

①保証人の資格

債務者が保証人を立てる義務を負う場合には、保証人は、行為能力者かつ弁済の資力がある者でなければならず（民四五〇条一項）、保証人がそのような資格を欠くにいたった場合には、債権者は代わりの者を保証人に立てるよう請求できる（同二項）。これは、直接的には債権者と債務者との合意に基づく効果であるが、主債務者がこの義務を果たすためには、その前提として、保証人となる者に保証を委託しなければならない。すなわち、この規定は、保証委託の存在を前提にしてはじめて意義を有する。

②保証の成立

保証契約の成立時に主債務が発生している必要はなく（将来債務・条件付債務の保証）[3]、主債務が不特定であってもよい（根保証）ことは、厳密には保証債務の附従性に反する。しかし、これは保証人が主債務者の信用そのものを保証しており、そのような主債務者と保証人の信頼関係を保証契約が締結される前提として認めるからにほかならない。その他、保証契約の錯誤に関する裁判例では、主債務者と保証人間の事情を動機の錯誤と構成するものが数多く見られるが[4]、これについては後述の３で検討する。なお、特殊な問題ではあるが、ホステスの保証において、多くの下級審裁判例が保証契約を経営者の債権回収リスクを回避するための暴利行為であり公序良俗に反し無効であるとしている中で、顧客とホステスとの間に特別な関係があることを理由に保証を有効としている最高裁判決があるが、[5] これは、主債務者と保証人の関係を考慮して保証の成立を認めているものにほかならない。

③保証の内容

連帯保証では保証の補充性が認められていないのは、主債務者と保証人間に連帯関係が生じることによるものである。[6] これは、主債務者と保証人間の関係がそのまま法律効果として現れたものである。逆に、かつての包括根保証では、保証契約自体が包括的であることから、保証人の責任の範囲を限定した裁判例が数多くあるが、そのような事例の中には、とくに主債務者と保証人間の事情を考慮して責任を限定したものがいくつか見られる。たとえば、名目的な取締役にすぎず、主債務者の経営の実態についてほとんど知らされていなかった保証人の責任を主債務額の四分の一に限定した事例（東京高判昭和60・10・15判時一一七三号六三頁）、主債務者である組合の代表理事を退任していたことから、責任を五割に限定した事例（東京地判昭和60・10・31判時一二〇七号七二頁）、弟の債務につき連帯保証をしたが、弟の営業にまったく関与していなかったことから、責任を五割に限定した事例（神戸地判平成元・2・9判時一三一八号一一〇頁）、夫の会社の名目上の監査役である妻の保証責任を五割に限定した事例（東京地判平成2・7・23判時一三八六号一二一頁）などがそうである。現在では、貸金債務の個人保証において、極度額を定めなければ保証契約は無効となるが（民四六五条の二第二項）、これもまた、主債務者と保証人間の委託の内容が個人保証人保護という理由で認められているものと理解することもできよう。

④保証人の抗弁権

連帯保証には、催告・検索の抗弁権がない（民四五四条）。また、連帯保証人に生じた事由が主債務者に影響を及ぼすことがある（民四五八条）。これらは、③と同様、主債務者と保証人間に連帯関係が生じることによるものであり、主債務者と保証人の関係の密度に応じて附従性が減退しているといえる。

⑤保証人の求償

求償の場面では、保証委託の有無により、保証の効果に大きな違いがある。すなわち、委託を受けた保証人と委託によらない保証人とでは、求償の範囲が異なり、さらに後者では、主債務者の意思に反するか否かで求償の範囲が異なる（民四五九条、四六二条）。この違いは、主債務者と保証人間の関係が委任であるか事務管理であるかによるものと解されている。また、委託を受けた保証人には、事前求償権があり（民四六〇条）、主債務者が弁済をしたときは、事後に保証人に通知しなければならない（民四六三条二項、四四三条）。特殊な事例ではあるが、不倫関係の継続を目的として保証委託を承諾した保証人につき、保証委託契約が無効であるとして事前求償を否定した例がある（仙台地判平成４・９・28判時一四五八号一三八頁）。以上の効果は、いずれも主債務者と保証人間の事情の違いないしその変化を反映したものである。

さらに、裁判例の中には、会社債務の保証人となった取締役が債務を弁済したうえで、他の保証人に求償した事案で、形式上は会社が主債務者になっているが、実質的には取締役が債務者であるから、取締役は主債務者として弁済したのであり、求償できないとしたものがある（東京高判昭和57・11・29東高民時報三三巻一〇～一二号一三九頁）。また、主債務者の姉が、主債務者が無資力状態であり、保証債務を履行しても求償することは不可能であることを知りながら連帯保証人となったという事案では、このような場合には保証ではなくむしろ債務引受をしたか、主債務者に対して贈与した場合と実質的に同視できるとしたものもある（名古屋地判平成５・２・26シュトイエル三八四号一頁）。その他、相続によって主債務者が連帯保証人を相続したという事案で、相続によっても連帯保証人の地位は消滅しないが、求償権については混同により消滅するとされた事例がある（静岡地判平成５・11・５訟月四〇巻一〇号二五四九頁）。これらは、将来の求償を前提にしていない事情が主債務者と保証人間に存在したとして、それを保証契約に基づく求償の可否に反映させたものである。

⑥保証の終了

主債務契約が解除された場合、主債務者の負う原状回復債務および損害賠償債務についても保証したというのが保証人の通常の意思であると解され[7]、他方、合意解約の場合には、保証人が関知しないまま過大な責任を負わせることになるとして原則として保証責任が否定される[8]。これは、直接的には保証契約の解釈によるものであるが、そのような解釈を導くためには、保証人の意思、すなわち、保証人が主債務者との関係でどこまでの範囲の債務を負担する意図であったかを考慮しなければ導けないはずである。また、かつて問題視されていた包括根保証では、主債務者と保証人間の信頼関係が破壊された場合に、保証人に特別解約権が認められ[9]、保証人が死亡した場合には、その地位は相続されないが[10]、これらは、主債務者と保証人間の信頼関係の喪失を考慮したものにほかならない。解約申入れがない場合でも、会社の従業員（大阪地判昭和49・2・1判時七四六号六八頁）、代表取締役（東京地判平成3・7・31金法一三二〇号二八頁）や名目的な代表取締役（京都地判平成5・10・25判時一四九一号一二七頁）が会社債務につき保証人となっていたという事案で、退職・辞任後の債務につき保証人の責任を否定しているのも、主債務者による保証委託の消滅を保証契約の終了に反映させたものである。なお、現在の規定では、貸金債務の個人保証では、主債務者または保証人の事情変化（債権者による強制執行・担保権実行、破産手続開始、死亡）により元本が確定するが（民四六五条の四）、これは、直截に主債務者と保証人間の事情の変化を考慮したものといえる。

⑦消滅時効

消滅時効に関する効果は、保証債務の附従性によるものが多いが、主債務者が消滅時効を援用したが、委託を受けた保証人に事後の通知をしなかったときは、民法四六三条二項の類推適用により、保証人が善意でした弁済は有効であると解されている。これは保証委託の存在を考慮した解釈である。

(3)　保証契約と保証委託との関係

以上のように、保証契約の法律効果の中には、保証債務の独立性・附従性による効果以外に、主債務者と保証人との関係を反映した効果といえるものが存在する。とくに、保証契約の成立、求償、終了の場面でそれが顕著であり、①主債務者と保証人の関係が強固であるか（夫婦、系列会社のように経済的一体性があるなど）、両者の立場が経済的に見て同等である（有償委託による保証、保証を業とする法人による保証など）場合には、保証債務の独立性や附従性は減退し、連帯債務に見られるような共同責任性が前面に出てくるが、それとは逆に、②両者の関係が経済的に見て希薄であるか（無償委託による保証、委託によらない保証など）、両者の立場に主従の関係が見られる（従業員による会社債務の保証など）場合には、附従性がそのまま、またはさらに保証人の責任を制限するように、保証債務の二次的責任性が前面に出てくるという関係が認められるのではなかろうか。

このように考えると、保証取引の実際の責任構造は、保証人が主債務に対する共同責任性と、主債務の担保としての二次的責任性を併有する関係であり、主債務者と保証人の関係に応じて、前者または後者に近づくという多様性を有するものと捉えるべきであろう。

従来、このような保証責任の多様性については、民法上、明確な規定が存在する場合を除き、保証契約それ自体の問題（契約解釈、特約の認定）として、または、信義則、事情変更といった一般条項を利用することによって処理されてきた事例が多い。しかし、これらはいずれも、主債務契約・保証契約・保証委託関係からなる保証取引の構造に由来する問題であり、主債務者と保証人間の関係の多様性をすべて保証契約固有の問題として処理することには無理がある。今後は、保証取引が債権者・主債務者・保証人の三者からなる取引であり、保証契約が主債務契約と牽連性を有するだけでなく、保証委託関係とも牽連性を有することを直截に認める解釈に転換すべきである。

2　法人保証における保証委託と保証契約との関係[11]

(1)　法人保証の意義

1で述べたように、保証契約と保証委託関係が保証契約の成立・存続・内容・求償・終了の各場面で牽連性を有するとすれば、そのような関係が最も顕著に現れると考えられるのが法人保証である。法人保証には、公共公益型(国などの法人)、②特殊公共型(信用保証協会保証など)、③営利営業型(企業機関・法人会社など)があるとされるが[12]、いずれも、業として保証を行う法人による保証である点で共通する。以下では、信用保証協会保証における保証委託と保証契約の関係を検討することにする。一見すると、免責の問題は、保証委託関係と無関係のように見えるが、なぜ信用保証協会が一定の場合に免責されるのか、その法的根拠を検討すると、信用保証協会の制度趣旨・目的に裏付けられた保証委託関係の存在が、保証契約にも影響を及ぼし、その履行において債権者と保証人である信用保証協会との間に特殊な関係を生じさせているように思われる。

(2)　平成九年判決とその意義

最判平成9・10・31民集五一巻九号四〇〇四頁は、貸付金の七分の一について旧債振替があったが、これを認識していなかった信用保証協会が金融機関に代位弁済し、求償権についての連帯保証人に対してその履行を請求したという事案である。信用保証協会の制定した保証取引の約定書例によれば、原則として、保証に係る貸付をもって既存の債権に充ててはならないとされており(三条本文。旧債振替の禁止)、これに違反した場合には、信用保証協会は、保証債務の履行につき、その全部または一部の責めを免れるとされている(一一条一号)。判決では、旧債を除いた残額部分の貸付金では主債務者が融資を受けた目的を達成することができないなど、信用保証協会保証制度の趣旨・目的に照らして免責を認めるのを相当とする特段の事情がある場合を除き、当該違反部分のみについて当然に保証債務消滅の効果が生ずるとして、それを弁済しても保証債務の弁済としての効力を生じないとし、残額部分についてのみ履行請求が認められた（一部免責）。

本判決が一部免責を認めたことにより、約定書の文言も一部免責を原則とするよう解釈されるようになったが[13]、最高裁は、免責の法的根拠を明確にしないままであったために、学説では、種々の構成が展開されることとなった。本判決は、旧債振替の禁止違反は、金融機関の債務不履行であり、免責の法的性質は保証契約の債務不履行解除であって、約定書は解除の意思表示を不要とする解除条件付失権約款であると解したものと理解されており（債務不履行解除説[14]）、学説でもこれが多数説であるといえるが、そのほかにも、錯誤無効説（保証契約の錯誤無効を規定したものとする）、信用供与委任契約違反説（協会と金融機関の間には、協会が金融機関に信用の供与を委任する契約が存在するとし、旧債振替禁止違反はその注意義務違反であるとする）、停止条件付債務免除説（旧債振替禁止違反を停止条件として、保証債務が免除されるとする）、履行拒絶の抗弁権説（保証債務の履行について履行拒絶の抗弁権を認めたものとする）、制裁無効説（免責規定は制裁的趣旨を含むとし、金融機関の悪意、過失を問わず保証債務が消滅するとする）、停止条件付相殺契約説（代位弁済予定額のうち、金融機関の違反行為と相当因果関係にある損害が相殺されるとする）、附従性緩和説（免責条項は保証債務の成立における附従性を緩和する特約であり、旧債振替の範囲で保証債務は不成立ないし無効となるとする）、目的実現不能説（金融機関が保証契約の目的実現不能を生じさせたとして、契約は有効に存続するが履行を拒絶できるとする）など、多様な構成が主張されている[15]。これらの学説は、いずれも信用保証協会保証制度の趣旨・目的違反であることを強調しており、これは、旧債振替禁止違反による免責の問題を保証契約の解釈問題とだけ捉えるのではなく、保証契約それ自体以外の要素を法律構成にどのように反映させるかという問題意識の現れであるように思われる。

(3)　信用保証協会保証の特殊性を反映した保証契約の法律構成

以上の各説のうち、債務不履行解除説と信用供与委任契約違反説は、他の説と異なり、免責の根拠を保証契約の当事者の合意に求め、それを保証契約以外の契約と構成するのではなく、保証契約の特約（債務不履行解除説）ないし特殊な保証契約（信用供与委任契約違反説）と構成する。このような構成は、免責の根拠を信用保証取引の構造そのものに求めるという意味において妥当なものであると評価することができるが、なぜそのような特約が認められるのかについての説明が十分でないという問題がある。民法における保証は、片務契約であり、保証人のみが債務を負う。信用保証協会保証では、これと異なり金融機関も一定の義務を負うというためには、特約ないし特殊な契約というだけでは足りず、信用保証協会保証の構造から導かれる特質を明らかにし、それを金融機関と信用保証協会との関係の法的構成に組み込まなければならない。

思うに、これらの説を基礎としながら信用保証協会保証の特質を考えるときは、信用保証協会保証の特質は、以下のように理解すべきであるように思われる。

①信用保証協会は、その制度趣旨・目的に従って保証をすべき責務を負っており、主債務者と協会による保証委託契約では、協会が保証を受託するために必要な条件が明示または黙示に提示されている。したがって、信用保証協会は、これにより一定の条件の下でなければ保証をしないことを義務づけられるとともに、主債務者に条件違反があれば、協会は、主債務者との関係で保証債務の履行を免責される。②しかし、信用保証協会が果たすべき責務のいくつかは、金融機関の行為に依存している（旧債振替の禁止はこれに含まれる）。③そこで、このような行為について は、信用保証協会が保証契約を締結するにあたり、通常の保証契約とは異なり、金融機関に対して一定の条件違反とならないよう融資をすべき義務を果たすことを要求しており、金融機関もそれを当然に了解していることから、金融機関と協会との間では、保証債務とこの義務とが双務的な関係になる特殊な保証契約（双務的保証契

約）が締結されることになる。[16] ④したがって、金融機関がそのような義務に違反した場合には、金融機関の債務不履行となり、双務的保証契約が解除される。この解除は、協会にとって任意の権利行使ではなく責務であるという意味において、解除の意思表示を要せず、条件違反があれば当然に発生するという特約が含まれていると解すべきである（失権約款）。⑤解除の範囲は、民法の原則に従い契約のすべてに及ぶのを原則とするが（全部免責）、不履行債務と保証債務とが金銭債務であるため、割合的解決でも解除の目的を達することができるときは、一部解除（一部免責）が認められ、場合によって、義務違反が軽微であるときは（付随義務違反）、解除が認められないこともありえてよい。

このような理解によれば、信用保証協会保証では、主債務者と保証人間の委託関係の特殊性が保証契約上の当事者の義務に影響を及ぼし、保証契約上の注意義務にまで高められていると解することができる。通常の保証契約では、当然にはこれと同様に構成することはできないが、保証取引が主債務契約・保証契約・主債務者と保証人間の関係に基づいて成り立っているという構造そのものは、通常の保証取引でも異なることはない。したがってまた、保証委託関係の存否ないしそこで前提とされている関係の内容に応じて、保証契約に対しても、その成立・内容・存続・終了等に影響を及ぼすことがあるといってよい。一般の法人保証では、保証委託関係の事情が保証契約にとっての当然の前提であるとまではいえないが、そのような事情について債権者と保証人との間に共通認識があれば、それは保証契約の前提となっているといってよいであろう。

3　保証契約における錯誤の意義[17]

(1)　保証契約と錯誤に関する裁判例の整理

保証契約について錯誤が問題となる事例には、保証契約締結意思の欠缺に関する事例（氏名冒用、契約の意味の誤解など）以外に、動機の錯誤として分類されている事例が数多く存在する。主債務者の同一性に関する錯誤、主債務額に関する錯誤、主債務者の資力・信用に関する錯誤、物的担保の存在に関する錯誤、人的担保の存在に関する錯誤、主債務の使途に関する錯誤などがこれにあたる。動機の錯誤について、判例は、動機が表示されていることを要すると解されている。[18]しかし、これらの事例の中には、以上で検討してきたように、保証契約の錯誤論では収まりきらない、保証取引の構造に由来する問題が潜んでいると思われる事例が存在している。

そこで以下では、これらの事例を当該事案で問題とされた事情の違いに応じて、①債権者と保証人間の保証契約に関する事情の誤信が錯誤となるとされた事例、②債権者と主債務者間の主債務契約に関する事情の誤信が錯誤となるとされた事例、③それ以外の事情が問題となった事例に分けて整理する（いずれも、錯誤が争点となったが、否定された事例は除く）。[19]

①債権者と保証人間の事情の誤信が保証契約の錯誤となるとされた事例

このような事例としては、他人に印鑑を預けたところ保証契約を締結されてしまった事例（東京高判昭和45・5・29東高民時報二一巻五号一一八頁）、他の書類に紛れて保証契約書に署名押印させられた事例（東京高判昭和51・8・30判時八三四号九一頁）などがある。

②主債務契約に関する事情の誤信が保証契約の錯誤となるとされた事例

このような事例としては、主債務者を他の者と誤信した事例（大判昭和9・5・4民集一三巻六三三頁、東京高判平成6・3・24金法一四一四号三三頁）、主債務者が複数いると誤信した事例（広島高松江支判平成4・3・18判時一四三二号七七頁）、主債務額を誤信した事例（大判昭和10・3・2法学四巻一〇号一一四頁、大判昭和13・2・12法学七巻六号一〇四頁）、包括根保証を特定保証と誤信した事例（東京地判昭和38・6・3金法三四九号九頁、大阪地判昭和63・3・24判タ六六七号一三一頁）、主債務契約による借受金が自己の債権の弁済に充てられると誤信した事例（大判昭和12・１・23判決全集四輯二号三頁）、追加融資がなされると誤信した事例（仙台高判平成元・９・28判時一三四五号八一頁）、主債務が空クレジットであった事例（大阪高判昭和56・10・29判時一〇三七号一一八頁、広島高判平成５・６・11判タ八三五号二〇四頁、仙台地判平成８・２・28判時一六一四号一一八頁、福島地会津若松支判平成12・７・27判タ一一〇一号二〇二頁、最判平成14・７・11判時一八〇五号五六頁）などがある。

③それ以外の事情の誤信が保証契約の錯誤となるとされた事例

このような事例としては、主債務者の資力・信用を誤信した事例（大判大正12・７・９評論一二巻民法五二〇頁、東京地判昭和53・３・29下民集二九巻一～四号一五三頁、大阪地判昭和62・８・７判タ六六九号一六四頁、水戸地下妻支判平成11・３・29金判一〇六六号三七頁、東京高判平成17・８・10判タ一一九四号一五九頁、東京高判平成19・12・13金法一八二九号四六頁、大阪地判平成21・７・29判タ一三二三号一九二頁）、主債務者が反社会的勢力でないと誤信した事例（大阪高判平成25・３・22金法一九七八号一一六頁、東京高判平成25・10・31金判一四二九号二一頁）、物的担保の存在ないしその価値を誤信した事例（大判昭和11・７・４判決全集三輯七号三頁、大判昭和15・６・28民集一九巻一〇八七頁、東京地判平成６・11・９金法一四三八号四一頁、東京地判平成８・２・21判時一五八九号七一頁、東京地判平成９・11・25金判一〇四二号四七頁、東京高判平成24・５・24判タ一三八五号一六八頁）、自分以外にも連帯保証人がいると誤信した事例（大阪高判平成２・６・21判時一三六六号五三頁）などがある。

(2)　錯誤構成の実際上の意義

以上のうち、①の事例は、保証契約それ自体における保証人の意思に関わる事例であり、本来的な意味での意思表示の錯誤の問題である。しかし、②および③の事例は、保証契約以外の事情が保証契約の錯誤となるとされている点で、①と決定的に異なる側面がある。

まず、②の事例は、一見すると、保証債務の附従性に関する問題のように見えるが、主債務契約は有効に成立している場合であり、成立における附従性の問題ではない。また、主債務の属性に関する事項の誤認が保証債務にも影響を及ぼすかというであるようにも見えるが、それならば、保証契約もそれに応じた内容になるとすればよく、保証契約が無効であるという効果まで導くのは不合理である。むしろ、ここで主債務の属性として主張されているのは、実際には、保証委託の際に委託の前提とされた主債務の属性と事実とが異なるということであり、保証委託とは無関係に主債務の属性についての主張をしているような事例ではない。すなわち、これらの事例は、実質的には、保証契約で前提とされた保証委託の内容と事実とが違う（話が違う）という主張がなされている事例であり、このような保証委託関係の機能は、保証債務の附従性、独立性からは導けない機能である。そうすると、ここで保証契約が錯誤無効と構成されているのは、保証委託関係で前提にされた事情と事実との齟齬が保証契約にとって重要であり、そのままでは保証契約の内容に包含されないといえるような事情を保証委任の趣旨に照らして保証契約の効力判断に反映させるための仮託的な法律構成ではないかと思われる。したがってまた、錯誤を否定した事例は、当該事情の齟齬程度では、保証委任の趣旨に反しないとの判断がなされたものと解することができる。

このような機能が如実に現れているのが③の事例である。ここで保証人が主張しているのは、主債務者の資力・信用や他の担保の状況であり、それ自体は、いずれも債権者と保証人間で締結される保証契約とは無関係な事情であり、保証人の一方的な思い込みともいえるものである。しかし、主債務者から保証人に対する保証委託において、これらの事情を前提にしてのみ保証に応じるという合意に基づいて委託がなされていたといえるような場合であれば、それは、もはや、保証人の個人的認識にとどまらず、保証委託関係での合意が保証契約にも影響を及ぼすことを認めてよい。錯誤という構成は、これを保証契約の効力判断に反映させるために仮託的に利用されているといえるのではないかと思われる。

主債務者と保証人間で明確な合意があるとはいえない場合が問題になるが、そのような事情がないことが保証の当然の前提となっており、そのような事情のない融資をすることが債権者の義務とまで高められている場合であれば、主債務者と保証人間の委託関係の特殊性が保証契約上の当事者の義務に影響を及ぼし、たとえ当該事案で債権者に認識がないときであっても、そのような事情が存在しないことが保証契約上の解除条件（失権約款）にまで高められていると解することができる。また、一定の事情を確保することが保証契約上の義務であるとまではいえないが、保証取引の構造上、債権者・主債務者・保証人間において、一定の事情の存在ないし不存在が前提とされている場合には、債権者と保証人間で特段の合意がなくても、それが保証契約の条件となっていると解すべきである。他方、保証取引の構造から見ても、そのような事情がないことが取引の当然の前提となっているとはいえない場合であれば、それが保証契約の成立の前提となるためには、そのような事情が保証人にとって決定的に重要な事情であり、かつ、債権者にもそれについて認識ないし認識可能性があったことを要すると解すべきであろう。このように、保証委託関係上前提とされた事実の不存在は、その内容と事実との齟齬の程度の違いに応じて、保証契約に段階的に影響を及ぼすと解すべきである。

(3)　保証委託関係に応じた保証契約への影響

以上の検討を踏まえて、以下では、保証委託関係の保証契約への段階的影響を明らかにするために、①保証取引の構造上、主債務者と保証人間の保証委託において、一定の事情が前提とされているとともに、そのような事情を確保することが保証契約上も当事者双方の義務にまでなっていると解すべき場合として、**2**で取り上げた信用保証協会保証について錯誤が問題となった事例を取り上げ、②一定の事情を確保することが保証契約上の義務であるとまではいえないが、保証取引の構造上、債権者・主債務者・保証人間において、一定の事情が前提とされている場合として、空クレジットの保証契約の事例を、また、③保証取引の構造上は、債権者・主債務者・保証人間において、一定の事情が前提とされているとはいえないが、当該保証委託関係においてはそのような事情が前提とされており、そのことについて債権者の認識・認識可能性がある場合として、物的担保の不存在の事例を取り上げて検討する。

①反社会的勢力を主債務者とする信用保証協会の保証契約の効力

信用保証協会による保証で主債務者が反社会的勢力であることが判明した場合、保証契約の帰すうについては、明文の規定がないため、訴訟において信用保証協会が錯誤無効を主張するケースが見られる。裁判例では、前述の(1)③のように錯誤無効を認める例が多いが、否定例もある（東京高判平成26・3・12金法一九九一号一〇八頁）。これらの判決は、いずれも、反社会的勢力でないことが保証契約の内容であったか否かを問題にしながら、判断を異にしたのは、反社会的勢力でないことは保証契約の当然の前提であり、債権者もそれを認識していたか認識可能であったかを問題にするか（錯誤肯定例）、それとも反社会的勢力が保証契約の内容であるといえるためには、債権者と協会との間でその旨の合意が必要であるとするか（錯誤否定例）の違いである。

思うに、これらの構成のうちいずれが問題の処理に適合的かは、錯誤の理論構成次第ではなく、信用保証協会保証制度の構造の理解による。前述のように、委託による保証取引は、債権者・主債務者・保証人の三者間でなされる多角的な取引であり、主債務契約・保証契約とともに保証委託契約を不可欠の要素として、かつこれらが相互に牽連性を有しながら成り立つ取引である。したがって、ある事項がこのような構造にある保証取引の共通の基礎となっている場合には、その基礎が失われれば、保証契約自体に問題がない場合であっても、保証契約の効力に影響を及ぼすと解すべきである。

とりわけ、信用保証協会による保証は、前述のように、中小企業者等に対する金融の円滑化をはかるという目的を有しており、単に金融機関の貸付債権の保全策として存在するものではない。このため、信用保証協会は、このような制度目的・趣旨に従って保証をなすべき責務を負っており、保証委託契約において保証を受託するための条件が提示されている。そしてまた、金融機関も、信用保証協会保証制度を利用するときは、協会がこのような条件の下でなければ保証しないことを当然の前提として承諾したうえで保証契約を締結しているというべきであり、金融機関には、通常の保証契約と異なり、特段の合意がなくとも、保証契約上そのような条件に違反しない義務があるというべきである。そしてこのような保証契約の特性は、斡旋保証であろうと金融機関を経由した経由保証であろうと異ならないというべきである。

このように解するならば、金融機関の調査ミスにより、反社会的勢力に対して貸付がなされた場合には、金融機関の債務不履行があったものとして、協会は保証契約が解除されたことを主張できるというべきである（失権約款による解除条件付保証契約の解除）。また、金融機関だけでなく、協会にも調査ミスがある場合には、過失相殺の法理を類推して、解除の範囲は一部に限られるというべきであろう。

②主債務契約が空クレジットによるものである場合の保証契約の効力

保証取引の特殊性が保証契約上、債権者に一定の義務を課しているとまではいえないが、保証取引の構造上、一定の事実が保証契約の当然の前提となっていると考えられるのがクレジット取引における保証である。これにつき、空クレジットと錯誤の関係が問題になった代表的な事例が前掲⑴②の最判平成14・7・11である。これは、主債務者である会社が機械製品の購入資金につき空クレジット契約を締結し、主債務者の従業員が空クレジットであることを知らずに、立替払債務について連帯保証契約を締結したという事例であるが、最高裁は、「商品売買の成立が立替払契約の前提となるから、商品売買契約の成否は、原則として、保証契約の重要な内容であ」り、保証人の「意思表示は法律行為の要素に錯誤があったものというべきである」とした。

空クレジット契約や空リース契約における連帯保証契約の効力について、本判決以前には、下級審の判断は分かれていたが[20]、本判決は、この問題に関する初の最高裁判決であり、リーディング・ケースとしての意義がある。空クレジットでは、そもそも信販会社と主債務者間での金銭消費貸借契約（立替払契約）が成立しているのかが問題になるが、本判決は、金融の便宜を得るための金銭消費貸借類似の契約であり、有効に成立していることを前提にしており、保証債務が附従性により消滅するという構成は採ることができない。また、割賦購入あっせんにあたるとして、買主である主債務者の有する商品未受領の抗弁権を保証人が援用することも考えられるが（割賦販売三五条の三の一九）、本件のように買主自らが空クレジットを企図している場合には、そもそも買主である主債務者の抗弁権行使が封じられることになろうから、これによることもできないであろう。しかし、本件のような場合には、保証人だけでなく債権者である信販会社も空クレジットではないと誤信したのであり、このような紛争の実体を法律構成に反映させる必要がある。

このような事情を錯誤論で反映させようとするときは、空クレジットであったことが保証契約の両当事者にとって共通錯誤であると構成することが考えられる[21]。共通錯誤が意思表示の表示内容に関するものである場合には、表示行為に対する相手方の信頼は問題にならないので、表示どおりの意思表示がなされたものとして扱えばよいが、共通錯誤が意思表示の前提となる事実に関するものである場合には、意思表示はその前提を欠く意味のない意思表示であり、当然に無効となると解すべきである。このような錯誤は、単に一方当事者の動機にとどまらないので、それが表示されているか否かは問題にならない。ただし、民法にはこのような共通錯誤により法律行為が無効となることを規定する条文がないので、これを錯誤の問題として処理する限り、当事者の一方に民法九五条に基づく主張を認めるほかない。そこで本判決は、「前提」という表現を媒介にして、保証人の動機が表示されていたか否か、および、そのような動機に対する信販会社に認識可能性があったか否かを問題にすることなく、問題を錯誤論の範ちゅうで処理したものと理解することができる。

しかし、より根本的には、なぜこのような場合に共通錯誤が問題になるのかを考える必要がある。クレジット契約における保証契約は、信販会社と販売業者間の業務提携契約、販売業者と購入者間の商品売買契約、購入者と信販会社間の立替払契約からなり、それらが一体としてしか成り立たない多角的な契約関係であり、購入者の保証人は、そのような多角的な契約関係に組み込まれた者である。このような事情の下では、たしかに、信販会社にも空クレジットでないことを調査する義務があるというべきであるが、これを保証契約上の債権者の義務であり、空クレジットであったときは、保証契約上も信販会社には債務不履行があるとまでは構成できない。しかし、保証契約は、クレジット契約が正常になされることを黙示の条件として成立しているものというべきであり、このことは具体的な事案における信販会社の認識可能性に関わらないというべきである。空クレジット契約は、正常なクレジット取引構造を逸脱し、破壊するものであり、そのような条件に反するものとして当然無効と解すべきであろう。

③物的担保の価値を誤信して締結された保証契約の効力

以上の①②と異なり、保証委託関係上の事情が保証契約の当然の前提になっているとはいえない事例として、保証人が物的担保の価値を誤信した事例がある。すなわち、前掲⑴③の東京高判平成24・５・24は、主債務者と銀行の担当者から、主債務者が融資を受けて購入予定のビルには十分な価値があるので、一切迷惑はかからないなどと発言したことから、実際には担保価値として十分でなかった物件に価値があると誤信して連帯保証契約を締結したという事例において、保証人の誤信は動機の錯誤であるが、銀行の担当者が積極的に発言した事実の錯誤であるから、動機の表示があったのは明らかであるとして、保証契約は錯誤により無効となるとした（その他に、貸金債権が譲渡されており、連帯保証人が異議をとどめない承諾をしたか否かが争点となっている）。これは、問題を錯誤論の範ちゅうで捉えつつ、相手方が誤信を惹起したことを重視したものである。

思うに、これまで述べてきたように、保証取引が主債務契約・保証契約・保証委託関係からなる取引であり、保証委託関係上、受託の前提とされた事実が実際と異なる場合に、それが保証契約の効力に影響を及ぼすか否かは、そのような事実が債権者を含めた保証取引の当事者全員にとって共通の基礎であったか否かによると解すべきであって、すべての当事者にとって共通の基礎を欠くときは、保証契約は当然に無効となると解すべきであり、錯誤無効という構成は、このための仮託的な法律構成というべきである。このような観点から、本件を見ると、一般的には、物的担保が存在しているか否かないしそれに十分な価値があるか否かは、連帯保証人としては保証契約を締結する決定的な事情ではあっても、他の当事者にも共通の前提的な事情であるとはいえない。このような場合に、共通の基礎であったというためには、主観的要素として、主債務者および保証契約の相手方である債権者がどのような認識を有し、または認識可能性があったか否かが重視されるべきであり、客観的要素として、保証契約を維持するために必要不可欠な事情であるか否かが重視されるべきである。本件では、主債務者および債権者の担当者の説明によって保証契約を締結しているのであり、少なくとも物的担保に十分な価値があることが共通の認識になっていたということができ、かつ、それが主債務者と債権者の担当者の説得に応じて保証をした保証人にとって決定的な事情であったといえるので、保証契約は共通の基礎を失って無効となるというべきであり、本判決がそれを錯誤という構成で処理したのは結論において妥当であったといえるであろう。

4　まとめ

(1)　以上述べてきた私見の要点は、以下のようにまとめられる。

①従来、保証委託関係の存否およびその内容は、法的には、保証契約の成立・効力等に無関係であると考えられてきた。しかし、民法の規定および実際の裁判例においては、委託関係の存否・委託の程度の違い・委託の基礎となる事情・委託関係の変化が保証債務の成立・存続・内容・消滅に影響を及ぼしており、委託関係と保証契約には実際上の牽連性が見られる。

②保証の成立・内容・保証人の抗弁権・保証の終了の各場面における法律効果の違いは、主債務者と保証人間の関係の違いを反映しており、両者の関係が強固かまたは両者の立場が経済的に見て同等であるほど、保証債務の独立性・附従性が減退して、両者の共同責任性が強まるのに対して、両者の関係が経済的に見て稀薄であるかまたは両者の立場に主従の関係が見られるほど、保証債務の附従性がそのまま維持されるかまたはさらに強められて、保証債務の二次的責任性が強まる。

③保証契約と保証委託関係の牽連性がもっとも顕著に現れるのが法人保証であり、中でも、そのような性質をもっともよく表しているのが信用保証協会保証制度である。信用保証協会保証における保証契約は、協会がその社会的責務を果たすために金融機関に信用供与を委託するという特殊な双務契約と解すべきであり、免責条項に基づく信用保証協会の免責は、金融機関に課せられた債務の不履行解除と解すべきである。免責条項には種々の場合があり、これは債務不履行の多様性として現れるので、解除の効果も、全部解除、一部解除、解除権不発生など多様であってよい。

④保証と錯誤に関する従来の裁判例は、実際には、保証委託の前提とされた事情が事実と異なる場合を扱ったものであり、保証契約の効力は、保証取引の共通の基礎が失われたか否かという観点から判断されるべきである。すなわち、そのような事情がないことが保証取引における当事者にとって当然の前提となっている場合であれば、それを解除条件とする保証契約が成立していると構成でき、そこまではいえない場合であっても、保証人がそのような事情を必要不可欠な前提として保証契約を締結しており、保証取引の当事者である主債務者および債権者にそのような事情の認識ないし認識可能性があるときは、そのような事情が保証契約の黙示の条件となっていると構成できる。

⑤信用保証協会保証における保証条件に違反する融資がなされた場合に、信用保証協会が保証債務の履行を免責

されるのは、前者の場合であり、保証契約は、条件違反による債務不履行解除であると構成すべきである。また、空クレジットにおける保証契約は、正常なクレジット取引であることを前提として成り立っている取引の共通の基礎を逸脱するものであり、黙示の条件違反として無効となると構成すべきである。これに対して、物的担保に十分な価値があると誤信してなされた保証契約では、十分な価値があることが保証契約の当然の前提であるとはいえないが、主観的要素として、主債務者および保証契約の相手方である債権者がどのような認識を有し、または認識可能性があったか否かが重視されるべきであり、また、客観的要素として、保証契約を維持するために必要不可欠な事情であったか否かにより、それが共通の基礎といえるか否かを判断すべきであり、これらによって、それが共通の基礎であるといえるときは、その欠落により保証契約は当然に無効となるというべきである。

(2)　保証契約については、錯誤が問題になる事例が多い。しかし、その紛争の実体は、主債務者と保証人間の委託関係において前提とされた事情が事実と異なる場合に、保証契約にどのような影響があるかという問題として共通している。以上で検討してきたところによれば、保証取引は、主債務契約・保証契約・保証委託関係からなる多角的な契約関係であり、保証委託関係とそこで前提とされた事情が共通の基礎であるか否か、およびその多様性に応じて、保証契約に対する効果も多様である。錯誤という構成は、このことを表わす仮託的な法律構成であり、今後は、共通の基礎の種類に応じて、そのような事情が事実と異なることを解除条件とする保証契約、または、そのような事情が存在しないことを黙示の条件ないし特約とする保証契約であるという構成によるべきであろう。

(1)　詳しくは、中舎寛樹「保証取引と多角関係」椿寿夫＝中舎寛樹編『多角的法律関係の研究』（日本評論社、二〇一二年）二〇九頁、同「保証といわゆる多角関係」椿寿夫編著『法人保証の現状と課題』（別冊ＮＢＬ六一号）（商事法務研究会、二〇〇〇年）一九四頁参照。

(2)　西村信雄編『注釈民法⑾』（有斐閣、一九六五年）二〇二頁以下〔椿寿夫〕。
(3)　最判昭和33・6・19民集一二巻一〇号一五六二頁。
(4)　最判昭和32・12・19民集一一巻一三号二二九九頁など。
(5)　最判昭和61・11・20判時一二二〇号六一頁。
(6)　最判昭和43・11・15民集二二巻一二号二六四九頁。
(7)　最大判昭和40・6・30民集一九巻四号一一四三頁。
(8)　最判昭和47・3・23民集二六巻二号二七四頁。
(9)　最判昭和39・12・18民集一八巻一〇号二一七九頁など多数。
(10)　最判昭和37・11・9民集一六巻一一号二二七〇頁。
(11)　詳しくは、**本節二**参照。
(12)　椿寿夫「法人（による）保証論のための序説」椿寿夫＝伊藤進編著『法人保証の研究』（有斐閣、二〇〇五年）一九頁以下。
(13)　詳しくは、**本節二**参照。
(14)　座談会「信用保証協会取引と免責の効力」銀法五五一号（一九九八年）二〇頁〔山野目章夫〕。
(15)　詳しくは、**本節二**参照。
(16)　佐久間毅「信用保証協会による保証と錯誤無効」金法二〇一四号（二〇一四年）二一頁注二三は、信用保証協会保証についての私見の構成について、「契約締結の前後を問わず当事者が義務を負うという点には賛成であるが、契約締結前の義務を契約上の義務と解し、その不履行によって解除を認めるという構成は、不自然であり、『特殊な保証契約』ということのみをもって、その不自然さが解消されるとは思えない」とされる。しかし、信用保証協会保証で金融機関と協会が負うべき義務は、協会保証に基づく主債務契約が成立し、かつ存続するための前提となる義務であり、保証契約の締結時に存在する義務であると解される。
(17)　詳しくは、**本章第１節**の**一**、**二**、**三**、**四**参照。
(18)　最判昭和32・12・19民集一一巻一三号二二九九頁など。これも、連帯保証契約について他に連帯保証人があり、その者が抵当権を設定したと誤信した場合についての錯誤無効の否定例である。

(19)　否定例を含めた裁判例の全容およびそれらに対する学説状況については、**本章第1節二**のほか、小林一俊『錯誤の判例総合解説』(信山社、二〇〇五年)五九頁以下参照。

(20)　**本章第1節一**参照。

(21)　中舎寛樹『民法総則〔第二版〕』(日本評論社、二〇一八年)二〇五頁参照。

二　法人保証における免責の意義

1　問題の所在

保証取引においては、判例によって保証人を保護するためのいくつかの法理が展開され、定着している。たとえば、保証契約の成立場面での錯誤無効(民九五条)の活用、信義則による保証範囲の制限、説明義務違反による損害賠償請求権の肯定のほか、保証契約の解約に関しては、契約成立後一定期間経過後の任意解約権および特別の事情が発生した場合の特別解約権が認められるに至っている。[1] しかし、これらはいずれも個人による保証、とりわけ包括根保証を対象としたものであり、法人保証は、これらの判例の展開とは無縁の存在であった。このような個人保証人保護の動向は、二〇〇五年の民法の保証規定の改正により明文化され、[2] 不特定多数の貸金債務についての個人保証人を保護するために、極度額と元本確定という考え方が取り入れられた。ただし元本確定以外には保証契約の終了について定められることはなく、解約については、従来の判例・学説に委ねたままとされている。[3]

以上のことから、法人保証における解約に関しては、民法上、①保証人の属性の問題として、法人保証をとくに念頭に置いた規定がないという問題点と、②保証契約の効力の問題として、保証契約の解約に関する規定がないという問題点とが重複して存在しているといえる。このため、学説では、前者の問題点について、個人保証と法人保証の二分化の必要性が説かれるようになっており、[4] とくに法人保証の解約に関しても、法人保証人には個人保証人と同様の保護を与える必要がないのではないかとの疑問が示されるようになっている。[5] しかし、現在までのところ、このような主張ないし疑問の提示は一般論にとどまっており、蓄積された裁判例も存在しないので、法人保証の解約について、法人保証の特性を踏まえつつその理論的・具体的問題点を検討するという課題が残されたままとなっている。

そこで、以下では、法人保証では保証契約の解約がどのように行われているのか、その特徴と法的根拠を検討することとする。

２　法人保証における「解約」

(1)　法人保証と信用保証協会保証

法人保証にも種々の類型がある。椿寿夫博士によれば、保証を主体別に見れば、保証はまず、個人保証と法人保証に分けられ、法人保証には、①公共公益型（国などの法人）、②特殊公共型（協会保証やそれの類似機関）、③営利営業型（企業機関・法人会社など）がある。また、法人保証を業態別に見れば、協会保証と企業保証（広義）に分けられ、さらに、企業保証は、銀行保証、保証会社保証、企業保証（狭義）に分けられる。[6]

たしかに、法人保証の中でも、営利営業型保証は、取引としての保証であり、保証責任の貫徹が要請されるとともに、保証からの離脱は、営利営業型保証以外の法人保証や個人保証よりも制限されるということができるのに対して、信用保証協会保証のような特殊公共型保証は、公益性からする保証制限があり、それが解約や免責などの保証からの離脱の解釈にも反映される可能性がある。[7] このことからすれば、法人保証と解約の関係を検討するにあたっても、少なくとも信用保証協会保証とそれ以外の営利営業型の保証とは区別して検討すべきことになろう。

しかし、法人保証の解約について十分な検証が尽くされているとはいえない現段階では、まず、法人保証の典型例の一つであり、その実体や約定書についてある程度の資料や議論の蓄積がある信用保証協会保証を取り上げ、その解約に焦点を当てて検討を行い、個人保証の解約との違いを明らかにしておくことが必要であろう。そこで以下では、信用保証協会保証における解約を取り上げ、その過程で、信用保証協会保証の公益性に由来する問題がある場合にはその旨を指摘しておくこととする。

(2)　信用保証協会保証における保証からの離脱

信用保証協会による保証では、民法の規律が排除されたり、変更されたりしている場合が少なくないといわれている。[8] 中でももっとも大きな特徴といえるのは、債務者（中小企業等）と保証人（信用保証協会）間の保証委託契約が保証の成立に不可欠の前提となっていることである。[9] 保証委託契約においては、信用保証協会が代位弁済による求償権を担保するために連帯保証人が徴求され、債務者とともに連署する体裁になっている。しかし、この保証委託契約中には保証契約の解約に関する条項は存在しない。また、保証委託契約においては、いわゆる表明・保証条項（Representation and Warranties）がいくつか設けられていることも特徴的である。[10] すなわち、保証委託契約の約定書によれば、表明・保証条項として、委託者および保証人が法律上の手続を経ていることを表明しこれを保証する条項（一条四項）、暴力団など反社会的勢力でないこと、および反社会的行為をしないことを表明しかつ将来にわたっても該当しないことを確約する条項（三条一項・二項）、信用保証協会に提出する一切の書類、報告する事項の内容が真実であることを表明しこれを保証する条項（九条七項）がある。これらの条項は、一種の損害担保契約であると解されるが、[11] 約定書中には、表明・保証違反に基づく責任についての規定は存在しない。[12] このように、信用保証協会保証においては、保証委託契約中に保証の解約に関する規定はなく、解約は、債権者との間の保証契約自体に委ねられることになる。しかし、実際には、保証契約およびそれに付随する「信用保証協会信用保証取引約定書」（以下、「約定書」という）においてもまた、保証契約の解約に関する条項は存在しない。

他方、約定書においては、民法中に存在しない規定として、一定の場合に信用保証協会を免責する旨の条項が設けられ、これが実際上、保証からの離脱条項として機能している。信用保証協会の実務としては、信用保証協会から保証契約の「解除」を求めることはせず、もっぱら免責条項に該当するか否かが関心事であるようである[13]。すなわち、信用保証協会保証においては、信用保証協会は、保証契約からの離脱に関して、保証人の免責（および事前求償権）によってその実質を確保することができるので、それ以上は民法に則り契約「解除」という手段を採る必要がないといえる。

以上のように、信用保証協会保証の特徴は、信用保証協会の保証からの離脱が保証契約の「解除」としてではなく、免責というかたちで実現されるということである。したがって、信用保証協会保証における解約については、この免責条項について、法的根拠およびその内容の妥当性を検討しなければならない。その場合には、第一に、契約からの離脱を解除ではなく免責問題として処理することの法的根拠が問題となる。すなわち、後述するように、免責条項には、いくつかの免責事由が定められているが、それらはいずれも保証契約の当事者である債権者の行為に基づく事由であり、これを保証人の免責として規定することの法的意味が明らかにされなければならない。第二に、免責内容の合理性の問題がある。たとえ、免責が当事者間の合意（約定書の承認）に基づくものとはいえ、その内容が信用保証協会保証の特質、および免責の法的性質に即して妥当なものといえるのかが明らかにされなければならない。

3　免責の法的性質

(1)　免責条項の解説

免責条項の法的根拠については、約定書一一条一号の旧債振替禁止条項をめぐって議論されてきた。そこで以下では、約定書の免責条項について、いわばオフィシャルな解説である全国信用保証連合会の解説を概観したうえで、その法的根拠について一号免責を中心に展開されている議論を参考にしながら検討することにしたい。

一九九七年に全国信用保証連合会が公表した「営業店のための信用保証協会信用保証取引『約定書』の解説」(以下、「解説」という)によれば[14]、約定書は、一九六二年に全国信用保証協会連合会が作成した約定書例に準拠し、各信用保証協会が制定したものであり、その後一部変更がなされているが、基本的には制定当時のまま現在に至っているものである[15]。免責はその一一条において以下のように規定されている(甲は信用保証協会、乙は金融機関を指す)[16]。

第一一条　甲は、次の各号に該当するときは、乙に対し保証債務の履行につき、その全部または一部の責を免れるものとする。

(1)　乙が第三条の本文に違反したとき。

(2)　乙が保証契約に違反したとき。

(3)　乙が故意若しくは重大な過失により被保証債権の全部又は一部の履行を受けることができなかったとき。

約定書三条本文は、「乙は、甲の保証に係る貸付をもって、乙の既存の債権に充てないものとする」と定めて、金融機関が以前から有している債権(プロパー債権)の回収のために信用保証協会保証による貸付金を充ててはならないとしている(いわゆる旧債振替の禁止)。これに違反する場合に一一条一号の免責事由に該当し、信用保証協会は保証債務の履行責任を免れるという構造になっている。

解説によれば、このような規定が設けられた主旨について、「信用保証協会の保証の目的は、中小企業者等に対する金融の円滑化を図ることであり、これを実現させる機能として〝保証〟を行なっているものであり、単に金融機関の貸付債権保全策として存在するものでないことを約定書に反映させるために保証免責規定を設けたものである」とされている[17]。また、当初から保証債務が生じていない場合および七条により保証債務履行請求権の存続期間の経過により保証債務が消滅した場合は、本条の対象とするところではないとされ、当初から保証債務が生じていない場合とは、協会が保証承諾（信用保証書の交付）する前に実行された貸付（一条により保証契約が成立していない）および信用保証書の有効期間を経過した後の貸付（二条により保証契約が無効）であるとされている[18]。免責の範囲については、この時期の解説では、「適用する免責事由ごとに、各事案内容に応じ、免責条項の趣旨に照らし、または義務違反の程度により、あるいは信用保証協会が受けた損害（受けるであろう損害を含む）の程度に応じて、免責範囲が決定される」とされ、「信用保証制度の目的達成上、欠くことのできない事由を明示したものであり、このため振り替えられた金額が協会保証付債権の全部であるか一部であるかは問わないこととしている」として、「旧債振替部分についての免責となるとの見解もあるが、本号を二号に包摂せず独立して設けた趣旨から明らかなように、本号違反は信用保証制度の目的達成上、看過できない重大な義務違反である」として全額免責が原則とされている[19]。なお、融資金が当座預金口座に振り込まれた結果、貸越残が消滅した場合については、形式的には旧債振替にあたるが、実質的に申込中小企業者が意図していた事業資金に利用されたとみなされるときは本号に該当せず、金融機関がもっぱら貸越金の回収意図をもって行い、振込入金後の貸越取引を継続していない（貸越の中止、解約等）ような場合には本号に抵触するとされている[20]。しかし、以上のような解説からは、旧債振替禁止違反による免責の法的性質は明らかではない。

このため、従来、本条一号違反の法的性質に関して、以下のような見解が示され、定説を見ない状況となっていた。

(2) 学説

①錯誤無効説

本条一号は、保証契約が錯誤により全部または一部が無効であることを明確にしたものであるとする。[21]

②債務不履行解除説

本条一号は信用保証協会保証制度の趣旨・目的に基づくが、金融機関には約定書によってさまざまな債務が課せられており、それらの債務の不履行があった場合に、保証債務を消滅させるものであって（一種の契約解除）、条項は解除権の留保あるいは失権約款であるとする。[22]

③信用供与委任契約違反説

信用保証協会と金融機関との間には、単なる保証契約ではなく、協会が金融機関に信用の供与を委任するという信用供与委任契約が存在するとし、保証免責は、この契約から生じる受任者（金融機関）の注意義務違反として根拠づけられ、本条一号は、受任義務と双務関係に立つ保証債務につき責任を負わない旨を定めているとする。[23]

④停止条件付債務免除説

旧債振替禁止条項違反を停止条件として、信用保証協会の保証債務が免除されるという条件付債務免除契約であるとする。[24]

⑤履行拒絶の抗弁権説

本条一号は、信用保証協会保証の趣旨・目的に基づくものであり、それを実効ならしめるために、保証債務の履行について履行拒絶の抗弁権を認めたものであるとする。[25]

以上のうち、①②③④説によれば、免責により保証債務は消滅すると解することになろう。これに対して、⑤説によれば、保証債務は消滅せず、したがって信用保証協会が代位弁済した場合には、求償権についての保証人に求償権を行使することは可能であるということになろう。なお、⑤説のうち、趣旨・目的に抵触することを強調する説に対しては、免責の法的性質を示していないとの批判がある。[26] しかし、その主唱者の一人である伊藤進博士が、後に、この説の趣旨は「履行を拒絶できる抗弁権をもつことになると構成するものである」と述べられていることからすれば、[27] 少なくとも現在では、必ずしもそうはいえないであろう。

(3)　平成九年判決

このような状況において、最判平成９・10・31民集五一巻九号四〇〇四頁は、旧債振替につきはじめて最高裁判断を示した（以下、「平成九年判決」という）。これは、貸付金の七分の一についての旧債振替につき、これを認識していなかった信用保証協会が金融機関に代位弁済し、求償権についての連帯保証人に対してその履行を請求したという事案であったが、判決では、信用保証協会保証制度の目的などを説いた後、残額部分の貸付金では中小企業者等が融資を受けた目的を達成することができないなど、信用保証協会保証制度の趣旨・目的に照らして免責を認めるのを相当とする特段の事情がある場合を除き、当該違反部分のみについて当然に保証債務消滅の効果が生ずるとして、信用保証協会が弁済しても保証債務の弁済としての効力を生じず、金融機関に対してその返還を求めることができるので、信用保証協会は違反部分については求償権についての連帯保証債務の履行を請求できないが、残額部分については履行請求できるとされた。

この判決は、二つの点で意義がある。第一に、旧債振替禁止違反があった場合には、保証債務が当然に消滅するとしている点である。これは、旧債振替は信用保証協会保証制度の本来の目的に反する行為であって、この場合の免責を信用保証協会の裁量的判断に委ねるのは制度趣旨に沿わないものであり、また、信用保証協会が代位弁済して求償のための保証人へ求償することを認めるのは、旧債振替禁止条項に違反した金融機関が負うべきリスクを保証人に転嫁するもので妥当でない、という理由に基づくものといえる[28]。第二に、消滅する保証債務の範囲は当該旧債振替違反の部分についてのみであるという点である。これは、信用保証協会保証制度の趣旨・目的からしても、また約定書の文理ないし構成からしても、判決の挙げるような特段の事情がある場合を除き、融資金の全額免責とするだけの合理的な根拠は見出せないというものである[29]。

しかし、本判決は、旧債振替禁止違反による免責の法的性質がいかなるものであるかについては、あえて言及していない。調査官解説によれば、第二の免責の範囲の問題は、免責の法的根拠についての学説の対立とは必ずしもリンクするものではないとする[30]。また、第一の当然消滅という点については、問題が信用保証協会と金融機関に限られるのであれば、上記のいずれの説を採っても結果は異ならないが、本件のように代位弁済した信用保証協会が求償金を請求する局面では大きな違いを生じ、免責の性質をどう見るかによって結論が異なってくるとしながら[31]、「本判決は、結論を導く上で必ずしも必要がなかったためか、免責の効力発生の法的根拠、免責条項の法的性質については特に言及していない」とし[32]、錯誤無効説を採ったものでないことは確かであり[33]、信用保証協会の趣旨に抵触することから免責を導く説に立ったものでもないとしながら[34]、それ以外のどの考え方によるものかは明らかでないとしている[35]。なお、上記(2)の⑤説は保証債務が消滅しないという構成であることから、やはり本判決とは相容れない構成であるといってよいであろう。したがって、本判決が基礎とした構成は、②③④説または、それ以外の構成であるということになろうが、本判決からはそれ以上は明らかでない。

(4)　平成九年判決以降の状況

(a)　債務不履行解除説の多数説化

平成九年判決の結論は、免責の根拠を明確にしないまま、全額免責を原則としてきたそれまでの信用保証協会の解説ないし実務とは異なるものであり、信用保証協会は本判決に対する実務的対応を迫られたといえる。このため、全国信用保証協会連合会は、約定書の文言はそのまま維持しつつ、免責条項についての新たな解釈指針を公表し、これが二〇〇七年一〇月から適用されることになった。新解釈指針は、免責の効果として一部免責を原則とすることを反映させるとともに、免責判断の実質化をはかったものである。[36] この新解釈指針によれば、旧債振替では、従来は一部でも全額免責としていたが、違反に該当する部分の一部免責を原則とすることとし、これにより、一号免責だけでなくすべての免責事由であっても一部免責（一号免責では旧債振替相当額、二号および三号免責では信用保証協会に生じ得る損害額相当額）を原則とし、違反が信用保証協会の設立趣旨・目的を阻害するようなものである場合（具体的には、違反の程度が大きく、信用補完機能を果たし得ない場合、金融機関による信用保証制度の悪用と評価されるような場合）には全部免責になるとされた。[37] 以上は、平成九年判決を解釈に反映させるためのものである。

新解釈指針の解説によれば、以上に加えて、免責条項の性質につき踏み込んだ説明がなされている。そして、免責条項は、二号免責（保証契約違反）だけでなく、一号免責（旧債振替禁止）についてもまた、金融機関に帰責性がない場合には免責の効力が生じないとする過失責任主義を採用したものであるとされている。[38] そして、これらの免責は、金融機関の違反行為を免責事由としているものであり、その実質は債務不履行であるから、帰責事由がない場合にまで免責の効果を与えるのは合理的でないからであるとされている。[39]

以上のような解説によるならば、旧債振替禁止条項違反は、金融機関の債務不履行であり、免責の法的性質は、債務不履行による反対給付の免責、すなわち保証契約の解除であると構成されることになろう。平成九年判決以降は、上記解説以外でも、このように構成する説が有力であるといわれている。[40]

しかし、たとえ債務不履行解除説に立つとしても、解除の効果がいつ発生するかについては、解除条件付失権約款であると解して金融機関の違反行為によって当然にその効果が発生するとするのか、それとも形成権的に構成して解除の意思表示が必要であるとするのかで議論の余地があり、前者のように解するならば免責通知（解除の意思表示）は不要であることになるが[41]、後者のように解するならば、違反行為によって解除権が発生するのであり、当然に保証債務が消滅するということにはならなくなる。[42]最高裁は、保証債務は当然消滅するとしており、前者の構成を採用したものと解されるが[43]、平成九年判決以降においても、当然消滅としたのでは、金融機関と信用保証協会との関係が著しく緊張を強いられるものになるので、実務的には、保証債務の消滅はむしろ信用保証協会の意思表示にかからせる形成権的な構成のほうがよいとの見解もあり[44]、最高裁の構成が浸透しているわけではない。現在の約定書一一条による免責の効果発生は、当然消滅ともそうでないとも両方に読めるという指摘もある。[45]

(b)　その他の構成

他方では、現在でもなお、平成九年判決を批判し、債務不履行解除説とは異なる構成を主張する見解も存在する。

⑥制裁無効説

免責規定は、単に金融機関の債務不履行責任だけでなく、金融機関に対する制裁的趣旨を含んだ規定であるとし[46]、旧債振替という信用保証協会保証の目的阻害行為が金融機関の悪意、過失を問わず保証債務の消滅という制裁を金融機関に甘受させるものとなるとする。[47]この見解は、免責の範囲についても、制裁であることを重視する観点から、一部免責ではなく全部免責を原則とすべきであると主張する。[48]

⑦停止条件付相殺契約説

信用保証協会と金融機関の間で黙示の停止条件付相殺契約が結ばれており、代位弁済予定額のうち、金融機関の違反行為と相当因果関係にある損害が相殺されたとする。[49]この見解は、信用保証協会と金融機関の間に、保証契約とは別の契約の存在を認め、その契約上の双務関係（損害と保証債務）の消滅によって免責を説明するものである。

⑧附従性緩和説

免責条項は、信用保証協会の保証債務の範囲を狭くするために保証債務の成立における附従性を緩和する特約であり、旧債振替の範囲で保証債務は不成立ないし無効となるとする[50]。債務の消滅ではなく、不成立・無効となるのは、一種のペナルティであるともしている。

⑨目的実現不能説

前述⑤の履行拒絶の抗弁権説と同様に信用保証協会保証制度の趣旨・目的を基礎としつつ、免責の法的意味は、金融機関によって生じさせた保証契約目的実現不能であるとし、保証契約は有効に存続しているが、その契約から生じる保証債務の履行を免れることができるとする。ただし、免責の効力は、履行拒絶の抗弁権説のように信用保証協会の抗弁によって生じるとするのではなく、その主張を待つまでもなく当然に生じるものとしている[51]。また、この見解は、免責が認められる根拠を旧債振替が信用保証協会保証制度の趣旨・目的に抵触することに求めるため、原則として全部免責とするほうがその趣旨・目的を徹底することになるとしている[52]。

以上のように、平成九年判決以降においても、判決自身がその態度を明らかにしなかったこともあり[53]、免責の法的性質がいかなるものかについては、いまだ決着を見ていない状況にあるといってよいであろう[54]。

(5)　信用保証協会保証取引の特殊性

平成九年判決のように、旧債振替禁止違反により保証債務が消滅することを前提とし、それを保証契約の問題として理解しようとするならば、債務不履行解除説は、それを素直に法律構成するものであるといえる。しかしそれにもかかわらず、そのような法律構成で一致をみないのは、旧債振替禁止違反による免責の問題を保証契約の解釈問題とだけ捉えることへの違和感があるからではなかろうか。それは、債務不履行解除説に反対する見解が、いずれも、信用保証協会保証制度の趣旨・目的違反であることを強調することからも明らかである。

このような観点からすれば、前述の学説において、債務不履行解除説以外の説が主張されていることも、保証契約以外の要素をどのように法律構成に反映させるかの現れであると理解することができる。すなわち、⑦の停止条件付相殺契約説は、保証以外に別途、金融機関の義務を根拠づけるための契約の存在を認めようとする構成であり、また、⑤の履行拒絶の抗弁権説、⑨の目的実現不能説および⑧の附従性緩和説は、信用保証協会保証には、通常の保証とは異なる前提的な事情が存在することを強調する構成であるといえる。また、⑥の制裁無効説および⑧の附従性緩和説は、信用保証協会と金融機関間での保証合意の不履行責任いかんにかかわらず、強行法規違反のようにして保証の効力を否定する構成である（なお、①の錯誤無効説および④の停止条件付債務免除説には、いずれの考慮も見出すことができない）。そして、これらの説は、免責の根拠について、契約当事者である信用保証協会と金融機関の別の合意に求める説（⑦）と合意以外に求める説（⑤⑥⑧⑨）とに分かれるといえよう。

これに対して、②の債務不履行解除説および③の信用供与委任契約違反説には、信用保証協会保証における保証以外の要素をどのように法律構成に取り組むかにつき、それ以外の説と異なり、一方では、免責の根拠を信用保証の当事者の合意に求めるとともに、他方では、それを保証契約以外の契約と構成するのではなく、保証契約の特約（②）ないし特殊な保証契約（③）として構成するという特色がある。このような構成は、信用保証協会保証の趣旨・目的を信用保証協会自身の手で実現させ、かつ、信用保証協会による保証自体がそのための手段であることを直截に示すことができ、その根拠を信用保証協会保証の法的構造そのものに求める点で、他の説よりも妥当なものであると評価することができよう。

しかし、これらの説のうち、債務不履行解除説には、そのような特約がなぜ認められるのかについての説明が十分なされていないという問題がある。債務不履行解除説によると、信用保証協会保証では、約定書によって保証契約上、金融機関にさまざまな債務が課せられており、旧債振替禁止はその一つであるとされる。しかし、民法における保証は、主債務の履行債務を補充するための片務契約であり、保証人のみが債務を負うものである。したがって、保証契約上の債権者である金融機関が保証人である信用保証協会に対して義務を負うことは、民法上の保証の性質からは導くことができない。すなわち、信用保証協会保証は、金融機関が信用保証協会に対して一定の義務を負うとし、その違反に連動して保証債務の消滅を導くことからすれば、すでに民法上の保証の範ちゅうで捉えることができない要素を含んでいるというべきである。以上からすれば、少なくとも、免責の法的構成としては、信用供与委任契約違反説が再評価されてよいのではなかろうか[55]。

ただし、信用供与委任契約違反説は、なぜそのような特殊な委任契約が締結されるのかについて、信用保証協会法一条の制度趣旨・目的という動機が金融機関に対して表示され、金融機関もそのことを認識しているからであるとするのみであり[56]、なぜそれが義務の設定にまで至るのかについての法的な根拠づけがない。そこで、以上のことをあわせ考えるならば、信用保証協会保証における免責は、債務不履行解除を免責の具体的な法的性質としながら、以下のような法的構造において理解すべきではないかと思われる。すなわち、①まず、信用保証協会保証においては、協会は、その制度趣旨・目的に従って保証をなすべき責務を負っている。これが信用保証協会に免責が認められる究極的な根拠であり、免責は信用保証協会の責務の現われと位置づけられるべきである。②しかし、個々具体的な保証において、保証契約の相手方である金融機関に対して信用保証協会が免責という責務を果たすためには、より直接的な根拠が必要であり、そのような具体的根拠を提供するのは、中小企業等と信用保証協会との保証委託契約以外にない。③保証委託契約の存在は、信用保証協会保証にとって不可欠の前提であり、信用保証協会保証制度の趣旨・目的から信用保証協会が保証を受託するために必要な条件が明示または黙示に提示されている。④そこで信用保証協会は、この委託契約によって一定の条件の下でなければ保証をしないことを義務づけられる。⑤しかし、信用保証協会が果たすべき義務のいくつかは、金融機関の行為に依存している。⑥そこで、このような行為については、金融機関と信用保証協会との間において、通常の保証契約と異なり、信用保証協会が義務を果たすために、保証債務と双務関係に立つ一定の行為義務を金融機関に課すという、特殊な契約（双務的保証契約）が結ばれる。⑦金融機関がその義務に違反した場合には、債務不履行として双務的保証契約は解除される。⑧解除の範囲は、民法の原則に従えば、契約のすべてに及ぶ（全部免責）のが原則であるが、不履行債務および反対債務が金銭債務であるため、分割的解決が可能であり、債務の割合的な消滅でも解除の目的を達することができるときは、一部解除とすべきである（一部免責）。旧債振替禁止違反では、一部免責を原則としてよい（後述の二号・三号違反では異なる）。⑧解除は、信用保証協会の任意の権利ではなく責務であるという意味において、その効果が当然に発生するというべきである（失権約款）。

このような理解によれば、信用保証協会保証は、保証とはいっても、民法における保証とは異質なものであって[57]、信用保証協会保証の趣旨・目的を基礎としつつ、主債務者である中小企業等からの保証委託を不可欠の要素とし、その受託に基づき、保証債務と信用保証協会保証の趣旨・目的に適った融資を行う義務を双務関係とする契約が金融機関との間で締結されているという構造にあり、融資契約・保証委託契約・双務的保証契約が不可分に結合した特殊な法律関係であるというべきであろう[58]。

4　免責の多様性と効果の段階性

以上のような信用保証協会保証の構造は、旧債振替禁止違反の場合の特殊な事情ではなく、信用保証協会保証にとって本質的なものであるから、約定書一一条一号（旧債振替禁止違反）だけでなく、二号免責（保証契約違反）および三号免責（故意または重大な過失による債権の取立不能）の場面でも、その解釈に反映されなければならないというべきである。

(1)　二号・三号免責の趣旨

約定書一一条二号は、保証契約違反を免責事由としている。解説によれば、これは、基本約定である約定書と個々の保証条件ごとに具体的保証内容を特定した保証契約の両者の違反をいずれも対象とする規定であり、保証契約違反が生じる原因は、金融機関の貸付実行時の管理（注意義務）懈怠にあるといえるので、金融機関が責を負うものであり、契約違反の内容を信用保証協会保証制度の目的に照らし、あるいは信用保証協会の経済的損失の程度に照らし、免責の運用とその範囲が決められることになると説明されている。また、約定書一一条三号は、金融機関の故意・重過失による債権の取立不能を免責事由としている。これは、約定書六条に定める債務の履行期限後の一定期間内における請求・取立ておよび九条に定める債権の保全・取立義務の実効性を確保することを目的としており、義務違反により信用保証協会が受けた損害の範囲において免責されると説明されている。

(2)　免責の法的根拠

二号・三号免責の法的性質については、以前は、一号免責の法的性質・根拠に関する見解の対立をもとに、種々の見解が示されていた。しかし、平成九年判決を経た現在では、一号から三号までについて同様の根拠で説明する次の二つの見解が有力である。ただし、その構成には大きな違いがある。

①債務不履行解除説による説明

まず、債務不履行解除説によれば、二号・三号は、一号とともに金融機関の債務不履行であるが、二号においては、貸付条件違反については、信用保証協会保証制度の目的に基づく側面と協会に経済的損失を生じさせないという側面とがあるので、重大な違反の場合は全部免責となるが、保証条件違反については求償権の確保の趣旨であるとする。また三号は、経済的損失を防ごうという趣旨であり、債務者から満足を受けられなくなった限度において免責されるとする。

平成九年判決を受けて行われた約定書の解説の改訂では、この債務不履行解除説に沿った説明がなされている。すなわち、一号・二号では金融機関に帰責事由があることを要するか否かが明記されていないが、いずれの事由も過失責任主義を採用したものであり、金融機関に帰責事由がない場合にまで免責の効果を与えるのは合理的でないとし、また、免責の範囲についても、いずれの事由であっても一部免責（二号・三号免責では、信用保証協会に生じ得る損害額相当額）であることを原則とし、違反が信用保証協会の設立趣旨・目的を阻害するようなものである場合（具体的には違反の程度が大きく、信用補完機能を果たし得ない場合、金融機関による信用保証制度の悪用と評価されるような場合）には全部免責としたものであるとする(64)。そして、二号・三号免責の場合の免責の範囲について、過失責任主義の考え方にあわせて一覧表形式にまとめたとしている(65)。

②目的実現不能説による説明

しかし、このような債務不履行解除構成に対して、目的実現不能説からは、問題を保証契約の不履行問題と捉えることに異論が唱えられている。すなわち、保証免責の趣旨は一号から三号までいずれも同趣旨であるが、それは信用保証協会の法的性質としての機関信用保証性ないし信用の補充や保証の補充性という特質によって根拠づけられるというべきであるとする(66)。そして二号は、信用保証という目的に基づくものというべきであり、信用保証協会保証の持つ信用補完性という特質を実効するために、同号違反にあたるか否かはこのような観点から判断されるべきであるとし(67)、たとえば担保徴求条件違反でも、一般のレベル以上に求償権の確保が要求されるのは、信用保証協会保証の目的の実効性のためであるとする。また、三号も信用保証協会保証の特質から解釈すべきであり、協会が債権者からの取立てを第一義とすることからする修正された補充性の実効性を確保するものであるとする(68)。また、そのことからすれば、金融機関に単純な取立保全義務についての信義則違反があったとしても、免責の効果は生じないというべきであるとする(69)。さらに免責の範囲についても、たとえ経済的損失がない場合であっても、信用保証協会保証制度の趣旨・目的の点から免責となる場合もあるとする。[70] なお、履行拒絶の抗弁権説も、二号・三号はともに信用補完性という信用保証協会保証の特性の実効性を確保しようとするものであるとする。[71]

(3)　信用保証協会保証取引の構造に基づく根拠づけと段階的効果

目的実現不能説は、信用保証協会保証制度の趣旨・目的から免責を根拠づけ、債務不履行解除説もまた、金融機関の義務違反を根拠としながら、同時に信用保証協会保証の制度趣旨・目的から経済的損失以上の免責を認めており、この点で両者に違いはない。しかし、すでに述べたように、信用保証協会保証制度の趣旨・目的は、免責の究極的な根拠ではあっても法律構成上の具体性を欠く。免責の根拠は、信用保証協会保証取引の法的構造に由来するものと捉えるべきであり、そうだとすれば、二号・三号免責についても、その構造から根拠づけるべきである。

思うに、すでに述べた信用保証協会保証の特殊な法的構造からすれば、二号・三号免責について従来挙げられている種々の根拠は、相互に排斥しあうものではない。すなわち、二号の保証契約違反には、①免責の究極的根拠である信用保証協会保証制度の趣旨・目的に反する場合、②特殊な保証契約であることの直接の原因である保証委託契約に反する場合、③個々の保証における保証条件に違反する場合など種々の場合があり（旧債振替禁止違反もその一つである）、これらはすべて特殊な意味での保証契約の違反であるといえる。したがってまたその効果は、経済的損失に限られず、違反の態様や程度に応じて全部免責・一部免責、すなわち全部解除または一部解除があってよく、また事案によっては、金融機関の義務違反が軽微である（付随義務違反）ことから免責の効果が生じない（解除権の不発生）とされることもあってよい。[72] このことは三号についても同様であり、これを連帯保証であるために信用保証協会が享受できない民法の保証免責（民四五五条）について、債権者からの取立てを第一義とする信用保証協会の立場からする特則を定めた趣旨、[73] あるいは担保喪失による免責（民五〇四条）の前提としての担保保存義務を設定する趣旨だけに限定する必要はないように思われる。[74]

5　まとめ

以上のように、信用保証協会保証における免責は、約定書一一条のすべての免責事由に共通して、法的性質としては金融機関の契約不履行による解除であって、その効果は当然に発生し、解除の範囲は不履行の程度に応じて段階的であるというべきである。また、免責事由に挙げられる義務が金融機関に課せられるのは、金融機関と信用保証協会との間の特殊な保証契約に基づくものであり（双務的保証契約）、そのような義務は、信用保証協会が信用保証協会保証制度の趣旨・目的を実現し、中小企業等との間で締結する保証委託契約上の責務を果たすために金融機関に課すものであるというべきである。

このような金融機関と信用保証協会の双務的な構造は、直接的には、信用保証協会保証における不可欠な要素である保証委託契約に由来するものであり、この点が民法における保証と異なる特殊性を生み出している。したがってまた、このような構造は、信用保証協会保証以外の法人保証においても、保証委託契約の存在が不可欠とされている限りにおいて、共通する構造であるといってよいように思われる。ただし、信用保証協会保証とそれ以外の一般の法人保証とでは、金融機関には信用保証協会保証制度の趣旨・目的からする義務設定がなく、同時にそれに応じて、保証法人にも免責がないという違いがあることになろう。

（1）　これらの一連の判例法理の展開については、平野裕之『保証人保護の判例総合解説』（信山社、二〇〇四年）が詳しい。

（2）　保証規定の改正については、多数の文献があるが、とりあえず、野村豊弘ほか（座談会）「保証制度の改正」ジュリスト一二八三号（二〇〇五年）五二頁以下、松本恒雄ほか（座談会）「新しい保証制度と金融実務（上）（下）」金法一七三五号一〇頁、一七三六号二〇頁（いずれも二〇〇五年）参照。

（3）　保証法改正の今日的評価については、山本敬三「保証契約の適正化と契約規制の法理」新井誠＝山本敬三編『ドイツ法の継

受と現代日本法』（日本評論社、二〇〇九年）三九七頁参照。

（４）　平野裕之「法人保証の特質」椿寿夫・伊藤進編著『法人保証の研究』（有斐閣、二〇〇五年）一〇八頁。平野・前掲注（１）九頁は、保証人保護の要請が妥当しない場合として、(a)経営者保証、(b)グループ企業による保証、(c)有償保証人を挙げ、同一二頁では、保証「取引」自体により主債務者から保証料を得るものであり、有償取引の一般原則で律することを認めても酷ではあるまいとしている。ただし、有償取引といっても、信用保証協会といった公的保証については、民間の保証料を徴収して保証をすることを業とする事業者と同列には論じ得ないし、また、債権者たる銀行の設立した保証会社などは債権者との関係からいってさらに特別の規律がなされてよいとして、法人保証の中でもさらなる分化の必要性を説いている。また、長谷川貞之「法人根保証、経営者の個人保証」ＮＢＬ八二六号（二〇〇六年）八五頁以下は、従来の情誼に依拠する個人保証人保護の観点からではなく、法人保証、経営者の個人保証を中核とする根保証の再構成の必要性を説いている。

（５）　平野裕之「法人保証の特質」椿寿夫編『法人保証の現状と課題（別冊ＮＢＬ六一号）』（商事法務研究会、二〇〇〇年）八〇頁は、根保証における任意解約権や特別解約権は、報酬をとってしかも事業として行っているので否定されてしかるべきであるとする。

（６）　椿寿夫「法人（による）保証論のための序説」椿寿夫・伊藤進編著『法人保証の研究』（有斐閣、二〇〇五年）一九頁以下。

（７）　星野英一「中小漁業信用保証の法律的性格」『民法論集第一巻』（有斐閣、一九七〇年）一八一頁、伊藤進『保証・人的担保論（私法研究著作集第六巻）』（信山社、一九九六年）一三三頁以下、山田誠一「企業変革期における信用保証協会保証　第三部　信用保証協会の法的性格」金融法研究第八号（一九九二年）二九頁以下、平野・前掲注（５）七九頁、同・前掲注（４）一一二頁。

（８）　潮見佳男『債権総論〔第三版〕』（信山社、二〇〇七年）五七五頁。

（９）　村田利喜弥「信用保証協会の保証」椿寿夫編『法人保証の現状と課題（別冊ＮＢＬ六一号）』（商事法務研究会、二〇〇〇年）一七頁。

（10）　表明・保証条項一般に関しては、金田繁「表明保証条項をめぐる実務上の諸問題（上）（下）」金法一七七一号四三頁、一七七二号三六頁（いずれも二〇〇六年）参照。

(11) 潮見・前掲注(8)五七七頁。金田・前掲注(10)一七七一号四五頁以下によれば、債務不履行責任とは異なるところの、特約に基づく担保責任と解すべきであり、補償や解除等の責任の具体的内容は、特約がない限り生じないと解すべきであるとされる。
(12) ただし、三条違反は事前求償権発生事由となる(五条一項七号)。
(13) 岐阜県信用保証協会への聞き取りによる。
(14) 全国信用保証協会連合会「営業店のための信用保証協会信用保証取引『約定書』の解説」(一)～(四完)」金法一四八〇号四八頁、一四八一号三四頁、一四八二号六八頁、一四八四号三七頁(いずれも一九九七年)。
(15) 全国信用保証連合会・前掲注(14)一四八〇号四八頁。
(16) マル保融資取扱手続Q&A「約定書例・約定書締結に伴う覚書例」手形研究四九一号(一九九四年)七八頁参照。
(17) 全国信用保証連合会・前掲注(14)一四八四号三八頁。
(18) 全国信用保証連合会・前掲注(14)一四八四号三九頁。
(19) 全国信用保証連合会・前掲注(14)一四八四号四〇頁。
(20) 全国信用保証連合会・前掲注(14)一四八四号四二頁。
(21) 藤原弘道「信用保証協会の保証における免責条項」金法七五六(一九七五年)号五頁以下。
(22) 関沢正彦「信用保証協会の信用保証をめぐる法律的諸問題(四)」金法八九三号(一九七九年)二八頁。
(23) 寺田正春「協会保証責任の減免と信用供与責任」手形研究三二七号(一九八二年)七頁。
(24) 島谷六郎「判批」判タ三九〇号(一九七九年)九九頁。
(25) 山本進一＝保住昭一＝伊藤進＝上井長久「信用保証の法的意義について」法論四九巻六号(一九七七年)一〇七頁以下、前田庸「判批」ジュリスト七六五号(一九八二年)一三一頁。
(26) 関沢・前掲注(22)二七頁、河邉義典『最高裁判所判例解説民事篇平成九年度(下)』(法曹会、二〇〇〇年)一二九九頁参照。
(27) 伊藤進「信用保証協会の保証の現状と問題点」椿寿夫・伊藤進編著『法人保証の研究』(有斐閣、二〇〇五年)八三頁。

(28) 河邉・前掲注(26)一三〇六頁参照。
(29) 河邉・前掲注(26)一三〇八頁。
(30) 河邉・前掲注(26)一三〇一頁。
(31) 河邉・前掲注(26)一三〇一頁。
(32) 河邉・前掲注(26)一三〇六頁。
(33) 河邉・前掲注(26)一三〇六頁。
(34) 河邉・前掲注(26)一三一五頁注(22)。
(35) 河邉・前掲注(26)一三〇六頁。
(36) 山野目章夫「信用保証協会保証の展望」金法一八一八号（二〇〇七年）一一頁参照。
(37) 関沢正彦「保証免責条項に関する判例と新指針」金法一八一八号（二〇〇七年）一七頁、六信勝司「保証免責条項の新たな解釈指針の概要」金法一八一八号（二〇〇七年）二八頁。
(38) 六信・前掲注(37)二七頁。
(39) 関沢・前掲注(37)一七頁。
(40) 河邉・前掲注(26)一三一二頁注(8)参照。たとえば、座談会「旧債振替判決と保証協会の免責をめぐって」金法一五二五号（一九九八年）四一頁〔高橋眞、江口浩一郎〕、座談会「信用保証協会取引と免責の効力」銀法五五一（一九九八年）号七頁〔山野目章夫〕。
(41) 関沢・前掲注(37)二五頁。
(42) 座談会・前掲注(40)銀法五五一号二〇頁〔山野目章夫〕。
(43) 座談会・前掲注(40)銀法五五一号二〇頁〔山野目章夫〕。
(44) 座談会・前掲注(40)銀法五五一号二一頁〔中村廉平、関沢正彦〕。
(45) 座談会・前掲注(40)銀法五五一号二〇頁〔山野目章夫〕。
(46) 村田利喜弥「保証協会実務からみた旧債振替判決」金法一五二五号（一九九八年）二〇頁。

(47) 長尾治助「判批」判評四七五号（判時一六四三号）（二〇〇八年）三一頁。
(48) 村田・前掲注（46）二〇頁、長尾・前掲注（47）三二頁。
(49) 座談会・前掲注（40）金法一五二五号三四頁〔布川雅俊〕。
(50) 小杉茂雄「判批」私法判例リマークス一八号（一九九九年）三二頁。
(51) 伊藤進「保証協会保証における免責の法的性質」金法一五二五号（一九九八年）一〇頁以下。
(52) 伊藤・前掲注（51）一二頁、同・前掲注（27）八三頁。
(53) 江口浩一郎「判批」金法一五八一号（二〇〇〇年）一三七頁は、本判決が免責の法的性質を明確に判示しなかったことにより、さらに議論の余地が残されたとする。
(54) なお、法的性質という観点とは異なる視点から最高裁判決を評価するものとして、山本豊「判批」金法一五二四号（一九九八年）五九頁は、全部免責ではなく一部免責を原則とするという点について、契約条項につき、全部免責を原則とすることで両当事者の解釈が十分な検討を経たうえで一致しているのに、裁判所がそれと異なる解釈をすることに疑問を述べている。
(55) すでに、山田・前掲注（7）三三頁以下は、信用保証協会保証は、その実質においては、第三者の資金を用いた間接的な信用供与であり、それが保証という法形式に仮託されたものであるとし（同・三六頁）、それを信用供与の委託を内容とした委任契約と構成する可能性を指摘している（同・三八頁以下）。これに対して、國井和郎「保証」椿寿夫編『担保法理の現状と課題』（有斐閣、一九九五年）一二二頁は、信用保証協会保証を民法の保証とは別異の特殊な保証とし、民法規定の排除を必然とする根拠足りうるか大いに疑問であるとしている。しかしこれは、とくに民法規定の排除について意図した論述であろうと思われるとともに、平成九年判決以前の論文であり、同判決を意識したものではない。
(56) 寺田・前掲注（23）八頁。
(57) 村田・前掲注（9）一八頁は、平成九年判決について、信用保証協会保証の特殊性に注目して、単なる民法上の保証とは異なるとの前提に立っているとも思えるとする。
(58) 本文では、民法上の保証契約が片務契約であることを前提に、信用保証協会保証における保証契約は双務的で「特殊な」保証であると位置づけた。しかしそもそも、保証取引は、主債務契約の存在を前提として、債権者、主債務者、保証人の三者によって形成される多角的な法律関係であり、保証契約は、その一部を成すものとして、債権者・主債務者間の事情、主債務者・保証人間の事情に影響を受けると解すべきである。中舎寛樹「保証といわゆる多角関係」椿寿夫編著『法人保証の現状と課題（別冊NBL六一号）』（二〇〇〇年）一九四頁、同「保証取引と多角関係」椿寿夫＝中舎寛樹編『多角的法律関係の研究』（日本評論社、二〇一二年）二〇九頁参照。もしこのような理解が受け容れられるとすれば、信用保証協会保証もまた、そのような多角的な法律関係としての保証取引であって、保証委託契約を不可欠の要素とする点で、むしろ多角的な側面がより明確に現れるのであり、保証契約が保証委託契約によって影響を受け、その法的性質を変容させるのは「当然」であるということになる。

(59)　保証契約の内容に違反する場合（金額、期間違反）と保証条件に違反する場合（担保や保証人徴求違反）とがある。

(60)　全国信用保証協会連合会・前掲注（14）一四八四号四〇頁。

(61)　全国信用保証協会連合会・前掲注（14）一四八四号四一頁。

(62)　たとえば、一号についての錯誤無効説の立場からは、二号は、金額・期間相違の場合には保証債務の附従性から保証債務が成立せず、また条件違反の場合には要素の錯誤により無効であるという趣旨であるが、三号は、信義則上の注意義務としての債権保全義務違反を明文化したものであるとすると説明されている（藤原・前掲注（21）八頁、一〇頁）。また、信用供与委任契約違反説は、一号については、金融機関の受任義務と双務関係に立つ保証債務につき責任を負わないが、二号もまた、金融機関の善管注意義務違反を規定したものであるとする。しかし、三号については、債権者である金融機関が催告・検索を懈怠したことの効果として保証責任が減免されるという民法四五五条を約定によって修正・再現したものであるとする（寺田・前掲注（23）八頁以下）。

(63)　関沢・前掲注（22）二八頁。また、座談会・前掲注（40）金法一五二五号四三頁〔高橋眞〕も、平成九年判決を踏まえたうえで、一号から三号まで、金融機関の義務違反を根拠とする点、効果として当然免責が生じるという点のいずれについても同じであると考えてよいとする。

(64)　関沢・前掲注（37）一七頁以下、六信・前掲注（37）二七頁。

(65)　六信・前掲注（37）二八頁、四一頁図表四。

(66)　伊藤・前掲注（51）八頁。座談会・前掲注（40）金法一五二五号四三頁〔中澤明〕も、信用保証協会保証制度の目的に沿っ

て三つの免責事由は同じレベルで一部ないし全部の免責事由として挙げられているというのが素直であるとする。

(67) 伊藤・前掲注（27）八四頁。

(68) 伊藤・前掲注（51）九頁。

(69) 伊藤・前掲注（27）八五頁。

(70) 伊藤・前掲注（51）一二頁。

(71) 山本ほか・前掲注（25）一一〇頁以下。

(72) 座談会・前掲注（40）銀法五五一号一八頁〔山野目章夫〕は、二号は典型的な債務不履行を定めたものであるとするが、同時に、同一二頁〔山野目章夫〕では、二号は一般条項性が強調されるべきであり、事案の特性に応じて、免責なし、全部免責、一部免責の段階分けで対応する必要があるとする。これに対して、座談会・前掲注（40）金法一五二五号四三頁〔江口浩一郎〕は、各号では免責の範囲が違い得るとし、一号では全部免責、二号では保証契約違反の内容によって異なり、三号では実損とする。しかし、むしろ各号を通じて、違反の態様や程度によって免責範囲に差異を設けるべきである。

(73) 星野・前掲注（7）二四三頁以下は、民法五〇四条から導き出される一般的な信義則上の注意義務・債権保全義務を民法が規定していないために、融資保証ではそれが約定で補われているとの趣旨を述べている。

(74) 座談会・前掲注（40）銀法五五一号一四頁〔江口浩一郎〕によれば、三号免責の法律構成については、従来、①被保証債権の保全、取立てを第一義とする修正された補充性の実効性を確保するための条項である、②信義則上、信用保証協会に対して負う金融機関の注意義務である、③催告・検索の懈怠の効果である、という三つの説明がなされているとする。しかし、これらの一つに絞る必要はない。座談会・前掲注（40）銀法五五一号一四頁〔山野目章夫〕は、上記の三つの理由づけは互いに排斥しあう関係にはないとする。

第Ⅲ章　多数当事者間決済の構造

第1節　多数当事者間相殺の効力

一　問題提起

以下では、最判平成7・7・18判時一五七〇号六〇頁を素材として、多数当事者間相殺に関する法律構成上の問題点を示すことにする。これは、三者間相殺契約と第三者による差押えの競合に関する事例である。

1　事実と判旨

(1)　事実

訴外A会社は、被告Y会社（被控訴人・上告人）の子会社であるが、訴外B会社に対して継続的に燃料石油を販売しており、昭和六〇年一〇月一五日から昭和六一年二月一三日までの給油代金債権として一二八万円余の債権（甲債権）を有していた。また、B会社は、Y会社の下請会社として長距離輸送を継続して請け負っており、昭和六一年二月二一日から同年三月三〇日までの間にY会社に対して作業代金債権として二四一万円余の債権（乙債権）を有していた。

AとBは、乙債権の発生前である昭和六一年二月一二日、Bについて信用悪化の事由が生じた場合には、甲債権についてBは直ちに期限の利益を失い、乙債権については期限の利益を放棄して相殺適状を生じさせ、Aの意思表示によって相殺適状の時にまで遡って両債権について相殺の効力を生じさせるという相殺予約の合意をした。

その後、昭和六一年三月二〇日、B振出の約束手形が不渡となったところ、同年三月二五日、原告X（国・控訴人・被上告人）は、租税債権を徴収するため乙債権を差押え、取立権に基づきYに対して支払を請求した。これに対して、Yは、昭和六一年八月二一日にAがBに対して相殺の意思表示をし、乙債権は消滅したと主張した。

第一審は、第三者による他人の債務の弁済が許されることに照らして、本件相殺予約もYの意思に反しない限り有効であり、また、差押え前に締結された相殺予約の効力は債権に付着するものとして差押債権者にも引き継がれるとして、相殺の対外的効力も肯定した。これに対して、原審は、第一審と同様の理由で相殺予約の対内的効力を肯定したものの、甲債権と乙債権とが相対立する関係になく、ABYの三者間で相殺予約の合意をする場合ならともかく、本件相殺予約にはYの意思表示が欠落しており、三者間に相殺に関する信頼関係が形成されていないので、本件相殺予約は相殺の効力を差押債権者に対抗するための基盤を欠いており、もし本件相殺予約を差押債権者に対抗できるとするとAB間の合意のみでBY間の債権を事実上差押えのできない債権とすることができることになるとして、その対外的効力を認めず、第一審判決を取消してXの請求を認容した。

Yは、Yも相殺予約の合意の当事者である、本件相殺予約には相殺による期待利益がある、本件相殺には無効・取消原因はなく相殺権の濫用となるような事実もないので契約自由の原則によって対外的にも有効と解すべきである、などと主張して上告した。

(2)　判旨

最高裁は、以下のように判示して、上告を棄却した（X勝訴）。「本件相殺予約の趣旨は必ずしも明確とはいえず、その法的性質を一義的に決することには問題もなくはないが、右相殺予約に基づきA会社のした相殺が、実質的には、Yに対する債権譲渡といえることをも考慮すると、YはAが債権の差押え後にした右相殺の意思表示をもってXに対抗することができないとした原審の判断は、是認することができる。」

２　問題点

(1)　本件では、ＡのＢに対する債権を自働債権とし、ＢのＹに対する債権を受働債権として相殺する旨の相殺予約の効力が問題となった。論点は二つある。すなわち、①ＡＢ間でなされた相殺予約の効力がＹに及ぶかという点（相殺予約の対内的効力）と、②Ｙに効力が及ぶとしても、Ｂに対する差押債権者Ｘに対抗できるかという点（ＡＢＹ間での対外的効力）である。本判決は、①について、Ｙにも効力が及ぶことを前提に、②について、Ｘには効力が及ばないとしたものである。しかし、以下に述べるように、法律構成上あいまいな点が多く、一般論化しにくい判決といえる。

(2)　ＡがＢに債権を有し、ＢがＹに債権を有している場合、Ａの意思表示によって両者を相殺することができる旨の相殺予約は、二当事者間で相対立する債権についてなされる相殺予約が一方の債権について期限の利益を喪失させて相殺適状を作り出すという履行期に関する意味のみを有するのとは異なり、たとえ民法が要求する相殺適状にない場合であっても相殺を行うという意味を持つ。このような相殺予約もＡＢＹ三者間の合意によってなしうることは判例・学説上異論がない。[1]この場合、ＡＹ間には何らかの実質関係があることが前提となろうが、三者が合意している以上、このことは三者間での予約の効力に関係がない。しかし、このような相殺予約が本件のようにＡＢのみの合意によってなされるときは、契約の当事者でないＹに対して一概に直ちに効力を生ずるとはいえない。この場合には、ＡＢ間の合意がＹにとってどのような意味を持つものなのかが重要になる。とくに、本件では、ＹがＡに対して債権を有しているわけではないので、単純に三者間で循環的に対立する債権の決済の簡便性を意図したというようにはいえないからである。第一審および原審は、第三者の弁済に関する民法四七四条を類推し、ＡにようにＹの債務について法律上の利害関係を有しない者は、Ｙの意思に反して相殺予約をすることはできないとしたうえで、本件ではＹの意思に反しないとして、Ｙに対する効力を認めた。[2]これは、ＡＢ間の合意が乙債権についての利害関係を有しない第三者の弁済と同様の効果を持つと解したものである。しかし、原審および本判決の評釈では、その他様々な可能性も指摘されている。すなわち、二つの債権の債務免除の結合したもの、[3] ＡによるＹの債務の債務引受的要素があるもの、[4] 乙債権を甲債権のための代物弁済予約的な非典型担保[5]ないし債権質・債権譲渡担保[6]としたもの、などに近いまたはそのような実質を有するとするものがそれである。そして、甲債権のために乙債権を処分した（代物弁済、債権質、譲渡担保など）という要素があるとみるときは、Ｂから乙債権の債務者であるＹに対する通知またはＹの承諾がなければ、ＡＢ間の合意はＹに対して効力を生じないと解することになろう（民四六七条一項、三六四条）。これに対して、最高裁は、本件予約の趣旨は明確でないとしつつ、以上のいずれの見方にもよらず、本件予約に基づく相殺が実質的にはＹに対する甲債権の債権譲渡といえるとした。しかし、これは後述のＸに対する効力を問題にするためであり、直接Ｙへの効力について述べたものではないので、Ｙに対する関係がどのように解すべきことになるか（受益の意思表示が要るのかなど）は明らかでない。

いずれにせよ、本件ではＹは、この相殺予約の存在を認識しその効力を積極的に受け容れようとしているのであるから、以上のような法的構成の違いは、Ｙに対する効力に関する限り結論に影響を与えない。一般論としては、第三者弁済とみようと甲債権の譲渡とみようと、Ｙにとって不利益にならない本件のような相殺予約では、ＡＢ間の合意がＹにも効力が及ぶとするためには、Ｙの意思表示やＹの意思に反しないことまでを要求する必要はなく、[7] ただ、乙債権の処分的要素があることを考慮して、ＢからＹへの通知をもって必要十分と解すべきであろう。

(3)　上記のＡＢＹ間の関係の法律構成の違いは、Ｘに対する効力をどのように解するかにおいて影響を与える。本件相殺予約を①乙債権の消滅とみるのか（第三者弁済〔第一審、原審〕、債務免除、免責的債務引受）、②甲債権の処分とみるのか（債権譲渡〔最高裁〕）、はたまた③乙債権の処分とみるのか（代物弁済、債権質、債権譲渡担保）によってその対外的効力を判断する状況がまったく異なるからである。

①のように解するときは、問題は、債権の差押え後にその債権を消滅させ、その効力が差押え前に遡るとする合意が差押債権者に対抗できるかというものとなる。これを預金と貸付債権に関する相殺予約（期限の利益喪失約款）の問題になぞらえて捉え、昭和四五年の大法廷判決（最大判昭和45・6・24民集二四巻六号五八七頁）の理解を問題にしたのが第一審と原審であり、しかも両者はその理解を異にしたのであるが、これは本件相殺予約と法定相殺とを直ちに混同するもので妥当でない。法定相殺の問題とするためには、まず債権の相対立性を認めておかなければならないにもかかわらず、そのことを無視しているからである。本件のような相殺予約では、相殺適状にないにもかかわらず「相殺」するという点がポイントなのであって、たとえＡＢＹ三者間の合意でなされたとしても、それに法定相殺の法理を持ち込むことは筋違いであるといわなければならない。そうすると問題は、相殺予約という言葉にとらわれることなく、単純に、差押え後になされた意思表示をもって差押え前に遡って債権を消滅させることができるかとして考えればよく、相殺契約の限界を超えるものとして(8)、また民事執行法一四五条の潜脱行為として(9)、第三者に対して遡及効を対抗できないと解すべきである。

②のように解すると、ＢＹ間で債権が相対立する状況が生まれる。この場合には、問題は、Ｘの差押えとＹの相殺に優劣という民法五一一条の解釈問題になるであろう。本判決は、こうみたうえで、Ｘを優先した。しかし、その理由はいささか明確ではない。昭和四五年大法廷判決を前提にすると、Ｘが優先するためには、(a)Ａの相殺の意思表示をもって甲債権のＹへの譲渡の通知とみて、反対債権たる甲債権の取得が差押え後であると解するか(10)、(b)予約に基づく遡及効によって差押え前に譲渡されたことにはなるが、実質的には、Ｂに対する債権者ＡとＸのうち、Ａだけが抜け駆け的に債権をＹに譲渡し、ＡＹ間の決済問題とすることによって、事実上優先的に甲債権の回収をはかろうとするものであるから（金融取引におけるいわゆる駆け込み相殺と同様）、差押え後の相殺の意思表示は相殺権の濫用として認められないと解するか(11)しかないであろう。本判決の表現からすると、後者なのではないかと思え

るが、このいずれによっても、結論は、差押え後の意思表示であるからXに対抗できないと解することになろう。

③のように解すると、問題は、乙債権に対する差押えとその処分との優劣問題になるので、後者が優先するためには、BからYへの通知または承諾が確定日付ある証書によってなされていなければならないことになる（民四六七条二項、三六四条）。これは、上記三つの構成の中でもっとも厳しい条件をABに課したようにみえるが、実際には、これをしておきさえすれば、Aの「相殺」の意思表示が差押え後であってもXに優先するのを認めることになるので、ABYにとっては最も有利な構成となる。ABの合意がもしこのようなものであったのなら、相殺という言葉にこだわらずにその旨を明確に約定しておくべきであった。法定相殺ではない場合に「相殺予約」というあいまいな合意をしたことがYらにとっては命取りであったといえよう。[12]

（1）大判大正6・5・19民録二三輯八八五頁、於保不二雄『債権総論〔新版〕』（有斐閣、一九七二年）四一四頁。
（2）我妻栄『新訂債権総論』（岩波書店、一九六四年）三五三頁によったものである。
（3）浅田久治郎「判批」金法一二二四号（一九八九年）八頁。
（4）新美育文「判批」判タ七七一号（一九九二年）三六頁。
（5）山田誠一「判批」金法一三三一号（一九九二年）三二頁、平野裕之「判批」銀法五二七号（一九九六年）一〇頁。
（6）新美・前掲注（4）三六頁。
（7）民法四七四条二項に対しては、近年学説上、合理性がないとして批判が多い。また本件のAYの親子会社関係を考慮すれば、Aは乙債権について利害関係ある第三者といえなくもない。
（8）我妻・前掲注（2）三五七頁。
（9）山田（誠）・前掲注（5）三二頁。
（10）判時一五七〇号六一頁のコメント参照。

(11) 千葉恵美子「判批」金法一四六〇号（一九九六年）三九頁参照。

(12) 本判決および第一審判決、原審判決には、本文で引用した以外に、西尾信一「判批」手形研究三五巻七号（一九九一年）五四頁、深谷格「判批」西南学院大学法学論集二五巻四号（一九九三年）一六一頁、松本崇「判批」金法一三一二号（一九九二年）二頁、同「判批」判タ七七三号（一九九二年）七〇頁、吉田光碩「判批」判タ七八六号（一九九二年）三二頁、山田二郎「判批」ジュリスト九九五号（一九九二年）一一八頁、大西武士「判批」金判一〇〇四号（一九九六年）四一頁、同「判批」判タ九二二号（一九九七年）五七頁、同「判批」私法判例リマークス一五号（一九九七年）三九頁、同「判批」金法一五八一号（二〇〇〇年）二〇四頁、佐久間弘道「判批」銀法五二六号（一九九三年）一頁、荒木新五「判批」判タ九二四号（一九九七年）六二頁、本間靖規「判批」判評四五九号（判時一五九四号）（一九九七年）本間靖規〈判批〉判評四五九号（判時一五九四号）（一九九七年）五〇頁、加藤正男「判批」判タ九四五号（一九九七年）八四頁などの評釈がある。

二　多数当事者間相殺契約の効力

１　問題の所在

多数当事者間相殺契約とは、三者またはそれ以上の当事者間に存在する複数の債権を当事者の意思表示または約定に従って対等額で同時に消滅させようとする契約である。たとえば、ＡがＢに対して甲債権を有し、ＢがＣに対して乙債権を有し、さらにＣがＡに対して丙債権を有する場合に、甲乙丙を同時に消滅させる契約や、ＡがＢに対して甲債権を有し、ＢがＣに対して乙債権を有する場合に、Ｂの信用悪化に際して甲と乙を同時に消滅させる契約などがありうる。消滅する複数の債権が同一当事者間で相互対立していない点が特徴である。相殺における自働債権と受働債権の相互対立は、法定相殺の原則的要件であり、その例外は、連帯債務、保証において認められているにすぎない[1]。多数当事者間相殺契約は、これらの例外に該当しない場合であっても、複数債権の同時消滅をはかる点に意義がある。

同一企業グループ内での原材料や製品の売買など、循環的な取引が行われる場合、または、同一グループ内の複数会社が共通の相手方と取引を行う場合に生じる多数の債権の簡易決済をはかり、同時に、契約当事者である会社の一つに信用不安が発生した場合には、その会社が有する債権に対する第三者の強制執行を排除し、グループ内での債権回収ないし清算処理をはかる点にメリットがある。[2] 別の言い方をすれば、この相殺契約を通じて、各当事者を取引の連鎖の枠内に取り込むことができる。とくに、わが国における最近の経済構造の変革とそれに伴う企業経営手法の変化に伴い、このような企業グループを意識した取引が増加することが予想されており、それとともに、多数当事者間相殺契約に対するニーズが高まるといわれている。[3]

このような状況の中で、近年、最判平成7・7・18判時一五七〇号六〇頁が現われ、議論が一気に加速されることになった。これは、A社が取引先B社に対する甲債権と、B社がその取引先Y社（A社の親会社）に対して有する乙債権につき、Bに信用悪化の事由が生じた場合には、Bが甲債権について期限の利益を失い、Aの意思表示によって相殺適状の時に遡って両債権を消滅させるという内容の相殺予約をAB間で締結していたところ、Bが振り出した約束手形が不渡りとなって、国Xが租税債権徴収のために乙債権を差し押さえて取立請求をしたという事案である。Yは、Aの相殺の意思表示によって乙債権は消滅したと主張して支払を拒否した。第一審は、本件相殺予約も、第三者による弁済が許されることに照らして、Yの意思に反しない限り有効であり、また、相殺予約の効力は、乙債権に付着するものとして差押債権者Xにも引き継がれるとした。逆に、原審は、第一審と同様の理由で相殺予約の対内的効力を認めつつ、ABY三者間で合意する場合ならともかく、Yの意思表示が欠落しており、三者間に相殺に関する信頼関係が形成されていないので、相殺の効力をXに対抗するための基盤を欠いているとして、対外的効力を認めなかった。これらに対して、最高裁は、Aのした相殺が実質的にはYに対する甲債権の譲渡といえることを考慮すると、Ｙは、Ｘの差押え後にＡがした意思表示をもってＸに対抗することはできないとした。この判決をめぐっては、従来ほとんど議論がなかった問題に対する初の最高裁判決であるとともに、各審級裁判所の理由づけが異なっていることから、第一審判決の段階から評釈などにおいて数多くの議論が展開されることになった。このように、この判決が多数当事者間相殺に関する議論を惹起する契機を与えた意義は大きい。

しかし、この判決をめぐって展開されている議論には、今のところ、①個別事案に関する判例評釈であるために、主として、当該相殺予約の法的意義や効力をどのように解すべきかの検討に限定されざるを得ないという限界があるとともに、②多数当事者間相殺契約という問題自体の多面性、すなわち、企業グループの利益保護と債権者平等原則との関係[4]、債権の相互対立性を欠く相殺予約とその対外的効力との関係、法定相殺要件を逸脱する契約と契約自由の関係、相殺契約の実質的目的と法性決定との関係など、種々の論点を内包している問題であることから、主として相殺契約の対外的効力について、各論者それぞれの観点からなされる議論が容易にかみ合っていないという問題があるように思われる。実務における期待とは裏腹に、多数当事者間相殺契約に関する法的な議論はいまだ不明確ないし断片的な状況にあるといってよく、問題の全体像を示したうえで明確な法的位置づけを与えることが要請されているといえよう。

以上のような状況を一歩前進させるために、多数当事者間相殺という問題がどのような問題であるかを即断する前に、このような概念について、前述の例外を除き民法典には規定がないという基本から議論を出発させ、このような契約がなされうる種々の場合について、民法典との関係を検討してみることがまず必要ではないかと思われる。そして、当事者が「相殺」という名の下に締結した契約が法的には別の性質を有するものと事実認定ないし解釈することができる場面では、それに従って法的効力を判断すればよい。しかし、認定ないし解釈によっても他の制度・概念の範ちゅうでは把握できない契約については、当事者や利害関係人の利益を考慮しつつ、類似の制度を参考にして、それ自体の効力を考えなければならない。そこで以下では、多数当事者間で締結される相殺契約の法的効力を全体的に検討するために、多数当事者間相殺契約のもっともプリミティブな形態である三者間での相殺契約をモデルとして、それぞれがどのような当事者によって、どのような目的で締結されるかに応じて法的効力を検討することにする。

2　三者間相殺契約の類型と法性決定

典型的な事例として、AがBに対して甲債権を有し、BがCに対して乙債権を有する場合（さらに合意内容によっては、CがAに対して丙債権を有する場合も含める）で考えることにする。多数当事者間相殺契約と同様、改正前民法典には規定がない概念である債務引受の議論を参考にすれば、ABCという三者間で相殺契約が締結される形態には、①ABC三者間の三面契約で締結される場合、②AB間の合意による場合、③AC間の合意による場合、④BC間の合意による場合の四つの場合がありうる。

(1)　ABCの合意による場合

①の三面契約による場合には、CがAに対して丙債権を有する場合とそうでない場合とがありうる。CがAに対して債権を有する場合としては、ある企業グループ内に属する多数の当事者間に多数の債権債務が存在する場合に、このような契約によって債権による循環的なサークルを形成し、それらを一挙に清算処理するようなことが考えられる。また、CがAに対して債権を有しない場合であっても、ACが経営協力関係にある場合にBに対する債権債務を一挙に清算するということもあろう。これらの場合には、相殺契約の目的とされる債権がある程度包括的なかたちで設定されることが予想できるが、少なくとも当事者間では、契約の効力発生時までにどの債権であるかが具体的に特定されていればよいといってよいであろう[5]。このような三面契約による場合こそが、実際には相殺契約が

行われる典型的な形態であると考えられる。

このような三面契約については、多数当事者による多角的な法律関係の一つであって、民法典には類似の制度がなく、それ自体として法的効力を検討せざるを得ないという問題がある。しかし、後述の対外的効力の判断と異なり、ABC当事者間での対内的効力に関する限りでは、契約自由の原則に従い、有効であると解することに異論はないであろう[6]。従来の学説においてもその有効性を問題視するものはない[7]。

(2)　ABの合意による場合

②AB間の合意による場合とは、AB間の合意により甲債権と乙債権とを消滅させる場合である。甲乙の権利者はABであるから、これらの者の合意で両債権を消滅させることに特段の障害はない。この場合のAB間の実質的目的には、甲をもって乙の弁済に充てようとする場合（②―1）と、逆に、乙をもって甲の弁済に充てようとする場合（②―2）とが考えられる。この両者は同じことのように見えるが、前者では、Aの債権をCの債務の返済に供することになるので、AC間に同一企業グループなどの経営協力関係があることが前提になるのに対して、後者では、Bが自己の債務について自己の債権を使うだけであって、それがないという違いがある。

さて、このような合意は、いずれの場合も、民法典に存在するかまたは異論なく認められている類似の制度が存在する。［②―1］は、第三者Aが乙債権について甲債権で代物弁済をする場合[8]（②―1―a）または、Aが乙債権について免責的債務引受をしたうえで同時に甲債権と相殺をする場合[9]（②―1―b）と実質的には同じである[10]。したがって、当事者が付与した契約名称にかかわらず、そのような契約であると認定ないし解釈することが可能である。また、たとえそうしない場合であっても、そのような契約を参考にして効力を判断すればよい。そうすると、この場合には、第三者弁済または債権者と引受人による免責的債務引受[11]の場合と同様、乙債権につきAが法律上の利害関係を有しているかまたは債務者であるCの意思に反しないこと（民四七四条）で合意の有効性は十分に確保されるといってよいであろう。[12]

［②―2］は、債務負担関係が［②―1］と逆になるようにも考えられるが、合意の当事者ではないCに甲の債務負担をさせることはできない。この場合は、乙債権の処分権限があるBができる場合として、乙債権を甲債権の弁済に代えてAに譲渡したか、または甲債権の担保としてAに譲渡しAが担保権を実行した場合に類似している。[13]そうすると、この場合には、債権譲渡の要件を充足していればよく、AB間の合意に加えて、BからCに対する通知またはCの承諾があれば合意の有効性とCに対する効力が確保されるといってよいであろう。[14]

(3)　ACの合意による場合

③AC間の合意による場合には、債権者であるBとの合意なくして乙債権を消滅させることになるので、乙債権は処分されないにもかかわらず、それが消滅すると考えることになる。そして、そのような方法としては、甲債権の債権者であるAがこれをCに譲渡し、BC間に債権の相互対立を発生させ、Cが甲を自働債権、乙を受働債権として相殺する、ということが考えられる。[15]AC間に存在する別債権（丙債権）の清算関係や、AC間にグループ関係などの経営協力関係が存することが前提になろう。このような場合には、AC間での債権譲渡の要件を充足していればよいので、AC間の合意に加えて、AからBに対する通知またはBの承諾と、相殺の意思表示に相当するものとして、CからBに対して甲と乙とを対等額において消滅させることとの意思表示が必要となろう。実際には、ACの連名で通知とこの意思表示を一つの行為で行うことも可能であろう。

前掲の最判平成7・7・18は、事案としては、ABの合意による相殺予約に関する場合である。それにもかかわらず、最高裁は、これを実質的にはAからCへの甲債権の譲渡ともいえるとしたうえで、YがAが予約に基づき差押え後にした相殺の意思表示をもって第三者に対抗できないとした。相殺契約の対外的効力、とくに予約の効力は、後述であらためて取り上げるが、少なくとも相殺契約の対内的効力に関しては、前述のように、ABの合意のみによる場合でも成り立ちうるのであり、実際、ＡＢの合意によってなされた場合であるから、これをあえてＡＣ間の債権譲渡と構成することは、事案の解決として妥当な法律構成であったとはいえない。当該事案は、多くの評釈が指摘しているように、［②―２］の場合として処理すべきであったように思われる。[16]

(4)　ＢＣの合意による場合

④ＢＣ間の合意による場合には、甲債権を処分することなく、ＢＣが当事者である乙債権の処分に関する合意であると解するよりないので、このような合意によって乙債権とともに甲債権を同時に消滅させるためには、やや複雑な行程を経る必要がある。すなわち、甲債権に関して第三者であるＣが弁済することをＢに約束し、それとともに、ＢがＣによる弁済があった場合には乙債権を免除するということである。甲債権について乙債権をもって代物弁済するわけではなく、まして乙債権について甲債権をもって代物弁済するわけでもない。甲債権の弁済と乙債権の免除とは、本来別個独立の行為であるが、これがＢＣ間の合意によって一挙に行われるということである。[17] したがって、この場合には、相殺などによるのではなく、Ｃによる弁済が実際に行われる必要があり、このためには、Ｃにおいて甲債権に法律上の利害関係を有しているか、弁済がＡの意思に反しないことが必要である。ＢＣ間の契約は、この弁済が有効になされることによってはじめて効力を生ずるものと解することになろう。

(5)　まとめ

以上のように、三者間相殺契約が締結される形態には種々のものが考えられるが、そのそれぞれが目的とする実質に従って効力を検討するときには、少なくともその対内的効力に関しては、形態によって法律構成と要件上の違いが生じることを認めつつ、いずれの場合もその効力を肯定すべきである。すなわち、①三者間の合意による場合は、合意のみで足りる。②ＡＢの合意による場合には、当事者の目的とするところの違いに応じて、合意以外に、乙債権についてＡに法律上の利害関係があるかまたは合意がＣの意思に反しないこと（②―１）ないし、Ｃへの通知または承諾（②―2）が必要と解すべきであり、いずれであるかにつき争いが生じる場合やいずれかが判然としない場合があることを考慮すると、これらを同時に満たすものとして、ＡＢの連名でＣに対して相殺契約を送付して、その存在と内容を通知しておくことが必要であると解すべきではなかろうか。③ＡＣの合意による場合には、合意以外に、ＡからＢに対する通知または承諾とＣによる相殺の意思表示が必要であり、実際には、②と同様、ＡＣ間の契約の存在と内容を通知しておくことが必要であると解すべきであろう。最後に、④ＢＣの合意によって甲乙債権をともに消滅させるためには、合意以外に、Ｃに法律上の利害関係があるか甲債権の弁済がＡの意思に反しないこと、かつ、Ｃによって実際に弁済行為がなされることが必要と解すべきであり、Ｃによる弁済があってはじめて契約の効力が生じると解すべきであろう。

3　三者間相殺契約の対外的効力

三者間相殺契約が問題となるのは、主として対外的効力、すなわち、第三者に対してもその効力を主張できるかという場面においてである。たとえば、前述のＡＢＣ間での事例でいえば、ＢがＣに対して有する乙債権について、第三者Ｘが差押えをした場合が典型的である。これを**2**と同様にして、四つの場合に分けて検討する。ただし、①ＡＢＣ間の三面契約による場合は、前述のように対内的効力について問題がない反面、他の場合と異なり、民法典中に類似の制度がないので、どのような手段を講ずれば対外的にも効力を有するといえるかについて直接参考となるものがない。そこで、この場合については、**2**とは順序を変えて、他の場合の検討後にあらためて検討することにする。

(1)　ＡＢの合意による場合

②相殺契約がＡＢ間の合意による場合には、Ａが甲債権を乙債権の代物弁済に供する（②―1―a）、ないし、Ａ

が乙債権について免責的債務引受をしたうえで同時に甲債権と相殺する（②―1―b）のと同一視できる場合、および、Bが乙債権をAに債権譲渡したのと同一視できる場合（②―2）があった。

［②―1―a］の場合で、AB間の合意後にXが乙債権を差押えた場合には、相殺契約の対外的効力問題は、Aの代物弁済行為とXの差押えとの優劣問題として生じる。これは、民事執行法一四五条の規定する場合そのものであって、差押えの効力発生（乙債権の債務者Cへの差押え命令の到達時）と弁済との先後関係で処理されることになろう。具体的には、相殺契約に基づく甲乙両債権の消滅時期によって違いが生じる。

まず、相殺契約が締結されるとともに、簡易決済の必要性などの事情に基づき、その時点で直ちに甲乙両債権を消滅させていた場合であれば、この消滅をXに対抗できることに問題はない。このためには、ABは、差押え到達時以前に相殺契約につき確定日付を得ておく必要がある。また、**2**で述べたように、Cに対する対内的効力を確保するためには、相殺契約をCに通知しておくことが必要であろうと述べたところであるから、結局、問題は、この確定日付ある契約書に基づく通知がCに到達した日と差押命令がCに到達した日の先後によって処理されることになろう[18]。

しかし、相殺契約の成立と同時にその効力を発生させるのではなく、Bに信用不安の状態が発生したときにはじめて効力を生じるという予約型の契約で、予約完結の意思表示による相殺の効力を差押え前に遡及させるとの約定がある場合、またはBの信用不安を停止条件とする相殺契約の場合が問題である。これは、実質的には、代物弁済が差押え後になされたにもかかわらず、その効力を差押え前に遡及させて乙債権を消滅させるというに等しく、もしこのような場合でも差押えに優先することを認めれば、民事執行法一四五条の意味は消滅してしまう。したがって、このような約定は、二当事者間の相殺予約に関する最大判昭和45・6・24民集二四巻六号五八七頁の射程を超えており[19]、同条の潜脱行為として無効であるというべきであろう[20]。

［②―1―b］の場合には、問題は、乙債権についてのAの債務引受による甲債権との相殺とXの乙債権に対する差押えとの優劣問題になる。相殺の点だけについていえば、前掲の昭和四五年最高裁判決に従うかぎり、Aが相殺の自働債権である甲債権を差押え前に取得し、かつ、その弁済期が到来してさえいれば（これは、AB間の相殺契約で、Bにつき信用不安の状態が発生した場合には甲債権の期限の利益を失うと約定しておけば充足できる）、相殺による乙債権の消滅をXに対抗できることになろう。しかし、相殺の前提になる債務引受と差押えとの関係では、差押え後の債務引受は認められないというべきである㉑。そうすると、AがXに優先するためには、結局のところ、差押え前に相殺契約がなされるとともに、債務引受の効果も生じていたことが必要であり、［②―1―a］の場合と同様の結論になるように思われる。相殺契約が予約型の場合にも、同様にして、民事執行法一四五条の潜脱行為というべきである。

これに対して、［②―2］の場合には、問題は、乙債権のAへの債権譲渡とXによる差押えとの優劣問題になる。したがって、相殺契約について、債権譲渡の第三者対抗要件と同様にして、確定日付ある証書によるCへの通知さえしていれば、差押えに対抗できることになる㉒。具体的には、そのような実質を備えるために相殺契約につき確定日付を得てCにした通知の到達とXの差押命令のCへの到達の先後によって問題が処理されることになろう。ただし、相殺契約が予約型で、Aの意思表示によってその効果が生じるとしている場合には、最初の相殺契約の段階で確定日付ある証書による通知をしていても、債権譲渡に関する今日の判例からすれば㉓、予約完結の意思表示時に別途同様の通知をしなければならないと解すべきであり、また、Bの信用不安によってその時に自動的に債権譲渡があったとする約定があっても、実質上は差押え後になされたものと同視すべきものであろう㉔。

以上のように、②AB間の合意による場合は、合意の性質によって問題の性質もまた変わるが、それにもかかわらず、いずれの場合においても、差押債権者に乙債権の消滅を対抗するためには、相殺契約につき確定日付を得て、これをＣに通知していることとともに、契約による甲乙両債権消滅の効果が差押え前に実際に発生していることが必要であるといえよう[25]。

(2)　ＡＣの合意による場合

③ＡＣ間の合意による場合は、この相殺契約は、ＡからＣへの甲債権の債権譲渡およびそれを前提としたＣによる甲債権と乙債権との相殺と同一視できるものであった。そう解するならば、乙債権につき差押えをしたＸとの関係は、まさに差押えと相殺の優劣という問題になる。したがって、相殺が優先するためには、Ｃが自働債権である甲債権を差押え前に取得していたといえることが必要であり、またそれさえ充たせば、Ｂの信用不安によって甲債権の期限の利益を喪失させ、かつ、相殺についてもそのときにＣの意思表示がなされたものとして、差押えに優先することが可能になると解することになろう。前掲の最判平成７・７・18は、前述のように、ＡＢ間の合意による場合をＡからＣへ債権譲渡がなされた場合と同視し、かつ、差押え後のＡの意思表示によってはＸに対抗できないとしたのであるが、ＡＣ間の合意による場合で、かつ、Ｃの意思表示があったと解することができるならば、具体的事案によって相殺権の濫用とされる場合がありうることを除けば[26]、基本的には、Ｘに対抗できるといえよう。具体的には、Ｃによる甲債権の取得がＸの差押命令の取得前であり、ＡＣ間の相殺契約につき確定日付を得て、これをＢに通知していれば、これに劣後する差押えに対抗することができるということになろう。

しかし、相殺契約が予約型でなされ、相殺の前提となるＡからＣへの債権譲渡自体がＢの信用不安によって自動的に生じるという約定、またはＡの意思表示によって債権譲渡が生じ、その効果が差押え前に遡及するという約定による場合には、Ｃは、実質的には、Ｘの差押え後に自働債権を取得したものとして、相殺することができないと解すべきではなかろうか[27]。

(3)　ＢＣの合意による場合

④ＢＣ間の合意による場合は、甲債権に関してＣが弁済約束をし、弁済があった場合にＢが乙債権を免除するという契約と同一視できるというものであった。したがって、乙債権の差押えとの関係は、差押えられた債権の債務免除という問題になり、民事執行法一四五条によって、相殺契約の効力が差押えに優先するためには、乙債権が差押え前に消滅していたことが必要である。具体的には、相殺契約につき確定日付を得るとともに、それがＡの意思に反しないことを確保するためにこれをＡに通知し、その後実際にＣによる甲債権の弁済と、それに伴ってＢによる乙債権の免除がなされ、そのことをＣに通知していなければ、Ｘによる差押えに対抗することができないと解すべきことになろう。

(4)　ＡＢＣの合意による場合

それでは、①ＡＢＣ間の合意による場合はどのように解すべきであろうか。民法典中に類似の制度がない以上、独自にその効力を判断しなければならないが、少なくとも、契約自由の原則に従って当事者間では効力があるとはいえ、それが自動的に第三者に対する効力まで保障するものではない、とはいってよいであろう[28]。たとえば、多数の当事者間で相殺契約を締結した場合に、そのような相殺の連鎖の枠内に取り込まれた債権に対しては、第三者は、差押債権の債務者および第三債務者以外で、その存在を知ることができない者の関与のために、一切差押えをすることができなくなってしまうという結果が合理的でないことはいうまでもない。

そこで、これまで検討してきたような、三者間の合意によらない場合に要求されるべき要件を参考にすることが考えられる。それによれば、相殺契約がどのような当事者間で締結されるかに従って、また、それぞれの場合に実質的に同一視できる制度の違いに従って、第三者に対する効力を確保するための方法に違いが生じる。しかし、いずれの場合であっても共通して要求されるのは、「相殺契約についての確定日付」を得るとともに、それを三者のうち契約当事者になっていない者へ「通知」すること、および、相殺契約に乙債権の弁済（②—１—ａ）、債務引受（②—１—ｂ）、譲渡（②—２）の要素がある場合、甲債権の債権譲渡の要素がある場合（③）、乙債権の債務免除の要素がある場合（④）のいずれの場合でも、差押え前に実際に「それらの効果の発生」があることであった。結局のところ、相殺契約について確定日付を得て、その効果を発生させていればよいのであるから、実際上は、それほど達成困難な要件であるとはいえない。

三者間の合意による場合には、それらのいずれの場合の要素も含まれうるので、これらすべての場合の要件を満たしていなければ第三者に対する効果を認めないと考えるならば、この場合に要求されるべき要件もまた、相殺契約について確定日付を得ること、および第三者からの差押え前に契約に基づく効果が実際に発生していることになるであろう。(29)

この際、契約を予約型として、差押え後の意思表示によって債権を消滅させ、その効果を差押え前に遡及させることが考えられる。このような予約の効力を考えるにあたっては、昭和四五年の最高裁判決における二当事者間での相殺予約との関係をどのように解するかが問題となるが、ここでの予約は、相殺における自働債権の期限の利益喪失による相殺適状の創出だけを目的としておらず、債権の相互対立性をも擬制するものなので、同判決の射程を超えるものというべきであるし、三者の合意によるといっても、逆に、第三者からすれば、予約が二当事者による場合以上に予期し得ないものである。(30)そうであれば、予約は、民事執行法一四五条を潜脱するものというべきであり、確定日付を得ていない場合はもちろんのこと、(31)前掲の近年の判例を踏まえたときは、たとえ予約について確定日付を得ていたとしても、(32)第三者に対する効力がないと解すべきである。

4　債務の連鎖による相互保証という構成の可能性

(1)　相殺契約・予約の限界

以上がＡＢＣ三者間の相殺契約を甲乙両債権の消滅という観点から見た場合の、その法的効力についての検討結果である。すなわち、三者間相殺契約は、対内的効力については、どのような当事者間で合意された場合でも、一定の要件を備えれば効力を有するといえるが、対外的効力については、契約について確定日付を得るとともに、第三者の出現前に契約の効果を実際に発生させていなければならず、そのことは予約型の場合でも同様である、ということである。これを差押えとの関係でいうならば、三者間相殺契約には差押えを排除する効力がないに等しいことになる。このような結果について、三者間相殺契約には、所詮その程度の効力しか期待できないと考えるのも一つの評価であろう。たしかに、相殺契約にＡへの乙債権の債権譲渡の要素がある場合には、ＡＢＣ三者間で合意するか、または、ＡＢ間で合意し債権譲渡の対抗力と同様に、確定日付ある証書をもってＣに通知をしていれば、実際に乙債権の消滅をきたすことなくして、差押えに優先することもできるが、そうであるならば、相殺契約というかたちによるまでもなく、はじめから債権譲渡契約ないし債権譲渡担保契約を締結すれば済むことである。

しかし、他方では、相殺契約をする当事者からすれば、すでに**1**で述べたように、このような契約の主旨は、企業グループ内での取引の連鎖を背景とした簡易決済ないし企業グループ内での一括清算であり、差押えや破産の場合の否認権行使を潜脱することではないというところにある。そうだとすれば、たとえば、相殺契約の目的となる債権に関するすべての債権者および債務者が合意に参加し、その目的となる債権のすべてが発生したならば、その時点で各債権には牽連性が発生し、債権を通じた連鎖的な関係が形成されたといえるので、たとえ、実際の決済が差押え後になされたような場合であっても、その決済には差押えに優先する効力が付与されてしかるべきではないかとの主張も考えられ、また、それに合理性がないわけではない。これは、最初の相殺契約では、その対象となる債権が特定可能な限りで包括的に約定されていても、差押えの時点以前に具体的に特定されていれば、同様に扱われるべきであるとの主張を含む。このような包括的な協同関係を形成しておいて、具体的な債権債務の発生に応じて、それらを一括処理するメリットは大きいであろう。それでは、このような相殺契約をする側における債権債務決済に関するネットワーク構築の要請に適うような法律構成の可能性はまったく存在しないのであろうか。

(2)　相互保証による連携の強化

思うに、三者間の協同関係を相殺契約・予約によって示そうとしても、それが甲債権を乙債権との牽連性によって「消滅させる」ことを目的としている限り、乙債権に対する差押えを排除するに必要な対外的効力を得ることはできない。このような関係を法的主張に反映させるためには、より強力な法律関係を形成していることが求められるといえよう。すなわち、甲乙両債権をそのまま存続させたままで、相殺契約によって、別途当事者間に新たな法律関係を「付加する」ことが必要なのではなかろうか。

ＡＢＣという三者間での簡易・一括決済をはかるとともに、いずれかに信用不安が生じた場合に備えるということは、実質的には牽連関係にあるが、法律的にはそのような関係にあるとはいえない複数の債権をいかにして関連づけるか、ということであり[33]、各自が有する自己の「債権」の回収をはかることのみを目的としていると解すべきではない。むしろ、当事者の契約意思に忠実に従うならば、各当事者には、当事者それぞれが負担している「債務」について相互に協力し、保証し合うとの意思があるものと理解することができる。そして、そうであるならば、債権の連鎖内の各当事者は、自己の債権を確保するために、自己の一つ後ろの当事者から連帯保証を取り付けている、すなわち、ＡＢＣ三者間でいえば、Ａは、Ｂに対する甲債権が実質的にはＢのＣに対する乙債権と牽連的な関係にあることを考慮して、ＣのＢに対する乙債務についてＢに対して連帯保証をしている、と構成することができるのではなかろうか。こうして、当事者間に、債権関係とともに、これに併行して逆向きの債務の連鎖（二重の柵）を形成すれば、ある債権者について信用不安が生じた場合には、債権の連鎖という協同関係防衛のための第一の柵がその債権者のもとで切断され、協同関係を喪失した状態になっても、新たに差押えに端を発する債権回収の連鎖関係が発生するのを防ぐために、いわば第二の柵を発動させ、その債権者に対する自己の債権につき期限を到来させ、これをもって連帯保証債務と相殺をすると考えることができる。その結果、たとえば、ＢＣ間の乙債権について差押えがなされた場合でも、Ａは、差押えにかかわりなく、甲債権を自働債権とし、自己のＢに対する連帯保証債務を受働債権として相殺することが可能となり、それによって結果的に乙債権は消滅するということになろう。そして、このような構成を可能にするためには、相殺契約は、ＡＢＣ三者間でなされることが望ましいが、二当事者間でなされる場合には、連帯保証の実質を確保するために、ＡＢ間でなされることが必要であると解することになろう。また、Ｂの差押債権者がこのような契約に優先するためには、Ｂの有する連帯保証債権に対しても差押えをしておかなければならないことになろうが、差押債権者がこのような手段まで講じた場合でも、Ａが自働債権である甲債権を差押え以前に取得していれば、相殺を優先させることが可能である（これは昭和四五年の最高裁判決による）。

このように、三者間相殺契約は、実質的には、三者間相互連帯保証契約とそれに基づく相殺に関する契約であるとすることによって、したがって、契約中にそのような趣旨を明確に約定することによってはじめて、契約について確定日付を得たうえで差押えに対抗する効力を得ることができるというべきではなかろうか。三者間相殺契約は、文字通り相互に対立していない複数の債権を消滅させるのではなく、むしろ、当事者間の連携・協同関係の維持・強化という目的に従って、相互に対立する新たな法律関係を形成するものとして利用されるべきであろう。

（1）　民法四三六条二項、四四三条二項、四六三条一項、二項。

（2）　債権債務関係を処理のためのネッティングには多くの種類があるが、これが、マルチ・ネッティングとして、三当事者間の金銭債務の一括清算を目的として行われれば、そのような合意は、ここでいう三当事者間の相殺契約にあたることになる。三当事者間相殺契約は、このようにネッティングの法的位置づけ・限界という観点からの議論も必要である。すでに、新堂幸司「多数当事者間のネッティング（上）（下）」金法一四六一号一九頁、一四六三号一九頁（ともに一九九六年）は、マルチ・ネッティングについて、三者間相殺契約・予約と倒産法との関係を検討したものであり、内田貴『民法Ⅲ〔第三版〕』（東大出版会、二〇〇五年）二七一頁、潮見佳男『債権総論Ⅱ〔第三版〕』（信山社、二〇〇五年）三五三頁でも、すでに指摘がなされている（その後については、潮見佳男『新債権総論Ⅱ』（信山社、二〇一七年）二六一頁）。しかし、マルチ・ネッティングなどを含むネッティングの法的効力の全体像は、いまだ検討課題であるといえる。ここではそのような全体的な検討はできないので、三者間相殺契約がマルチ・ネッティングの一形態であることは意識しつつ、その効力に限定して検討する。

また、ネッティング一般に関しては、わが国ではようやく近年になって、「金融機関が行う特定金融取引の一括清算に関する法律」（一九九八年）によって、金融機関が行う有価証券取引と破産法との関係に関する法整備がなされ、次いで、破産法改正（二〇〇四年）によって、同法五八条五項で、「取引所の相場その他の市場の相場がある商品の取引に係る契約であって、その取引の性質上特定の日時又は一定の期間内に履行をしなければ契約をした目的を達することができないもの」（同条一項）一般について、ネッティングと破産法との関係が規定され、ネッティングの有効性が認められた。ネッティングに関しては、多数の文献があるが、その一部として、内田・前掲、潮見・前掲のほか、神田秀樹「ネッティングの法的性質と倒産法をめぐる問題点」金法一三八六号（一九九四年）七頁、山田誠一「相殺の基本とその応用――二当事者間のネッティング」法教二三四号（二〇〇〇年）六六頁、道垣内弘人「民法を担う――ネッティングを例として」法教二四八号（二〇〇一年）二五頁参照。

（3）　大阪企業法務研究会「三者間相殺契約の対外的効力」判タ一〇一七号（二〇〇〇年）四七頁〔岩崎・山邑発言〕参照。

（4）　山本貴揚「三者間相殺予約の効力と債権者平等原則――ドイツにおけるコンツェルン差引条項を手がかりとして（一）（二完）」論叢一五四巻三号（二〇〇三年）六四頁、一五五巻一号（二〇〇四年）五三頁は、わが国における企業間三者間相殺予約に基づく相殺の効力について、ドイツにおけるコンツェルン差引条項を参考に、破産法的視点から考察したものである。それによれば、三者間相殺予約は、企業の結合をもとにした組織的担保であるコンツェルン差引条項と同様の問題として扱うのが適当であり、たとえコンツェルン企業との取引の相手方の資産状態が悪化して差押えが行われるような状況では、破産前であっても、債権者平等という利益を害する要素があるので、公示がなければ認めるべきでなく、また、現行法上そのような公示は困難であって、約款の存在だけでは十分な公示があるとはいえないので、信義則に反して無効であるとしている（一五五巻一号八〇頁）。また、石垣茂光「相殺契約に関する一考察（一）（二）」獨協法学四九号（一九九九年）一三七頁、五〇号（二〇〇〇年）一一九頁も、相殺契約一般を検討する中で、三者間相殺契約を取り上げ、ドイツにおけるコンツェルン差引条項とそれに関する学説を参考に、三者の合意によるか、債権につき処分権を有する二当事者間の契約と他の者への通知によって、または処分権を有しない者による契約と処分権を有する者の承諾によって対内的効力を有するが、対外的効力については、第三者からの差押え前に相殺の意思表示がなされていなければならないとして、結論的に効力を否定している（五〇号一六一頁、一六五頁）。

(5)　最判平成12・4・21民集五四巻四号一五六二頁は、設定時には不特定の債権譲渡につき、譲渡の効果が発生する時点で特定していればよいとしている。

(6)　古い判例にも、三者の合意によれば、このような契約も認められるとしたものがある。大判大正・6・5・19民録二三輯八八五頁。

(7)　於保不二雄『債権総論〔新版〕』（有斐閣、一九七二年）四一四頁、山田誠一「判批」金法一三三一号（一九九二年）三一頁、加藤雅信『債権総論』（有斐閣、二〇〇五年）四一八頁など。

(8)　前掲の最判平成7・7・18が現れる以前には、三者間相殺契約は、このような見方がなされることが多かった。すなわち、判例では、古く大判昭和8・12・5民集一二巻二八一八頁が第三者弁済と相殺とは性質を異にしており、同様に解することはできないとしていたが（根抵当不動産の第三取得者が、売主の債権者である抵当権者に対する債権と抵当権者が売主に対して有する債権との相殺を主張した事案）、学説上では、これに反対する見解が多かった。その後の新しい文献も含めて、たとえば、於保・前掲注（7）三五三頁、我妻栄『新訂債権総論』（岩波書店、一九六四年）三二三頁、星野英一『民法概論Ⅲ〔補訂版〕』（良書普及会、一九七八年）二九三頁、林良平（安永正昭補訂）＝石田喜久夫＝高木多喜男『債権総論〔第三版〕』（青林書院、一九九六年）三三四頁、奥田昌道『債権総論〔増補版〕』（悠々社、一九九二年）四九四頁、前田達明『口述債権総論〔第三版〕』（成文堂、一九九三年、）五〇一頁、平井宜雄『債権総論〔第二版〕』（弘文堂、一九九四年）二二二頁、潮見・前掲注

（2）『債権総論Ⅱ〔第三版〕』三五六頁、同・前掲注（2）『新債権総論Ⅱ』二六一頁など。また、前掲最判につきこのような見方が可能であるとするものとして、深谷格「判批」西南学院大学法学論集二五巻四号（一九九三年）一六六頁、最判の原審がこのような見方をしている可能性があるとするものとして、千葉恵美子「判批」金法一四六〇号（一九九六年）三八頁がある。このような第三者弁済に類似しているという見方からすれば、AB間の合意、すなわち契約による必要はないことになる。

（9）このような見方が可能であるとするものとして、新美育文「判批」判タ七七一号（一九九二年）三六頁、山田（誠）・前掲注（7）三一頁、千葉・前掲注（8）三八頁。また、平野裕之「判批」銀法五二七号（一九九六年）一〇頁は、債権質、債権の譲渡担保、代物弁済予約に準じた非典型担保と見る。

（10）その他に、山田（誠）・前掲注（7）三一頁、浅田久治郎「判批」金法一二二四号（一九八九年）八頁のように、甲と乙とを同時に債務免除するのと類似しているという見方もある。

（11）ただし、新美・前掲注（9）三六頁は、債務引受と構成できる場合につき、Cの意思に反しないことは必要ないとする。

（12）星野・前掲注（8）二九三頁、林（安永）＝石田＝高木・前掲注（8）三三四頁。しかし、於保・前掲注（7）三五三頁、奥田・前掲注（8）四九四頁は、Bが破産状態である場合には、認めるべきでないとし、我妻・前掲注（8）三二三頁、前田・前掲注（8）五〇一頁、平井・前掲注（8）二二二頁、加藤（雅）・前掲注（7）四一三頁は、AがBの債務につき責任を負う者（物上保証人、抵当不動産の第三取得者など）である場合にのみ認めるべきだとする。また、平野裕之『債権総論（プラクティスシリーズ）』（信山社、二〇〇五年）一三〇頁は、三者間相殺契約を代位弁済的相殺と見たうえで、Bが無資力でない場合およびAがBの物上保証人や抵当不動産の第三取得者である場合に認める（同『債権総論』（日本評論社、二〇一七年）四三六頁も参照）。第三者弁済ができる場合以上の制限を付加するこれらの説は、Bの信用状態が悪化し、乙債権につき差押えがなされた場合を念頭に置いたものであるように思われるが、それは第三者に対する効力として問題にすべきではなかろうか。これと異なり、Cに対する効力としては、本文に述べたところで十分ではないかと思われる。また、**本節一2**では、前掲最判平成7・7・18の事案につき、民法四七四条二項には合理性がないこと、およびAY間に親子会社関係があることからすれば、BからYへの通知をもって必要十分と解すべきとしている。これは、〔②―2〕ではなく、〔②―1〕と見られるような場合でも、実際に債務者の意思に反することはほとんどないと思われることを考慮したものである。なお、前掲注（10）のように、二つの債務免除が結合したものと解するときは、Cへの通知のみで足りることになろう。

(13)　このような見方が可能であるとするものとして、新美・前掲注（9）三六頁、千葉・前掲注（8）三八頁、深谷・前掲注（8）一六九頁、佐久間弘道「判批」銀法五二六号（一九九六年）一頁、大阪企業法務研究会・前掲注（3）五五頁〔梅本発言〕、五六頁〔森井発言〕、潮見・前掲注（2）『債権総論Ⅱ〔第三版〕』四〇二頁、同『債権総論（プラクティス民法）〔第五版〕』（信山社、二〇一八年）四四四頁。

(14)　松本崇「判批」判タ七七三号（一九九二年）七二頁、同「判批」椿寿夫編集代表『担保法の判例Ⅱ』（ジュリスト増刊）（有斐閣、一九九四年）二八九頁は、債権譲渡の対債務者対抗要件と同様の要件を課すことは、実質的に三面契約の成立を要件とすることに近づき、厳重すぎるとする。しかし、Cにまったく知らせることなく効力を付与することのほうが問題であるし、要件としても何ら厳重なものとはいえないように思われる。

(15)　このような見方が可能であるとするものとして、潮見・前掲注（2）『債権総論Ⅱ〔第三版〕』四〇三頁、同・前掲注（13）四四四頁。

(16)　前掲注（13）所掲の文献参照。なお、大西武士「判批」金判一〇〇四号（一九九六年）四一頁、同「判批」判タ九二二号（一九九七年）五七頁は、種々の構成の可能性を紹介しつつ、本件は相殺契約の趣旨が明確ではなく法的性質を一義的に決することができないが、最高裁の結論が妥当としている。

(17)　従来、このような見方が可能とするものはないようである。

(18)　山田（誠）・前掲注（7）三二頁。なお、前掲注（12）で述べたように、学説には、三者間相殺契約を第三者弁済的なものと見たうえで、その有効性について、第三者弁済ができる場合以上の制限を課す説がある。しかし、これらの説は、第三者に対する三者間相殺契約の効力を意識したものであるように思われる。実際、千葉・前掲注（8）三九頁は、相殺契約が第三者弁済と見られる場合につき、その対外的効力を判断する際に、第三者の範囲について乙債権を消滅させる正当な利益がある者に限定する。そうだとすれば、問題は、差押債権者の出現前と後の問題に分けて考えるべきである。そして、前者においては、第三者弁済と同様の要件の下で対抗できるが、後者においては、たとえ正当な利益があっても、もはや対抗できないと考えればよいのではなかろうか。

(19)　潮見・前掲注（２）『債権総論Ⅱ〔第三版〕』四〇二頁。したがってまた、潮見教授は、このような相殺予約がAB間でなされたのか、それともABC全員が関与してなされたのかという点は、問題の本質ではないとされる。

(20)　前掲最判平成７・７・18について、山田（誠）・前掲注（７）三二頁。加藤正男「判批」判タ九四五号（一九九七年）八五頁も参照。

(21)　内田・前掲注（２）二七一頁。

(22)　新美・前掲注（９）三六頁、山田（誠）・前掲注（７）三二頁、千葉・前掲注（８）三九頁、深谷・前掲注（８）一七二頁、佐久間・前掲注（13）一頁、潮見・前掲注（２）『債権総論Ⅱ〔第三版〕』四〇三頁、同・前掲注（13）四四四頁。また、平野・前掲注（12）一五〇頁、同・前掲注（９）一一頁は、非典型担保と見つつ、債権譲渡ないし債権質の規定を類推適用すべきであるとし、本間靖規〈判批〉判評四五九号（判時一五九四号）（一九九七年）五〇頁は、債権質や債権譲渡担保とは見ず、相殺契約それ自体の対外的効力を問題にするが、これらとの均衡上、同様の対抗要件が必要であるとする。これに対して、荒木新五「相殺予約と差押え」ジュリスト一一一二号（一九九七年）一四二頁は、たとえABによる相殺予約を債権譲渡類似と見ても、それと同様というだけであって実際に譲渡はなされていないのだから、対抗要件を講じる余地はないとする。しかし、これは、三者間相殺予約をあまりにも二当事者間のそれと同視し、Cや第三者の利害関係についての差異を無視するものであろう。

(23)　最判平成13・11・27民集五五巻六号一〇九〇頁は、予約型・停止条件型の債権譲渡担保では、最初の契約段階で対抗要件を備えても、予約完結時・条件成就時での対抗要件にはならないとしている。なお、千葉・前掲注（８）三九頁は、上記判決が現れる前にすでに、三者間相殺予約の遡及効を認めることについて疑問を呈していた。

(24)　最判平成16・７・16判時一八七二号六四頁、最判平成16・９・14判時同上は、停止条件付集合債権譲渡担保について、契約自体は危機時期到来以前に締結されていても、破産法七二条二項の趣旨に反し、その実効性をうしなわせるものであって、実質的にみれば、債務者に支払停止等の危機時期が到来した後に行われた債権譲渡と同視すべきものであり、否認権の対象となると判示している。

(25)　山本・前掲注（４）論叢一五五巻一号七六頁は、私見のように民法の既存の制度の側から設例分析的な検討を行うものではないが、AC間に組織的関係がある場合に、その共通の取引先であるBとAとの間で締結される三者間相殺予約について、結論的に公示がないことから債権者平等を侵害するとして、その効力を否定する。正当であろう。

(26)　千葉・前掲注（8）三九頁参照。

(27)　[②―2] の場合が予約型でなされた場合について、予約型・停止条件型の債権譲渡担保の対抗要件に関する近年の最高裁判決を前提にすれば、予約完結の意思表示ないし条件成就の時点で対抗要件を備えなければ、対抗力はないと解したが、そのことは、この場合にも当てはまるといえるのではなかろうか。前掲最判に関して、判時一五七〇号六一頁のコメントでは、Aの相殺の意思表示であったことから、AからCへの譲渡がその時、すなわち差押え後になされたと構成する可能性が指摘されている。

(28)　浅田・前掲注（10）八頁は、前掲最判平成7・7・18の事案につき、Cには反対債権がなく、また、契約に参加していないことから、Cには相殺の期待利益はないとして、相殺予約の対外的効力を是認する実質がないとする。これは、同判決の第一審判決に対する評釈であり、控訴審判決に影響を与えているように思われるが、これによると、相殺契約は、ABCの合意による場合で、かつ、CがAに丙債権を有している場合にのみ、公示なくして対外的効力を認めるということになりそうである。また、新美・前掲注（9）三七頁は、ABCの合意による場合で、甲乙丙債権が「巴」型で存在している場合には、債務の決済方法についての特約と捉えることができるので、格別の公示方法を備えなくても、対外的効力を認めるべきであるが、CA間に丙債権がない場合には、たとえ三者の合意があったとしても公示を備えなければ対外的効力を認めるべきでないとする。しかし、三者の合意によらない場合であっても、法律構成しだいでは、対外的効力を認めうることは、これまで見てきたとおりである。また、公示なくして対外的効力を認めるという点については、これまで本文で見てきたように、CがAに対して丙債権を有している場合でも、相殺契約を債務決済以外に利用することもありうるので、当事者の意図がどうであろうと、何らかの公示方法を備えさせるべきではなかろうか。石垣・前掲注（4）五〇号一五五頁は、相殺契約には簡易決済機能と担保的機能があり、その一方のみを強調することはできないとしている。

(29)　新堂・前掲注（2）金法一四六三号二二頁は、このような場合には、対抗要件の具備を問うまでもなく、相殺契約の対内的効力として、相殺によって直ちに債権が消滅してしまうので、その後に差押えがなされても、差押命令は空振りに終わるだけであるとする。しかし、債権の消滅が先行していれば差押えとの競合問題にならないという点はそのとおりだとしても、実際に差押えに先立って相殺がなされたことを証明するために、確定日付を得ておくことを要求したほうが妥当ではなかろうか。また、そう、解しても相殺契約の当事者にとくに無理を強いるものではないであろう。

(30)　潮見・前掲注（２）『債権総論Ⅱ〔第三版〕』四〇二頁、同・前掲注（13）四四三頁参照。前掲注（19）でも引用したように、二当事者間の合意か、ＡＢＣ三者全員が関与してなされた合意かは、問題の本質ではないとされる）。

(31)　松本・前掲注（14）判タ七七三号七三頁以下、同・前掲注（14）『担保法の判例Ⅱ』二九〇頁は、相殺の担保的機能と差押債権者の期待利益の利益衡量の問題に帰着するとしながら、相殺は担保的機能を果たすとはいえ、担保権ではないから、公示なくして対抗できるとする。しかし、これでは利益衡量したことにならないし、担保権ではないからこそ対抗できないというべきである。山田二郎「判批」ジュリスト九九五号（一九九二年）一二〇頁は、対外的効力については利益衡量により合理的な解決がはかられるべきであり、その判断基準としては、相殺予約の公知性に求めるべきではないかとしつつ、それでは既成事実を作り上げた者のみが保護されるという矛盾があることを認めている。大阪企業法務研究会・前掲注（３）四八頁〔平田発言〕、五二頁〔稲田発言〕は、三者間の合意による相殺予約は、公示することなくして差押債権者にも主張できるとするが、逆に、同五四頁〔池田発言〕、五七頁〔梅本発言〕は。公示がなくても第三者効があるとはいえないとする。また、内田・前掲注（２）二七一頁は、三者間相殺契約をマルチ・ネッティングの一効用と捉えつつ、前掲の最判平成７・７・18を前提とすれば、ＡＢＣ三者間の相殺予約があり、差押え前に相殺の意思表示が効力を生ずるようにしておけば、相殺が優先し、確定日付も不要であることになるとするが、同時に、しかし、そのような合意が常に有効かどうかは残された問題であるとする。

なお、吉田光碩「判批」判タ七八六号（一九九二年）三五頁は、三者の合意がある場合でも、その対外的効力は、二当事者間の相殺予約以上に厳密に捉えられるべきであり、対立する債権債務を有していると同様の利害関係が必要であるとし、具体的には、一方の債権が他方の債権の担保に供されている場合、ＡＢＣが製品販売・材料仕入れについて密接な関係にある場合を挙げている。しかし、二当事者と同じような利害状況があればよいとすると、そもそもそのような実体がなければ三者間相殺契約・予約がなされることはないであろうから、事実上すべての場合に対外的効力を認めることになってしまうのではなかろうか。

(32)　新堂・前掲注（２）金法一四六三号二〇頁は、ＡＢＣの合意による停止条件型の相殺契約を甲債権の譲渡予約と見たうえで、条件成就の際に再度通知する必要はないとする判例（大判昭和９・12・８民集一三巻二二六一頁）を前提にすれば、最初の合意につき通知をしておけば、再度通知する必要はないとする。しかし、前述のように、今日では、予約型・停止条件型の債権譲渡担保の対抗要件に関する近年の最高裁判決を前提にすれば、三者間の合意による場合でも、予約完結の意思表示ないし条件成就の時点で対抗要件を備えなければ対抗力はないと解すべきであろう。前掲注（23）、（24）参照。石垣・前掲注（4）獨協法学五〇号一六五頁も、予約型の相殺契約について、実際の相殺の意思表示が差押え前になされていなければならないとしている。

（33）　二つの債権が法律上の条件関係にある場合には、甲債権の発生・消滅が乙債権の発生・消滅を来たすことがあるのは当然である。

第2節　多数当事者間決済の多角的構造

一　はじめに

近年、多数当事者間での多数の債権関係を一括決済する方策の需要が高まっている。たとえば、複数の事業者が原材料の供給、部品の製造・販売、最終製品の製造・販売を分担しながら全体として一つの事業を展開している場合、多数の当事者が経営する交通機関をその利用者が電子カードを使って相互に乗り継ぎを繰り返している場合などには、事業展開の過程で生じる多数の売掛代金債権や運送料金債権をある時期に一括して決済することが効率的である。今後、このような需要はますます高まるものと思われる。

一括決済では、一方で、当事者間の問題として決済の仕組みの簡便性が要請されるとともに、他方では、そのような仕組みと第三者（典型的には、一括決済の目的となっている債権を差し押さえた債権者）との利害関係を調整する必要性が生じる。しかし、現行民法が決済（債権債務の消滅・移転）のために用意している法的仕組みや解釈で第三者が利用できるもの、すなわち、第三者による弁済・代物弁済、更改、債務引受などは、一方で、当事者間の問題として、これらの仕組みが二当事者間での決済、ないし別の二当事者間の関係への置き換えを念頭に置いていることから、たとえ多数当事者の決済についてこれらを駆使しても、上記のような取引の実態に整合的でないという問題点があり、他方で、第三者との利害調整の問題として、これらが第三者の出現後に現実化するため、典型的には差押えの効力（民執一四五条）を阻止するための潜脱行為として、第三者に対抗できないという問題点がある。[1]このうちとくに問題なのは、後者であり、第三者との利害関係の妥当な調整が確保できなければ、民法は、取引における一括決済の要請に応えることができない。

このような状況の下、二〇一七年の債権法改正における改正作業の過程において、民法（債権法）検討委員会は、多数当事者間の一括決済に資する可能性がある制度を新たに二つ提案していた。一つは第三者による相殺[2]であり、もう一つは一人計算[3]である。このうち後者は、直接、多数当事者間での一括決済を目的とした制度であるのに対して、前者はそうではない。しかし、多数の当事者間でこれを複合的に利用すれば、結果的に一括決済をはかることができる可能性がある。これらの提案は、結局、改正に盛り込まれることはなかったが、多数当事者間決済について、重要な問題提起であったように思われる。

そこで以下では、これらの提案によって多数当事者間の決済がなされる場合、第三者との利害調整は十分はかられるか否かを検討することにする。また、この検討によってこれらの提案に問題点ないし限界があることが明らかになった場合には、第三者との利害調整としてどのような方法によるべきかを検討することにしたい。[4]

二　多数当事者間相殺の対外的効力

1　従来の議論

(1)　第三者の相殺の例外的許容

民法では、二つの債権が相対立していないにもかかわらず、自己が有している債権を自働債権として相殺することはできるのは、例外的な場合にすぎない。すなわち、①連帯債務・保証債務の求償の場面で、連帯債務者・保証人が債務を弁済し、他の連帯債務者・主債務者に対して求償をした場合に、求償義務者である他の連帯債務者・主債務者は、自己が債権者に対して有する債権を自働債権とし、求償権を受働債権として相殺することができた（民四四三条一項、四六三条一項）。また、②債権譲渡の場面では、債務者は、譲渡人に対して有する反対債権が次のいずれかである場合には、相殺をもって譲受人に対抗することができる（民四六九条一項、二項）。すなわち、債権譲渡が対抗要件を備える前に取得した債権、債権譲渡が対抗要件を備えた後に取得した債権であっても対抗要件を具備する前の原因に基づいて取得した債権、債権譲渡が対抗要件を備えた後に取得した債権であっても譲受人の取得した債権の発生原因である契約に基づいて生じた債権（将来債権の譲渡の場合）である。しかし、これらはいずれも、債務者が相殺する機会を失った場合に自己の債務を受働債権として相殺することを認めるものであって、自己が負担していない債務を受働債権とするものではない。

自己が負担していない債務を相殺する場合について議論があるのは、物上保証人・抵当不動産の第三取得者が被担保債権の債権者に対して債権を有している場合に、これを自働債権とし、被担保債権を受働債権として相殺できるかという場面である。これについて民法に規定はないが、周知のように、判例・学説上議論されている。古い判例では否定説によったものがあるが[5]、今日の学説では、相殺を認めつつ、無制限に認めたのでは、債務者が事実上無資力である場合などに、抜け駆け的な債権回収を認めることになるとして、制限的肯定説が通説である。これにも、物上保証人や抵当不動産の第三取得者など相殺にすることに正当な利益を有する者に限定する説[6]、債務者が事実上倒産状態にある場合には相殺を認めないとする説[7]、正当な利益がある者については事実上倒産状態であっても相殺を認めるという折衷説[8]などがあり、最初の説が多数説となっている。しかし、いずれにせよ制限的肯定説によると限り、相殺をしようとする者に（実際上ではなく）法律上正当な利益がなく、かつ、受働債権が差し押さえられるなど、受働債権の債務者が信用不安に陥った状況では、第三者の相殺は許されないことになる。

(2)　多数当事者間相殺契約の効力

多数当事者間で、第三者の相殺を許容する契約を結んだ場合に、その効力はどうなるかに関する判例が、最判平成7・7・18判時一五七〇号六〇頁である。これは、A社が取引先であるB社に対する甲債権と、B社がその取引先であるY社（Aの親会社）に対する乙債権につき、Bに信用悪化の事由が生じた場合には、Bが甲債権について期限の利益を失い、Aの意思表示によって相殺適状の時に遡って両債権を消滅させるという内容の相殺予約をAB間で締結していたところ、Bが振り出した手形が不渡りとなり、国Xが租税債権徴収のために乙債権を差し押さえて取立請求したという事案である。このような予約の効力が問題となったが、最高裁は、Aのした相殺が実質的にはYに対する甲債権の譲渡といえることを考慮すると、Yは、Xの差押え後にAがした意思表示をもってXに対抗することができないとした。

この判決については、その法律構成につき、判決が採用した債権譲渡に類似するとする構成以外にも種々の見解が示されている[9]。また、たとえば上記の当事者のうち、AB間の合意、AY間の合意、BY間の合意による場合でも、その法律構成は文字通りの相殺ではなく、代物弁済、債務引受、債権譲渡、債務免除などに類似した効力を生じさせる契約として種々の構成がありうる。従来の判例・学説において、このような多数当事者間の相殺予約でも、これを当事者全員の合意によるならば少なくとも当事者間で対内的に効力を認めてよいことに異論はない[10]。また、二当事者で合意する場合でも、法律上の利害関係を有しているか、対象となる債権の債務者の意思に反しない場合であれば、当事者間での効力を認めても支障はない。

しかし、重要なのは、最高裁がこのような相殺契約（予約）の対外的効力を否定したことである。判決では、実質的には債権譲渡といえることを理由としているが、たとえ上記のようなほかの種々の法律構成を採ったとしても、第三者が受働債権を差し押さえている場合には、差押えの効力の潜脱行為として第三者には対抗できないと解すべきであろう。また、判決の事案は上記のＡＢ間の合意による場合であったが、このことは、たとえすべての当事者で合意をした場合であっても、差押え後の処分と解される以上、差押債権者には対抗できないと解することになると思われる。周知のように、最大判昭和45・6・24民集二四巻六号五八七頁は、二当事者間でのこのような特約を有効としているが、多数当事者間でのこのような特約は、二当事者間におけるように相殺適状を創出することだけでなく、債権の相対立性を崩すものであり、予期せぬ相殺を認めるものであって、同判決の射程を超えるものというべきである[11]。

２　第三者相殺の提案

(1)　提案の趣旨・内容

検討委員会提案【3.1.3.23】では、「相殺は、第三者のする弁済の例により、債権者に対し債権を有する第三者もすることができるものとする」とされていた。第三者弁済については、改正前民法よりも広く認め、正当な利益を有しない者でも弁済でき、また債務者の意思に反しても弁済できる（ただし、債務者の意思に反するときは求償権を取得しない）との提案がなされ（【3.1.3.02】）、第三者相殺にも制限が設けられていなかった。しかし、第三弁済に関するそのような提案は、改正法に盛り込まれることはなかった（民四七四条参照）。もっとも、そもそも第三者相殺の提案の詳解では、「相殺をするについて『正当な利益を有する者』とすることが適当である」とされ、「第三者による相殺は、……法律上の利害を有する者がする場合に限ることが相当である」とされており[12]、第三者弁済よりも制限的に考えられていたのではないかとも思われる。

いずれにせよ第三者相殺の問題は、その対外的効力にある。これについては、詳解では、別に考察されるべきであるとして、【3.1.3.30】〈5〉が引用されていた[13]。【3.1.3.30】は、弁済を禁止された債権を受働債権とする相殺等の禁止（いわゆる差押えと相殺）についての提案であり、その〈5〉では、「債権の取立てその他の処分を禁止された者に対して債権を有する者で第三債務者でないものが、その後にその債権による相殺の意思表示をした場合において、第三債務者は、この相殺をもって差押債権者または仮差押債権者に対抗することができないものとする。差押えまたは仮差押えの申立てがあったことを知ってした相殺の意思表示も、同様とするものとする」とされていた。これは、二当事者間で債権差押え後に第三債務者が第三者から譲り受けた債権を自働債権とする相殺が許されないこと、また、差し押さえられた債権の債務者を当初の第三債務者から第三者へと変更する債務引受は、債務者の承諾がなければすることができないと考えられるが、その承諾は一種の処分であり差押債権者に対抗できないと考えられることから、このような帰結が第三者のする相殺により潜脱されることは許されないというべきであるとの考えに基づくものである[14]。以上によれば、検討委員会提案は、第三者相殺には当事者間での簡易な弁済機能しかなく、対外的効力はないと考えていたといえよう。

もっとも、二当事者間での相殺の制限について、【3.1.3.30】〈4〉では、相殺予約は、自働債権と受働債権の双方が特定の継続的取引によって生ずるものであるときに限り、対外的効力を有することとされていた。もし、このような例外を第三者相殺にも認めるならば、たとえば、AがBに原材料を売却し、Bがそれを使って製造した製品をCに売却するという定型的な取引が継続的に行われている場合には、AのBに対する債権とBのCに対する債権は、特定の継続的取引から生じた債権であるとされ、BのCに対する債権について差押えまたは仮差押えがあった場合でも、AのBに対する債権と差押えまたは仮差押えがなされた債権との間に相殺適状を生じさせるとの合意は有効であることになる。検討委員会が第三者相殺についてもそのような例外を認める趣旨であったか否かは明確でない。【3.1.3.30】〈4〉は相殺の「当事者」を二当事者間に限定していないこと、また、「〈5〉は、〈1〉、〈2〉および〈4〉により希求され確保される帰結が、第三者のする相殺の法理により潜脱されることを防ぐ趣旨によるものである」とされており、[15]〈4〉を排除していないことからすると、第三者相殺についても特定の継続的取引の例外を認める趣旨ではないかとも考えられる。しかし他方では、第三者相殺が制限される場合の具体例においては、AがBに甲債権を有し、CがAに乙債権を有している場合で、乙債権が差し押さえられた場合、差押え後にCが乙債権を自働債権として相殺により甲債権を消滅させることは適切でなく、差押え後の相殺の意思表示は、原則として、差押債権者に対抗することができないものとされなければならないとされ、従来の法律適用においても、相殺の意思表示を対抗できないとしたものとして、前述の最判平成7・7・18が引用されている。[16]これは、差押え後に取得した債権による相殺が許されないことを第三者相殺によって潜脱しようとすることを認めない趣旨であり、そうすると、第三者相殺の場合には、たとえ第三者が自働債権にあたる債権を、受働債権にあたる債権の差押えまたは仮差押え以前に取得していた場合であっても、債権が相対立していない状況にある債権間で相殺をすること自体が差押え後に取得した債権による相殺と同一視できるという理解であろう。そうだとすれば、第三者相殺については、【3.1.3.30】〈4〉の例外の適用の有無を問題とするまでもなく、たとえ第三者相殺について相殺予約をしていても、それ自体が第三者に対抗できないとの趣旨であったと理解すべきであろう。

また、仮に第三者と債権者との間で、相殺適状を作り出すにとどまらず、「差押えまたは仮差押えがあった場合には、差押えまたは仮差押えが効力を生じる以前において相殺の意思表示をしたこととする」旨の予約がなされた場合にその効力が問題になる。【3.1.3.30】〈5〉によれば、差押えまたは仮差押え後の意思表示およびそれらの申立てがあったことを知ってした相殺の意思表示だけが対象とされているからである。しかし、条件・期限付相殺の意思表示をすることはできないので（民五〇六条一項）、このような予約は無効と解されるだけであろう。

(2)　評価

以上のように見てくると、検討委員会の提案は、第三者相殺により多数当事者間での決済をはかることを企図しても、対外的効力はないという立場に立っていたものと理解することができ、かつ、そのような判断は妥当であると思われる。大阪弁護士会によれば、第三者による相殺は、債権者が事実上無資力状態にある場合に、債権者に対する債権者が自己の債権を回収するために自己の債権を自働債権として相殺するという駆け込み相殺を認め、予期しない者からの相殺による混乱を生じさせるとして、【3.1.3.23】に反対し、【3.1.3.30】〈5〉も削除すべきであるとしていた[17]。第三者相殺の対外的効力が否定される限り、債権者に対して正当な利益を有する他の債権者の利益を害することはなく（相殺権の濫用にあたる場合を除く）、それ以上、当事者間での簡易な決済を否定する理由はないであろう。しかし、いずれにせよ、第三者相殺の提案は、二〇一三年三月の中間試案の段階ですでに消えており、その後も復活することはなく、改正民法に盛り込まれることはなかった。

三　一人計算・三面更改と対外的効力

1　提案の趣旨

(1)　新たな集中決済制度の必要性

検討委員会案の一人計算に関する前注では、合意による相殺ないし相殺類似取引については、「合意による相殺についても【3.1.3.30】（弁済を禁止された債権を受働債権とする相殺等の禁止）の適用ないしその趣旨の推久があるという理解に立脚して達成することが可能である。類似の問題として、金融機関などの取引においては、いわゆる一括清算の1つの形態として、2人の当事者間において債務が対立しているという要件を緩和して三面契約など多角的な関係での相殺類似の取引を可能にする、ということも行われるが、そこでも問題の焦点は対外的効力にあり、一括清算に関する法制において処されるべきである」とされ、「そこで、集中決済に関連して合意による相殺ないし相殺類似取引に関する規整を内容とする網羅的な規定整備は、しないこととする」とされていた[18]。また、クローズ・アウト・ネッティング（当事者の一人に倒産開始など一定の信用悪化事由が生じた場合に、履行期の異なる一定範囲のすべての債権債務について差し引き計算するという一括清算）については、特別法（破産五八条、金融機関等が行う特定金融取引の一括清算に関する法律）に委ね、民法上で規定整備はしないこととするとされていた[19]。そして、以上と異なり、平時から相殺類似の差引計算をすることそのものが取引の中核的目標とされる場合があり、そのための法整備の需要があるとして一人計算が提案されていたのである。

(2)　第三者との利害調整の必要性

ただし、このような取引に法的保護を与えることの実質的意義は、複数当事者間で簡易な決済が可能になるということ、およびそれら参加当事者の一部について無資力の危険を参加者間において分散することに一定の意義が認められることに求められ、同時に、ここに限定されるべきであるとされ、このことから、第三者による個別債権執行等が一切排除されるような帰結（集中決済の対外的絶対優位）を正当化する契機は見出され難いとし、集中決済の対外的特例を否定するか、集中決済に対する外部債権者の権利行使の一定限度における制約をするか、のいずれかが考えられるとされている。[20] そして、そのためは、【3.1.3.30】の適用排除規律を設けるのではなく、別途、【3.1.3.30】に示す準則の実質的忌避が可能となるような規律を考案することが相当であるとされている。[21] 具体的には、集中決済の外部にある債権者の権利行使を一定の範囲で制約する局面では、集中決済の対象となる債権債務を一定の範囲に限定するとともに、債権者の権利行使を制約する代償として、外部の債権者が被る可能性がある不利益をできる限り集中決済参加者が分担して引き受けるようになっていることが要請されるとされる。[22] しかし、参加者の一人に対する差押えや倒産手続開始があった場合に、その後に集中決済機関が取得する債権をもってする相殺をも許容することにより決済の完結的性質の基盤を強化することは、民法においてこれを許容することは困難であるとされている。[23]

以上からすれば、一人計算は、多数当事者間で集中決済をはかるために、新たな制度として提案するが、第三者を完全に排除することのないよう配慮する必要がある、という基本的な考え方に基づいて提案されていたといえよう。

２　提案の内容

(1)　制度の概要

以上の趣旨を踏まえて、【3.1.3.37】～【3.1.3.39】では、一人計算につき以下のように提案されていた。[24]

①まず、当事者の一人が将来負担する債務を、計算人の債権者に対する債務と債務者の計算人に対する債務とに置き換えることをあらかじめ債権者・債務者間で合意し、計算人が承諾する（【3.1.3.37】〈1〉）。②債権者および計算人は法人でなければならない（【3.1.3.37】〈2〉）。この契約は、登記によって効力を生じる（【3.1.3.37】〈3〉）。③このような仕組みを一人計算に参加する多数の当事者間で複合的に形成すれば、計算人は各当事者に対して債権を有し債務を負担することになるので、あとはそれらを相殺すれば、多数当事者間での一括決済が実現することになる。④この場合、登記では当事者が一覧公示される（【3.1.3.37】〈4〉）。⑤また。置き換えられた債権につき不履行があってもこの置き換えの効力は覆らない（【3.1.3.38】）。

(2)　抗弁と対抗

このような一人計算における問題は二つある。その第一は、一人計算に組み入れられて消滅する元の債権に付着している抗弁権は置き換えられた債権に受け継がれるのか否かという問題であり、第二は、第三者に対する効力の問題である。前者については、元の債権に付着していた抗弁事由は原則として受け継がれるが、特約によって排除することができるとされている（【3.1.3.37】〈5〉）。また、後者については、【3.1.3.39】は以下のように規定する。①計算の目的となる債務は、その弁済が禁止されたときも、一人計算によって消滅することが妨げられない（【3.1.3.39】〈1〉）。②計算の目的となる債務に係る差押えまたは仮差押えは、計算人が負担する債務に係るものとみなす。この場合、計算人がする相殺への【3.1.3.30】の適用においては、計算人を第三債務者とみなす（【3.1.3.39】〈2〉）。

①は、一人計算による債権の置き換えは、当該債権の消滅という効果をもたらすが、たとえその弁済が禁止されていても一人計算それ自体が妨げられることはないことを確認する趣旨によるものであり、第三者に対する一人計算の優先的効力を規定するものではない。[25] これにより第三者との関係は、計算人との関係に移行することになる。

また倒産手続が開始されても、一人計算が妨げられることはなく、置き換えられた債権が破産財団に組み入れられるだけである[26]。また、②は、一人計算が個別債権執行等との関係において一方的に優位に立つのではなく、相殺に関する一般的な規律に服することを明らかにしたものである[27]。個別債権執行等の効力は、これを受けた者が計算人に対し取得する債権を目的として効力が維持される[28]。

３　三面更改

一人計算の提案は、二〇一三年三月の民法（債権関係）の改正に関する中間試案（以下、「中間試案」という）では、第24―６で、三面更改という新たな更改として提案された。これは、一人計算の考え方を基本としつつ、それを更改とするものであった。それによれば、①三面更改は、債権者、債務者、第三者間での合意により、②従前の債務を消滅させ、債権者の第三者に対する債権と第三者の債務者に対する債権とを成立させ、③当事者以外の者に対する対抗要件として、債権者の交替による更改の規定を準用するとされていた（民五一五条二項により、確定日付ある証書が必要であることになる）[29]。

検討委員会の提案と比べると、①債権者・債務者の合意と計算人の承諾によって成立するのではなく、債権者・債務者・第三者の合意によって成立するとしている点、②当事者を法人に限定していない点、③従前の債権に付着していた抗弁は、原則として受け継がれるが特約で排除できるのではなく、更改とすることで消滅することになる点、④当事者以外の第三者対抗要件は、登記によるのではなく、確定日付ある証書による点が異なる。しかしこれらはいずれも、一人計算の考え方を基本的に受け継ぎつつ、三面更改を多数の当事者間で締結することにより、その考え方をより一般的に運用することを認める提案であって、更改とはいっても、実質的には従来の更改とはまったく異なる新しい類型の制度であるといえよう。

4　評価と問題点

(1)　一括決済の容易性

民法が用意する法的仕組みやその解釈では、多数当事者間決済につき、当事者間での効力について実体と法律構成との不整合性、第三者に対する効力の不透明性がある。一人計算・三面更改は、少なくとも当事者間では、多数当事者間での一括決済を可能にするための基本的な仕組みであると評価できる。

しかし、以下に述べるように、一人計算・三面更改では、一括決済を可能・容易にするために、決済関係の原因関係からの切断が認められ、また、第三者に対する効力が優先されている[30]。

(2)　原因関係の切断

まず、一人計算・三面更改の目的となる債権の種類・金額などにつき限定はない。制度の典型的利用例と考えられているのは、運送料金債権など相互に同種の金銭債権であるが、提案上、債権の発生原因が共通である必要はない。計算人が相殺を行う際に、相殺可能な債権であればよく、金銭債権であれば問題がないからである。この場合、債権に付着する抗弁は、一人計算では原則として受け継がれるが、当事者間の特約により排除でき、三面更改では抗弁が消滅する。このように、一人計算・三面更改では、一括決済を容易にするために個々の債権の属性にとらわれないことが徹底される。

(3)　二当事者間相殺への置き換え

次に、第三者に対する効力は、第三者相殺ではなく、一人計算では計算人を第三債務者とみなすことにより、また三面更改では第三者が債権者・債務者となることにより二当事者間相殺と同様になる。したがって、一人計算・三面更改の目的となる元の債権が第三者の差押え前に発生しているか、差押え前の原因に基づくものであれば、相殺が優先する（民五一一条一項、二項）。これらによれば、差押え・仮差押えされた債権（当然のことながらその時点で現実に発生している）であっても、差押え・仮差押えによって直ちに相殺することができる。

(4)　第三者に対する効力

以上のような相殺の優位性は、一人計算・三面更改における相殺が第三者による相殺ではなく、二当事者間における相殺とみなされることに基づいている。前述のように、第三者相殺は第三者に対抗することができないが、二当事者間相殺では、差押え・仮差押え前の債権発生・原因発生、および相殺適状に関する特約によって、実際上、完全に第三者に対抗することができることになるからである。以上に加えて、二当事者間相殺では抗弁権が付着していることにより相殺が制限されるが、一人計算・三面更改ではこれを切断・消滅させることによって相殺することが可能となる。

以上のように、提案のような一人計算・三面更改の制度の下では、一方では、参加者間で、二当事者間であれば存在する相殺制限が受け継がれることを排除することができ（原因関係から切断）、他方では、債権置き換え後の法律関係は二当事者間相殺の問題であるとして、第三者に対する効力を認める、という構成になっている。これは、多数当事者間決済につき、一人計算・三面更改という制度を利用することにより、第三者に対する完全な優位を認めることにほかならない[31]。

四　一人計算・三面更改の限定と相互保証の併用

１　一人計算・三面更改の限定

(1)　基本的発想と提案の乖離

一人計算・三面更改は、多数当事者間での決済の便宜性をはかるため、多数当事者関係を二当事者関係に置き換え、第三者に対する関係は二当事者間相殺の場合と同様にみなすことによって、相殺適状に関する特約を有効視するとともに、差押えに対する相殺の一般的優位性を確保する。他方では、二当事者関係に置き換えられることに伴う相殺の障害（抗弁権の継続）については、特約により排除しまたは更改により消滅させることにより、二当事者間相殺の場合以上に相殺を容易にする。このような仕組みは、債権関係の処理を単純な差引計算の世界に置き換えるものであり、多数当事者間の決済の便宜を第一義とする限り、巧妙なものといえる。

しかし、このような構成では、提案が一般論として挙げていた考え方、すなわち、「このような取引に法的保護を与えることの実質的意義は、複数当事者間で簡易な決済が可能になるということ、およびそれら参加当事者の一部について無資力の危険を参加者間において分散することに求められ、同時に、ここに限定されるべきであり、第三者による個別債権執行等が一切排除されるような帰結（集中決済の対外的絶対優位）を正当化する契機は見いだされ難い」という考え方と実際に提案されている内容との間に乖離があるといわざるを得ない。

提案は、実質的には多数当事者間での相殺の問題を二当事者間の問題に置き換えることによって、第三者の相殺に第三者効がないことを回避するものといえるだけでなく、二当事者間の相殺以上に相殺利益の保護を優先するものといえる。一人計算・三面更改に参加する者の債権者は債務者に請求するよりないにもかかわらず、一人計算・三面更改に参加する者はグループ内での決済を対抗できるというのでは、利害調整としてアンバランスではなかろうか。

(2)　多数当事者間決済を正当化する根拠

「複数当事者間で簡易な決済が可能になるということ、およびそれら参加当事者の一部について無資力の危険を参加者間において分散すること」に対して法的な仕組みを提供する根拠は、どこに求められるべきか。実際的需要が存在するというだけでは不十分であり、そのような需要の正当性こそが問われなければならない。需要に重点を置いた制度設計では、当然のことながらその制度を利用する側の利益を優先することになる。制度設計は、第三者からみても、差押え・仮差押えに対する優先性を認めることがやむを得ないといえるものでなければならない。

このように考えるとき、多数当事者間決済を正当化する根拠は、当事者間の決済の便宜性ではなく、当事者間の緊密性ないし当事者が行う取引の緊密性に求められるべきであり、決済の便宜性は、その結果にすぎないというべきである。無資力の危険分散という目的も、当事者間の緊密性ないし当事者が行う取引の緊密性にこそ正当化の根拠が求められるべきである。このような緊密性がある場合にはじめて、多数当事者間の関係を二当事者間の関係と同視し、二当事者間と同様の優先関係を認めることが是認される。

(3)　一人計算・三面更改の要件の厳格化

このような観点からすれば、一人計算・三面更改の成立要件が問題とされなければならない。当事者間の関係ないし取引の緊密性を要件化するに際して、参加当事者が法人であること、これらの者の間で合意がなされること、当事者および目的債権の範囲につき登記がなされること、というだけでは不十分である。登記は、取引内容を公示することにより第三者の信頼に資するが、公示内容の正当性を保障するものではない。さらに、参加当事者を限定せず、登記ではなく確定日付ある証書により第三者対抗要件を備えるとする三面更改は、なおさらその要件が緩やかである。

当事者間の関係ないし取引の緊密性を判断する際の要素としては、各当事者の権利義務の主体としての独立性を前提として、一括決済の対象となる債権につき、①債権発生原因の一体性、②債権の種類の同一性、③債権額の均等性が挙げられよう。①は、多数当事者間に発生する複数の債権債務が、相互に関連性を有して一つの取引を形成している場合が典型的である。たとえば、原料の売買契約、それを利用した中間製品の売買契約、中間製品を利用した最終製品の売買契約が継続して連鎖的に行われるような場合がこれにあたるであろう（ネットワーク化された継続的取引関係が形成されている場合）。②は、目的となる債権がすべて代金債権、すべて貸金債権など同種の債権である場合である。たとえば、複数の交通機関の利用料金債権などが典型例であろう（ネットワーク化された交通網が存在している場合）。③は、たとえば小売代金債権のような小額債権のように、取引関係に一体性はないが、目的債権の金額にさほどの開きがない場合である。

これらをすべて無条件で当事者の需要に委ねることは、第三者に対する影響を考慮すると妥当ではない。たしかに、②③の場合には、一括決済には決済の簡便性に資するという利点があり、かつ第三者に与える影響が小さい。したがって、このような場合に一括決済の手段として一人計算・三面更改を認めることは妥当である。しかし、①のように、取引自体が緊密である場合には、一括決済の要請は、決済の簡便性よりも取引の一体性確保のために存在するのであり、第三者の利益との抵触が著しい。このような場合には、一括決済を第三者にとって一方的に不利益をもたらす一人計算・三面更改によって行うことを認めるのは妥当ではない。

一人計算・三面更改を以上のすべての場合に認めるとするのならば、(a)提案されている要件に加えて、①のような取引の一体性を要求しつつ、新たに第三者との関係を制限する新たな規定を設けるか、または、(b)①の場合を除外して②③の場合にのみ利用可能とするために、目的債権の種類、個々の目的債権の限度額、対象となる債権総額の限度額の三つからなる制限を設定し、これらを要件とすべきである。私見としては、一括決済の簡便性を理由とするならば、前者の方法では場合分けなど法律関係が複雑になるので、後者の方法が妥当ではないかと考える。一人計算・三面更改は、今回の民法改正では見送られたが、仮に今後の新たな改正において再登場するとしても、このようにして限定的に利用されるべきである。したがってまた、これを一般法である民法に規定するよりは、特殊な業務過程で必要な制度として業法によるべきである。[32]

２　取引の緊密性に基づく一括決済と相互保証

(1)　連携を強化する法律関係の形成

上記のように解すると、取引の一体性を確保するために一括決済を行うという場面は、一人計算・三面更改から排除されるべきことになる。このような場面では、原則として、一括決済を求める当事者と第三者間では、当該債権に対する対等性が保障されるべきであり、前述したように、第三者による相殺ではこの対等性を崩すことはできない。思うに、このような場合に当事者間の緊密性・取引の緊密性について第三者に対する優位性を認めるためには、単に実際上の緊密性を動機に留めるのではなく、法律構成上も、第三者の介入を排除するための緊密な当事者間の関係ないし取引関係があることを示すべきである。すなわち、緊密な関係を有する事業者間で強力なネッティング・ネットワークを作り上げようとするならば、単に債権の連鎖・同時存在というだけでなく、担保権設定のように、第三者を排除するための強力な法律上の関係を当事者間で作り出すべきである。

(2)　相互保証

第１節２では、前掲最判平成７・７・18を契機に、多数当事者間相殺契約の効力を検討した[33]。そこで述べた内容は、一人計算・三面更改後もなお、基本的に維持できると考える。その要旨は以下のとおりである。すなわち、多数当事者間において、実質上は相互に牽連関係にあるが、法律上はそのような関係にあるといえない複数の債権の回収に伴う危険を全員に分散しようとの当事者の意思に忠実に従うならば、各当事者には、当事者がそれぞれ負担している債務について相互に協力し、保証し合うとの意思があるものと理解することができる。そうであるならば、法律上、これを素直に示す方法としては、一括決済に参加する各当事者は、一括決済の対象となる各債権（債務）を連帯保証すればよい[34]。

民法では、たとえば、ＡがＢに対して債権を有しており、ＣがＢの債務を保証している場合には、Ｃは、ＢがＡ

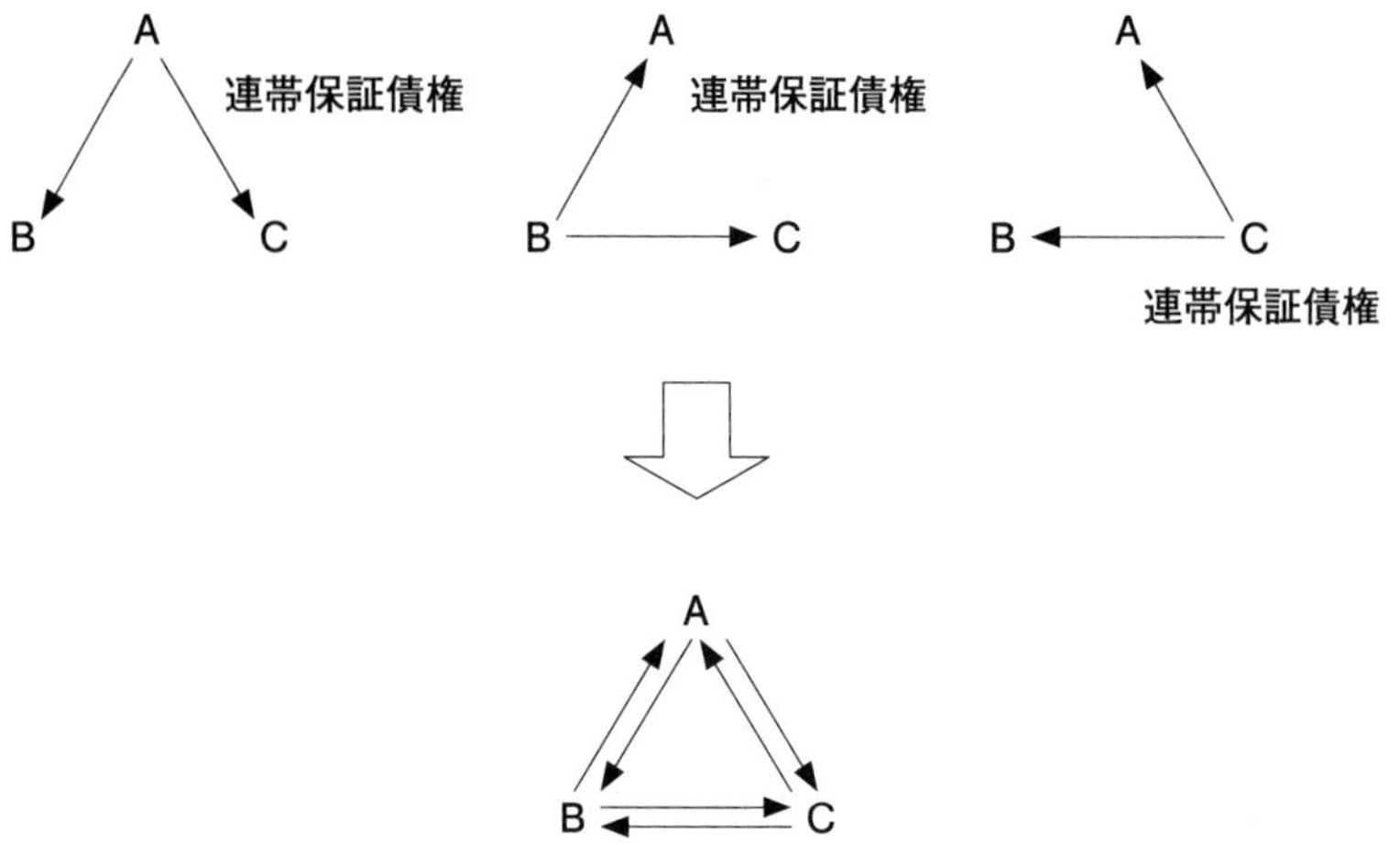

に対する債権を自働債権として相殺できることを理由として保証債務の履行を拒絶できるにすぎない（民四五七条二項）。これは、保証人が債権者から保証債務の履行を請求された場合、保証人には相殺が可能である範囲内において弁済を拒絶する権利を付与すれば十分だからである。しかし、上記の例で、ＢがＣに債権を有している場合にＡがこの債務を保証し、また、ＣがＡに債権を有している場合にＢがこの債務を保証し、これらを組み合わせるならば、ＡＢＣ間には、債権の連鎖とちょうど逆向きに保証の連鎖が生じることになる。当事者が三名以上の多数になっても、この基本的な関係を組み合わせれば、各当事者間には、必ず、債権関係とは逆向きに保証債務関係が存在することになる（【図】参照）。

この場合に、たとえば、ＡのＢに対する債権をＡの債権者Ｄが差し押さえたときは、Ｃは自己のＡに対する債権を自働債権とし、Ａの自己に対する保証債権を受働債権として相殺することができる。これは、自己の債権を自働債権とする相殺であり、民法四五七条二項の場合とは異なるので、履行拒絶権を有するにとどまらない。この相殺により保証債務が消滅する結果として、主たる債務であるＢのＡに対する債務（ＡのＢに対する債権）も消滅する。このようにして差押えに対する相殺の優先性を確保することができる。また、差押債権者ＤがＡの

Ｃに対する連帯保証債権も差し押さえたような場合でも、Ｃは自己のＡに対する債権をＤの差押え以前に取得してさえいれば、相殺をもってＤに対抗することができる。

このように、緊密な当事者間ないし取引関係において、相互保証を利用した場合、ある当事者に信用不安が生じたときには、債権関係の連鎖という協同関係が差押えによって切断されても、いわば第二の柵として、連帯保証関係の連鎖という協同関係を発動させて、当該当事者に対する債権につき期限の利益を喪失させ（このような特約が有効であることに問題はないであろう）、自己の連帯保証債務と相殺することにより、協同関係は維持される(35)。

このような構成は煩雑であり、かつ、一人計算・三面更改の場合と同様、第三者に一方的に不利益をもたらすとの批判があるかもしれない。しかし、一括決済を望む当事者間ないし取引の緊密性からすれば、相互保証という方法を採ることは可能であり、また当事者がそのような方法を採ったのであれば、差押えに対する優先性を認めて差し支えないように思われる。相互保証がなされた場合には、第三者は、差押えをもって対抗することが不可能になる。したがって、通常の連帯保証契約のように単に書面を要求するだけでは第三者に対する公示として十分ではなく、相互保証契約では、一括決済に参加する当事者の全員の書面による合意によることを要求するとともに、目的債権を特定すべきであり、かつ、そのような契約について確定日付を得る必要があると解するのが妥当であろう（立法論的には、参加する当事者は事業者に限定し、かつ登記を成立要件とすることが望ましい）。

五　むすびにかえて

多数当事者間の一括決済では、決済の簡便性をはかるという表面上の目的の背景に、当事者間の連携強化というねらいが存在している場合がある。このような連携強化というねらいを簡便性の名目によって実現するのは妥当でない。もし簡便性の名目によるならば、一括決済に対して第三者の差押えに優先性を認めるか、または一括決済の範囲を第三者に影響のない範囲に限定すべきである。また、当事者間の連携強化というねらいを法律上そのまま表すとするならば、率直に連携強化の手段によることが妥当である。相互保証という方法がこれに応えるものといえるのではなかろうか。(36)

(1) このように、現行法の用意する仕組みないし解釈では、たとえ当事者間で一括決済の効果を生じさせることができても、それを第三者に主張することができないことについては、**第1節2**参照。

(2) 民法（債権法）改正検討委員編『詳解・債権法改正の基本方針Ⅲ』（商事法務研究会、二〇〇九年）【3.1.2.23】、【3.1.3.30】〈5〉。以下では、提案条文については単に【　】で、また解説については「詳解Ⅲ」と引用する。

(3) 前掲注（2）【3.1.3.37】～【3.1.3.39】。

(4) なお文献引用は最小限にとどめざるを得ない。

(5) 大判昭和8・12・5民集一二巻二八一八頁。

(6) 我妻栄『新訂債権総論』（岩波書店、一九六四年）三二三頁、鈴木禄弥『債権法講義〔改訂版〕』（創文社、一九八七年）二五六頁、前田達明『口述債権総論〔第三版〕』（成文堂、一九九三年）五〇一頁など。

(7) 於保不二雄『債権総論〔新版〕』（有斐閣、一九七二年）三五三頁、奥田昌道『債権総論〔増補版〕』（悠々社、一九九二年）四九四頁。

(8) 平野裕之『債権総論』（信山社、二〇〇五年）一三〇頁、同『債権総論』（日本評論社、二〇一七年）四三七頁。

(9) 詳細は、**第1節1**参照。

(10) 大判大正6・5・19民録二三輯八八五頁、於保・前掲注（6）四一四頁。

(11) 潮見佳男『債権総論Ⅱ〔第五版〕』（信山社、二〇一八年）四四三頁。

(12) 詳解Ⅲ四七頁。

(13) 詳解Ⅲ四八頁。
(14) 詳解Ⅲ七二頁。
(15) 詳解Ⅲ六五頁。
(16) 詳解Ⅲ七五頁。
(17) 大阪弁護士会『実務家からみた民法改正――「債権法改正の基本方針」に対する意見書（別冊ＮＢＬ一三一号）』（商事法務研究会、二〇〇九年）一二七頁、一三一頁。
(18) 詳解Ⅲ一一〇頁。
(19) 詳解Ⅲ一一一頁。
(20) 詳解Ⅲ一一三頁。
(21) 詳解Ⅲ一一三頁。
(22) 詳解Ⅲ一一四頁。
(23) 詳解Ⅲ一一六頁。
(24) 詳解Ⅲ一三〇頁以下では、一人計算を合名会社で行う場合について参考提案が示されている。しかし以下では、純粋形の一人計算のみを検討の対象とする。なお、検討委員会では、相殺および一人計算に関する提案するにあたり、交互計算および商法学者の見解が参考にされたようであるが、交互計算の対外的効力については、神作裕之「交互計算の対第三者効についての覚書（上）（下）」曹時六二巻四号一頁、六号一頁（いずれも二〇一〇年）が示唆に富む。
(25) 詳解Ⅲ一二九頁参照。
(26) 詳解Ⅲ一三〇頁。
(27) 詳解Ⅲ一三〇頁。
(28) 詳解Ⅲ一二九頁。
(29) 法務省民事参事官室「民法（債権関係）の改正に関する中間試案の補足説明」（二〇一三年）三一六頁以下。
(30) 大阪弁護士会・前掲注（17）一三三、一三五頁は、利害関係人の保護のため、制度設計をより詳細にする必要があるとして、業法による立法化をすべきであるとしている。ただし提案の具体的な問題点を指摘しているわけではない。
(31) なお、多数当事者間決済につき、現行法上採りうる方法と一人計算を比較検討し、決済機能を重視して一人計算を評価しつつ、抗弁の対抗については、元の債権の債権者からの異議申し立てを認め、一人計算から除外すべきとするものとして、玉垣正一郎「一人計算及び電子記録債権を利用した多数当事者間決済の可能性と問題点」名古屋ロー・レビュー二号（二〇一〇年）六六頁以下（http://www.law.nagoya-u.ac.jp/ls/review/zasshi/2010.html）がある。
(32) 中間試案の補足説明・前掲注（29）三二〇頁では、特別法によるべきだとの意見に対して、民法上の根拠なしに特別法に総説的な規定を置くことは一般法である民法との関係で困難であるとの指摘があるとする。しかし、民法上に制度的・理論的根拠がない特別法は、信託法、消費者契約法（誤認、困惑）、特定商取引法（抗弁の接続）など例を挙げることにはいとまがない。
(33) **第1節2**。
(34) 金融機関AがB社に融資する際に、Bと関連の深いC社またはC個人を連帯保証人にするといったことは、一般的に行われている。ただし、このような場合には、Cが相殺を主張するわけではない。
(35) さらに、連帯保証人が相殺することにより求償権を取得し、その結果が集合すれば、第二の柵に続いて、第三の柵ができることになる。
(36) 前掲の最判平成7・7・18以降の重要文献として、深川裕佳『多数当事者間相殺の研究』（信山社、二〇一二年）がある。同・一三三頁、一四三頁は、債権相互間に牽連性が認められれば、多数当事者間相殺に第三者効が認められるべきだとする。しかし、私見は、そのような牽連性を法的に認めるためには、それを「法的手段」によって示すべきではないかというものである。また、最判平成28・7・8民集七〇巻六号一六一一頁は、Xが、民事再生手続開始決定を受けたが、Aの子会社であるYとの間で締結していた基本契約に基づき、XのYに対する債権とAの子会社であるBがXに対して有する債権とを相殺したという事案において、両債権に相互依存性がないとして、民事再生法九二条一項で許される相殺に該当しないとした。私見の立場からすれば、当然の結論である。

第Ⅳ章

多数当事者間契約の法理

第1節　多角的法律関係の法的課題

第1項　多角的発想からする法的課題

一　問題の所在

1　定義・問題設定の困難性

現代における取引の複雑さに伴い、複合取引と呼ばれる複雑な契約関係が発生している。後に述べるように、民法典が複合取引にまったく無関心であったということはできないが、とくに現代において、取引の要請に従って一つの取引に各種の契約を組み合わせて利用する現象が顕著に見られるようになった。しかし、現在の理論状況の下では、複合取引という用語自体が一般的に定着しておらず、またこれに関する種々の理論を展開する論者によって使用法が異なるために、法的に複合取引とは何かを定義すること自体が難しい問題である。もしこれを「多数当事者による」契約関係とすれば、二当事者の申込みと承諾とによって契約が締結されるという伝統的な契約論に対して、現代的な契約現象の一端を示すことができるが、たとえば、連帯債務や組合契約のように、同種の契約関係が当事者の数に応じて複数存在するような場合までがこれに含まれてしまう。しかし、このような取引関係は以下で検討することを目的としている取引関係ではない。この観点では、契約内容が異なる複数の契約が並存していることに注目しなければならない。

しかし、多数当事者間で内容が異なる契約が複数結ばれる場合、としたのでは、たとえば、ＡＢ間で売買契約が結ばれ、ＢＣ間では何かそれとはまったく関係のない、ただバラバラの契約が存在しているだけであって、何ら複合という意味が含まれなくなってしまう。このような観点では、複数の契約が社会的・経済的には密接な相互関係を有しており、全体として一つの経済目的を達成しようとしていることに注目しなければならない。

他方、異種の契約が複数締結されるという観点からすれば、複数の契約が二当事者間で結ばれるか、多数当事者間で結ばれるかは、複合取引か否かを分岐する観点ではない。金銭消費貸借契約とそれを保証するための保証契約やクレジット取引における金銭消費貸借契約（立替払契約）と商品売買契約のように、多数当事者間で複数の契約が結ばれ、これらが相互に密接な関係を有している場合が複合取引の典型的場合であることは言うまでもないが、金銭消費貸借契約とそれを担保するために自らの不動産に対する抵当権を設定する契約のように、二当事者間で内容が異なる複数の契約が締結され、これらが相互に密接な関係を有している場合もある。しかし、二当事者間の場合は、契約内容の相互関係だけを考えればよく、契約当事者が異なるにもかかわらずなぜ相互に影響関係があるのかという問題点がない。

以上のことから、以下で検討の対象とする「複合取引」とは、「多数当事者」間で「契約内容が異なる複数の契約」が結ばれ、これらが「社会的・経済的一体性」を有している取引関係とする。したがって、典型的な事例でいえば、①転貸借のように、ＡＢ間での契約とＢＣ間での契約が連鎖する場合、②保証取引のように、ＡＢ間での契約とＡＣ間での契約が併存する場合、③割賦購入斡旋のように、ＡＢ間の契約、ＢＣ間の契約、ＣＡ間の契約が循環的に併存する場合の三つの場合が含まれることになる(1)。

2　「法定複合取引」と「任意複合取引」

複合取引は、すでに挙げてきた例を見ても明らかなように、現代においてはじめて登場したわけではない。すでに民法典に規定されているものを見ても、代理（代理権授与行為と代理行為）、復代理（代理権授与行為と復代理権授与行為）、転質・転抵当（質権・抵当権設定契約と転質・転抵当契約）、保証（主債務契約と保証契約）、物上保証（主債務契約と担保権設定契約）、転貸借（賃貸借契約と転貸借契約）などは、異なる複数の契約が関連性を有しながら併存している場合である。これらにおいては、構造的に複合的な関係が存在していることがそのような取引が行われるための必須の要素であるという点が特徴的である。これらの複数の契約間の関係については、条文上、何らかの規定が設けられているが（代理規定、復代理に関する民一〇六条、転質・転抵当に関する民三四八条、民三七六条一項、保証規定、物的担保権の規定、転貸借に関する民六一三条）、両者の相互関係が理論的に明らかにされているとはいえない。このように、民法典上に定めがある複合取引を以下では「法定複合取引」と呼んでおくことにする。

他方、現代に特徴的な取引では、複合取引を行うことが構造的に必須ではないにもかかわらず、取引の必要から特別に複合的に組み立てられたものがある。たとえば、リース、サブリース、ローン提携販売などにおいては、目的物の販売ないし賃貸関係それ自体には複合的な要素がないが、これに金融などの要素を同時に盛り込むために、複数の契約が相互に関連性を有するように締結され複合取引が形成される。このような取引には、併存的債務引受、下請など民法典に規定はないが従来から異論なく認められている概念も含まれよう。このように、本来は複合取引ではない取引が現代社会・経済の必要に応じて、当事者によって複合取引として形成される複合取引を以下では「任意複合取引」と呼んでおくことにする。

３　検討の範囲と順序

以下では、以上のような複合取引の法的構造について、十分説得的な基礎理論が提示されているのか、また、与えられていないとすればどのように考えるべきかを検討する。ただし、ここでは、現在までの議論の状況を概観したうえでのラフなアイデアないしスケッチの提示にとどまり、詳細な議論を展開するものではないこと、また、たとえば抗弁権の接続問題などのように、複合取引における種々の具体的問題の解決を目的とするものではないため、詳細な解釈論に立ち入ることは避けざるを得ない。

このような観点から、複合取引のうち、まず民法典に規定がある法定複合取引について、それらの規定が複合取引の全体を理論的に根拠づけられるような基礎理論を提供しえているか否かを検討する。もしこれらにおいて基礎理論が提供されているのであるならば、それを複合取引全体について適用すればよく、とくに新たな基礎理論を考える必要はないともいえるからである。他方、今日の学説は、とくに現代的な複合取引について、複合性の理論的意味を明らかにしようとして種々の理論構成を主張している。これらは主として個別の複合取引について展開されてきた議論であるが、最近では、これらを総合的に検討する学説も現れている。そこで、これらの学説による理論構成は、個別問題の処理を超えて、複合取引全体について基礎理論を提供しえているか否かを検討する。そして最後に、これらの検討によってもなお複合取引の基礎理論が提供されていないと考えられる場合には、その原因を明らかにするとともに、新たな理論構成を模索しなければならない。

なお、以下の検討は、複合取引に関するわが国の従来の見解の限界と今後の課題を明らかにすることを目的としており、比較法的な考察をすることはできない。周知のように、フランスの契約群、ドイツの枠契約やネット契約などのように、外国においても複合取引の法的構造に関する議論があるが、後述するように、わが国の学説においてもこれらに依拠ないしこれらを参考にした議論が展開されているので、以下ではこれらのみを検討の対象とすることとし、オリジナルの議論の検討は今後の課題としたい。

二　法定複合取引に関する個別規定とその限界

1　複合取引に関する個別規定

民法典は、個別的に見れば、複合取引にまったく無関心なわけではない。前述したように、代理、復代理、転質・転抵当、保証、物上保証、転貸借などは、異なる複数の契約が関連性を有しながら併存している場合であり、複合取引の構造を有している。そこで以下では、これらに関する民法の規定は、複合取引一般の法的構造について十分な基礎理論となりうるか否かを検討しておく。

⑴　任意代理

任意代理は、本人・代理人間の代理権授与行為と代理人・相手方間の代理行為を必須の要素とする制度である。代理行為は代理権授与を基礎とし、代理行為の効果は直接本人に帰属する（民九九条）。この関係に関して、本人・代理人・相手方という各当事者の権利義務関係は明確であり、複合取引関係が一つの制度として完成されている。代理権授与行為と委任契約などの事務処理契約との関係については、周知のように種々の見解があるが、代理行為が代理権授与行為を基礎としており、二つの行為によって一つの取引が成り立つという構造に疑いの余地はない。そこで、代理を複合取引においても基礎理論とすることができるかが問題となる。[2]

しかし、代理によって複合取引全体を説明することには次のような難点がある。①多数当事者による複合取引でも、代理では顕名が代理行為の他人効の根拠となっているが、一般の複合取引では、通常自己の名で取引が行われるので、民法上は一〇〇条、間接代理、授権の問題として扱われ、原則として当該当事者の契約とされることになる。②また、たとえ商事代理のことを念頭に置いたとしても、代理といえるためには当然のことながら法律効果を本人に帰属させる関係が当事者間に存在しなければならず、一般の複合取引でそもそもそういえる場合は例外的である。このように代理は、多数当事者間で行われる取引を二当事者間の取引に結びつける点で複合取引に有用な場合もあるが、その有用性は限定的であって、複合取引一般に利用することは困難である。

(2)　復代理

復代理では、代理人が自己の名で復代理人を選任した場合に、復代理人は代理人と同一の権利義務を有するとする制度である（民一〇六条）。この場合、代理権の範囲内でのことであるとはいえ、本人・復代理人間に契約関係はないにもかかわらず、直接の法律関係が発生するという点では、複合取引の一場面を解決するための条文であるといえる。そこで、これを複合取引一般の基礎理論として活用することが考えられる。

しかし、復代理には、任意代理について述べた難点が当てはまるだけでなく、なぜ民法一〇七条のような規定が設けられているのかについて、判例・通説はこれを単に便宜的規定と解しており、それ以上の理論的根拠が示されていない[3]。このため、復代理の法的構造を明らかにすること自体が一つの課題であり、現状では代理以外の場合に応用することができない。

(3)　転質・転抵当

転質（民三四八条）・転抵当（民三七六条一項）は、同一目的物を対象とした二つの契約が存在する場合である。設定者および質権者・抵当権者が残ったままで、転質権者・転抵当権者という別の当事者が現れ多数当事者による法律関係が形成される。しかも、転質設定契約・転抵当設定契約の被担保債権額や弁済期などに拘束されない。そこで同一物を対象とする複合取引一般にこの仕組みを活用することができるか。

しかし、民法の規定は、転質、転抵当の設定可能性を認めるが、効果についてはほとんど規定されていないために、たとえば直接取立権や競売申立権を認めるかについて見解が分かれている[4]。また、その法的性質については周知のように諸説があって一定していない[5]。法律関係の複雑さのゆえに実際上ほとんど利用されないということもある。このように考えると、転質・転抵当の仕組みを複合取引一般に活用することは困難である。

(4)　保証

保証取引は、債権者と債務者による主債務契約と債権者と保証人による保証契約から成り立っている取引である。これらは法的には別の契約であるが、保証契約は主債務契約の存在を前提とし、成立、存続、消滅の各場面でこれに附従していると解されている[6]。附従性について明文の規定がないが、各契約それ自体に問題がない場合であっても、主債務契約が保証契約へ影響を及ぼし、また例外的には、保証契約もまた主債務契約へ影響を及ぼすことがある（とくに連帯保証では影響が大きい）と解されており、附従性をキー概念として、求償など債権者・債務者・保証人間の法律関係が説明されている。そこでこの附従性を複合取引一般にも応用できないかが問題となる。

しかし、附従性は、一方の契約が他方の契約に従属的な関係にある場合を説明することができるが、契約それ自体としてはそれぞれ別個に成立しうる場合を説明することはできない。複合取引では、契約それ自体としては他契約に関係なく成立するような場合こそが問題になるのであり（すなわち、それにもかかわらずなぜ両者の相互関係が認められるのか）、この点で附従性によって複合取引を説明することには限界がある。また、より根本的には、附従性は、保証契約が主債務契約に附従しているという状態を説明する概念であっても、なぜそのような関係が認められるかを根拠づける概念とはいえない。複合取引の法的構造の解明という観点からすれば、附従しているという状態から法的効果を導くだけでは不十分であって、法的には別個の契約であるにもかかわらず、なぜ一方が他方に附従しているといえるのかが問題になる。保証における従来の説明は、この要請に応えるものとはいえない[7]。保証において附従性をどのようにして根拠づけるかは一つの大きな問題であり、それは複合取引の法的構造を明らかにするという問題の一部に含まれよう。

(5)　物上保証

物上保証は、保証取引と類似した構造にある取引である。債権者と債務者による主債務契約と債権者と物上保証人による担保権設定契約とが併存するが、これらの間には附従性が認められている。しかし、複合取引一般の基礎理論という意味では、保証について挙げた難点があるだけでなく、物上保証人の法的地位が保証人とどのような異同があるか（たとえば事前求償権の有無）という問題そのものがようやく最近議論の対象となりつつあるのが現状であり[8]、そのような現状ではこれを複合取引一般に応用することは無理である。

(6)　転貸借

転貸借は、賃貸人と賃借人間の賃貸借契約と、賃借人と転借人間の転貸借契約とからなる法律関係であり、同一目的物を対象とした異なる当事者間での複合取引の構造を有している。また、転貸借を容認する規定（民六一二条）およびその効果を規定する規定（民六一三条）も置かれている。借地借家法にも、転貸借関係が複合取引であることを前提にした規定がある（借地借家三四条〔賃貸借終了の通知〕）。さらに解釈論も活発に展開されており、転借人の過失によって目的物が滅失した場合の賃借人の責任、賃貸借が終了した場合（とくに合意解約、債務費履行解除の場合）の賃貸人と転借人との関係などの問題については、議論の蓄積があり、その成果の一部は二〇一七年の民法改正により明文化されている（民六一三条二項）。したがって、これらの規定や解釈論の蓄積は、複合取引一般について、前記の場合以上に有用性があるのではないかとも思われる。

たしかに、転貸借関係は、複合取引を前提とした規定を置く代理・復代理と比べても、代理のように代理行為の他人効が問題となるという限定があるわけではなく、また、保証取引のように附従性という概念が用いられているというあいまいさもない。しかし、転貸借の法理は、同一物を目的とする同種の内容の契約が連鎖している場合、すなわち、いわば原契約にそっくりそのまま別の当事者が参入している場合にしか応用できないという限界がある。

また、復代理と異なって、転借人の賃貸人に対する義務からしか規定されていないために、転借人の権利が解釈上議論されており、かつそのような権利と義務を含んだ賃貸人と転借人との法律関係がどのようなものか、またはその根拠は何かということは、いまだ議論の途上にある解釈上および基礎理論上の問題である。(9) すなわち、転貸借関係においては、保証の場合と同様にして、その法的構造をどのように根拠づけるかそれ自体が複合取引における課題の一つであり、現状ではこれを根拠に複合取引一般を説明することは困難である。

2　小括

以上のように、民法典は、複合取引の存在を認める前提に立ち、その一部について規定しているが、複合取引一般に関する原則的な規定はなく、各論的ないくつかの場合についてのみ、かつ、それら場合ごとにとくに具体的に問題となる効果だけを規定しており、復合取引の法的構造には何らふれていないといえる。今後の各場面における解釈論の展開によって、複合取引一般をも基礎づけることができる共通性のある法理が形成される可能性はあるが、現状では困難である。したがって、次には、現代的な複合取引について展開されている議論の中に複合取引の法的構造についての基礎理論となりうる可能性を見出すことができるかを検討しなければならない。

三　現代的複合取引に関する従来の見解とその限界

現代的な複合取引に関する議論は、種々の場面で数多く展開されており、その質量ともに膨大であって、これらすべてについて、かつ、個別問題の内容に立ち入って、応接することはできない。以下では、大雑把かつ遺漏があるとの批判を承知のうえで、従来主張されてきた見解を複合取引の法的構造に関する基礎理論という観点に限定してまとめることとしたい。

そのような観点からすると、従来の見解は、複合取引における複合の法的意義についての方向性の違いにおいて、大きくいって以下の四つに整理できるように思われる。第一は、複合取引の当事者に義務を新たに設定する構成である。第二は、複合取引における各契約間を相互に関連づけるための要素を抽出し、それに各契約が影響を受けるとする構成である。第三は、契約の相対効それ自体を問題にし、複合取引では契約に第三者効があるとする構成である。第四は、複合取引を目的とする合意が存在するとする構成である。

なお、信義則によって問題の解決をはかる構成は、いずれの複合取引においても多くの裁判例を中心に学説上も頻繁に見られるところであるが、具体的な問題処理という点はさておき、法的構造に焦点を当てた検討においては、信義則違反とされたのはなぜかをさらに分析していくつかの要素を抽出し、それらを理論的に再構成するという作業を経たうえでなければ参照する意義が少ないため、検討の対象外とせざるを得ない。

そこで以下では、第一から第四の構成が複合取引一般についての基礎理論となりうるか否かを順次検討する。

1　契約上の義務を拡大する構成

(1)　付随義務

複合取引であることを契約上の義務の拡大というかたちで取り込もうとするねらいが最も明確な構成は、付随義務を設定する見解である。このような構成は種々の具体的問題において主張されているが、これを大別すれば、①直接の契約関係のない者の間に新たに義務を設定する場合と、②契約関係にある者の間で新たな義務を設定する場合とがある。しかし、これらは、複合取引における複合の意味を取引当事者の義務として構成しようとする点で共通している。

前者の典型例としては、下請人の従業員が作業中の事故により被害を被った場合に元請人に対して損害賠償を請求することができるかという問題がある。これにつき、判例および多くの学説は、「特別な社会的関係」にあることを理由に、元請人には信義則上安全配慮義務があるとしている。[10] この場合の義務違反による責任が契約責任なのか不法行為責任なのかは明らかでないところがあるが、これは逆に、義務を課すというかたちでその問題を処理しようとするものともいえる。

後者の典型例としては、割賦購入斡旋をめぐって割賦販売法に抗弁権接続規定が創設される前後に展開された議論の中で、与信者である信販会社に与信契約上の義務として商品販売契約が適正に履行されるか否かについての善管注意義務ないし付随義務があるとする構成や、[11] 不動産の売買契約とスポーツクラブ会員契約において、後者の債務不履行を理由に前者を解除できるかという問題について、売買契約上の付随義務違反を理由とする解除を認める構成が挙げられる。[12] これは複合取引における複合性を義務の拡張によって処理しようとするものである。

しかし、前者には、両契約が同一内容を目的とする場合には義務を持ち出しやすいとしても、そうでない場合にも同様にいえるかという疑問があるほか、直接の契約関係にない者について、安全配慮のような問題だけでなく、給付義務を含めた種々の権利義務関係や財産的損害の賠償などの問題すべてを一般的な注意義務で処理することは無理ではないかという限界がある。また、後者には、支払いの拒絶の問題だけでなく、種々の権利義務関係、とくに契約の解除までを根拠づけるためには付随義務では根拠が弱いのではないかという限界がある。このように、付随義務論には、複合取引における本来的問題が両契約の本質的義務である給付義務の相互関係であるにもかかわらず、それを付随義務として処理するところに矛盾があり、それがこの構成の限界であるといえるのではなかろうか。

(2)　特定承継論

この点、フランスにおける特定承継論は、同一の財産を対象とする契約が連鎖的に連蔵する場合に、直接契約関係にない者の間でも権利義務の特定承継を理由にその財産に関する権利義務が存在することを肯定する理論であり、これがわが国にも紹介されている[13]。これによれば、付随義務ではなく本質的義務を契約関係にない者の間に認めることが可能になる（これは、後述2の給付の関連性を認める考え方の一つであるともいいうる）。

しかし、この理論が展開されている場面から明らかなように、これは、同一の財産を目的とする契約で、かつ、そのような契約が連鎖的に締結されている場面でしか利用できないという限界があり、複合取引一般に活用することは困難である。

以上のように、契約上の義務の拡大によって複合取引全体を説明しようとすることには、一つの契約上の義務によって複合取引全体を説明しようとする点で無理があるといわざるを得ない。

2　複合取引における各契約上の権利義務を相互に関連づける構成

(1)　リスクの割合的配分

複合取引における各契約の権利義務はそのままに、複合性を理由にそれらの権利義務が相互に法的関連性を有していると構成することによって複合取引を説明する見解は、割賦購入斡旋やローン提携販売での議論で活発に展開されてきた。その中でもっとも実質的な根拠づけによるのがリスク配分論である[14]。すなわち、ローン提携販売において売買契約が無効になった場合のローン契約の帰すうについて、ローン提携というシステムに関与し利益を享受した金融機関は、売買契約の無効から生じるリスクについて割合的にリスクを負担すべきであるとする。この見解は、複合取引の本質がシステムに関与している者はそこから生じる利益を享受する反面、リスクもまた負担すべきであるというリスク負担にあることを指摘するものであり、論者自身による場面の限定を超えて、複合取引一般に共通する要素を指摘するものであるといえる。また、リスクの割合的配分というオール・オア・ナッシングでない解決は、契約の解消だけでなく、権利義務関係全般に応用しうる可能性もある。

しかし、リスク配分という考え方は、法概念としてはあまりにも漠然としており、損害賠償の場面では過失の割合に応じた柔軟な処理が可能となる反面、契約上の権利義務についてはリスクと本来的権利義務の関係がどうなるのかといった問題が残され、権利義務の割合的配分という発想に馴染みにくい。すなわち、この見解は、信義則で処理されてきた問題をさらに一歩進めてシステムの本質から根拠づけようとするものであり、一定の限定的な場面で責任の根拠を示すことができるが、それを超えて、法的概念として複合取引一般に活用することには無理があるように思われる。

(2)　提携契約

提携契約における共同の利益論は、割賦購入斡旋やローン提携販売における与信者と販売業者との提携関係に複合取引性を見出そうとする見解である[15]。これによれば、提携契約は、与信者と販売業者が与信契約と売買契約の一方が他方を前提とするシステムを作って共同の利益を享受しようとする契約であり、成立上、履行上、消滅上の牽連関係が認められるとする。すなわち、両契約は、成立の場面では相互に停止条件となり、消滅の場面では相互に解除条件となる。また、履行の場面では売買契約上の履行上の問題があるにもかかわらず与信者が立替金の請求をすることは信義則に違反するとする。

しかし、この見解は、与信者と販売業者の経済的一体性という問題を提携契約の存在を理由にして法律構成に取り込み、複合取引を実質的に二当事者（与信者及び販売業者対買主）間の契約関係に置き換えようとするものであり、そのような提携契約関係が存在しない複合取引の場合には当てはまらない。また、提携契約が存在する場合についても、契約の当事者ではない者にもなぜその契約の効果が及ぶかは明確でなく、与信者からの請求を提携契約の存在によっていわば自己規制させる以上の効果を導くことが困難である。すなわち、この見解には、提携契約の当事者ではない者に対する効果を提携契約によって導こうとする点で矛盾があり、複合取引の全体を説明するうえでの難点と契約の当事者という問題とがあるように思われる。複合取引では、契約の連鎖現象がある場合について、なぜそれが法的効果の点でも相互に影響を及ぼし合うのかに対する解答が求められているのである。

(3)　契約結合

これに対して、提携関係の存否に関係なく、複数の契約が結合していることを根拠に、複合取引を一つのまとまりと構成する見解がある。(16) それによれば、現代においては民商法典に規定されている典型契約類型（法的類型）とは異なり、現実にその重要性、利用性、有用性ゆえに定型化された契約類型（現実類型）があり、後者は複数の契約の複合体であることが多く、そこでは、契約が相互に関連しあって一つのまとまりのある取引（契約結合）となっているとする。そして、契約結合の場合には、複数の構成契約の間に相互依存効が認められるとし、たとえば、割賦購入斡旋では、当事者の意思によって売買契約と立替払契約とは相互依存の関係にあるので一方は他方の消滅を解除条件として成立・存続していると構成する。

この見解は、たしかに、経済的な牽連性を取り込むにあたって、(1)の構成よりもより契約に即した構成であり、また(2)の構成よりも複合取引全体を捉えようとしている。当事者の意思を結合の根拠とするので、提携契約の存否に関わりなく、また割賦購入斡旋のような個別問題に限定されずに複合取引一般を説明できることになる。しかし、当事者の意思を根拠にするだけでは、直接の契約関係にない者に対する拘束力を説明できるようには思われない。すなわち、結合された契約とは一体何であるのか、またそれは法的にも当事者が合意したのとは別の新たな契約であるというのであれば、成立・存続上の牽連関係だけでなく、そこから生じる複数当事者の権利義務関係がどのようなものであるかを説明できなければならない。このように、この見解には、契約結合の成立のプロセスと結合された契約における権利義務関係の点でなお不明確さがあるといわざるを得ない。

(4)　ハイブリッド契約

複合取引の付加価値に注目するのがハイブリッド契約論である。[17] すなわち、当事者が個々の契約から得られる利益以上に、契約の複合によって生み出される付加価値（利用利益や経済的利益）を取得することを目的としており、その付加価値の存在が複合契約の本質的要素となっていると客観的に認められるものをハイブリッド契約といい、各契約のいずれかが不履行となったために全体としての付加価値がなくなるのであれば、他の残存する契約についても解除を認めるとする（たとえばマンションの売買契約とそこでの施設を利用したスポーツクラブ会員契約）。いかなる場合にハイブリッドとなるか否かは、当事者双方の合意によって、新しい付加価値を意図したかどうかによる。

この見解の主眼は、単なる契約の連鎖する社会現象の中から、法的に複合しているといえるものを区別することにあると思われ、その基準を単にいくつかの個別の契約が集合しただけでは生み出しえない付加価値を設定した当事者の合意の存在に求めている。しかし、その反面では、単に契約が複合しただけで付加価値が認められない場合を除外していることからすれば、当事者の意思以外の別の客観的な要素を考慮するものであるようにもうかがわれる（しかし利用価値や経済的利益を強調すれば、それだけ法的概念からは遠ざかることになる）。また、合意によるとすることが個別の各契約とは別の第三の契約ないし個別契約の附款（条件）であるということとどこが異なるのかも明らかでない。さらに消滅の場面以外で、各契約上の権利義務がこの付加価値によってどのような影響を受けるのかも明らかでない。すなわち、この見解は、各個別契約からは生じない結合要素を抽出し、それが当事者の合意の内容の客観的な探究によるとするが、その法的な意味はなお明確でないといわざるを得ない。

(5)　給付の関連性

多数当事者の取引関係における契約の統合化は、一つの取引を構成する契約自体の中に、共通した債務負担の実質的理由（コーズ）が存在していることによってもたらされ、このようなコーズが存在するために取引を構成する各契約は、その契約内容として結合要素を取り込んでいるので、これが相互依存効をもたらすとする見解がある[18]。たとえば、第三者与信型消費者信用取引では、売買契約において、与信者の販売業者への支払いによって代金債務が消滅することが契約内容として取り込まれ、他方、与信契約において、与信者の販売業者への支払いによって割賦金債務が発生することが契約内容として取り込まれており、代金債務の消滅と割賦金債務が一体的に発生することから、目的物引渡債務と割賦金債務との間に発生、履行、存続上の牽連関係が認められるとする。

この見解は、ローン提携販売や割賦購入斡旋などについて従来から主張されてきた給付関連説を深化させ、なぜ給付が関連するかという問題について理論的な基礎を付与するものであり、これまで見てきた他の見解がふれてこなかった各契約の本来的給付義務の相互関係にまで遡って複合性の意味を明らかにしようとしており、複合取引の構造解明の核心に迫るものであるといえる。しかし、この見解を循環型の複合取引以外の場合も含めて一般的に利用できるかという観点から見ると、いかなる場合に給付の関連性を認めるのか、また、給付の関連性をコーズ（共通した債務負担の実質的理由としてのコーズ）に求め、さらにその根拠を当事者の意思に求めるが、それは当事者の意思表示においてどのような位置づけを与えられるのか、一方の契約の存在が他方の契約における給付義務の条件になっているということ以上に何をもたらすのかなど、コーズの法的意味は明確ではない。また、債務の消滅以外の場面で、各当事者の権利義務にこれがどのように作用するかも明らかとはいえない。結局、循環型の複合取引以外の場合にもこの見解を活用することにはなお躊躇せざるを得ないが、給付関連性説と私見との関係については、**第3節**であらためて詳しく検討することにする。

以上のように、各契約上の権利義務を相互に関連づける見解には、関連性を示す概念が法的にどのような意味を有するかの根拠づけにおいて難点があるといわざるを得ない。

３　契約の相対効を否定し第三者効を認める構成

⑴　債権者代位権の転用

これまで見てきた見解は、いずれも複合取引における各契約の相対効を前提としているが、これに対して、一定の場合に契約の相対効を否定し第三者効があるとすることによって複合取引の複合性を説明する見解がある。その第一は、債権者代位権の転用を主張する見解である[19]。この見解によれば、ＸＭ、ＭＹという債権関係の連鎖がある場合に債権者代位権を転用して優先的な債権回収機能を付与し、債権者ＸにＭの債務者Ｙに対する直接的な請求権を認める。

論者の意図は、債権者代位権に担保的な機能を認める点に置かれているが、ＸＭ間の契約の効力がＹにも及ぶという意味では、論者の意図を超えて複合取引の法的構造に債権者代位権を活用するという可能性があるのではないかと考えられる。しかし、債権者代位権には、複合取引を債権者からする請求としてしか構成できないという限界がある。すなわち、Ｘの債権の回収場面以外では利用することができず、また、ＸＹ間の法律関係をＸの権利主張の側面でのみ捉えるにとどまり権利義務関係を相互的に捉えられない。このようにこの見解には、ある契約の相対効を第三者にも拡張しようという点で注目できるが、それを債権者代位権によってはかろうとする点で限界があるように思われる。

⑵　契約の第三者効

これに対して、契約の第三者に対する効力と契約の相対性原則との理論的関係が不明確なまとされてきたところに根本的な問題があるとして、契約の相対性そのものを限定的に解する見解がある[20]。すなわち、この見解によれば、契約の相対性原則は、債権の相対性から導かれるものではなく、契約当事者の私的自治を保障しつつ、第三者の私的自治を侵害しないという原則であり、第三者が自己の取引のためにこの契約を利用する場合には、その契約は第三者の私的自治に含まれ、契約の効力は第三者に及ぶとする。

この見解によれば、複合取引は、その当事者が相互に契約を利用する場合になるので、契約の相対効の一例外であることになる。このように考えれば、複合取引の法的構造について、ある当事者の権利主張ないしその制限の場面だけではなく、各当事者間の権利義務関係を相互的に捉えることができる。しかし、契約当事者ではない第三者に契約の効力が及ぶ場合の第三者の立場はいかなるものか、その場合の契約当事者と第三者との具体的な権利義務関係はどうなるのか、また、自己の取引目的のために利用するとはいかなる場合なのかなど、契約と第三者との法的関係はなお明らかでない点があるように思われる。これを経済的な利益や経済的一体性といった社会経済的な要素を指摘する以上にいかにして法的に説明できるか否かが問題であり、この見解が提起する基礎理論上の問題の大きさは十分認識するものの、現段階で複合取引の法的構造の説明についてこの見解に依拠することは躊躇せざるを得ない。

以上のように、契約の相対効を否定し第三者効を認める見解には、複合取引における一つの契約の第三者に対する効力を考えるが、その結果として第三者を含めた複合取引全体がどのようなものかについての説明において難点があるといわざるを得ない。

4　複合取引を目的とする包括的な合意の存在を認める構成

(1)　三当事者契約

以上の見解と異なり、複合取引における複合性を目的とする包括的な合意が存在するとする見解がいくつかある。その中で最も端的な構成は、複合取引を三当事者間契約と構成する見解である。(21) この見解は、割賦購入斡旋契約またはローン提携販売契約について、民法典に規定のない新たな契約範ちゅうである三当事者契約関係であるとする。

たしかに、もしこのように言えるならば、そもそも複合取引という問題自体が消失する。しかし、複合取引においては、三当事者による合意が存在していないにもかかわらず、なぜ契約であるといえるかが問題の出発点であり、それにもかかわらず、この見解ではその根拠が示されていない。複合取引を三面契約であると捉えることに対しては、従来から三当事者間にそのような合意がないことが批判として挙げられており、それに答えることが求められているのである。すなわち、この見解は、従来の学説の本音を端的に示すものではあるが、その根拠について契約の成立論からの説明を欠く点で依拠することができない。

(2)　組み換え論

三当事者の複合取引の中で売買契約と与信契約とが組み合わされた取引、たとえばローン提携販売について、当事者の合意した契約を取引の経済的実質を根拠に読み換えるという見解がある。[22] それによれば、ローン提携販売において金融機関が行う信用供与は、その経済的実質からみて、売主の支払能力に着目したものであり、金銭消費貸借契約の相手方は売主であり、売主と金融機関との間で売主が有する割賦代金債権の売買契約が結ばれると評価するのである。

この見解は、複合取引を包括する合意を観念するものではないが、実質的には、読み換えを介在させて当事者が合意したのとは異なる合意が存在するというに等しい。しかし、この見解は、論者自身が述べるように、組み換えの基準が明らかでない。一般論としては、取引の実質から当事者の選択した契約形式が逸脱していることという基準を挙げるが、それだけでは、契約解釈の基準として十分であるとはいえない。また、より根本的には、契約内容だけではなく、当事者が合意した契約（金銭消費貸借契約）の当事者までをも読み換えてしまうことが契約解釈の名の下で認められるかについては疑問があるといわざるを得ない。

(3)　契約の目的

契約群をはじめとするフランスでの議論を参考に、複合取引における各個別契約を締結した当事者の目的を淵源として契約相互の依存効を認めようとする見解がある。[23] この見解によれば、下請けなどのように、契約がAB間の契約とBC間の契約というように連鎖する場合、および割賦購入斡旋などのように、契約が複合的に組み合わされる場合のいずれにおいても、各契約はその目的という契約自体に内在する原因に基づいて処理されるとする。

この見解は、前述の給付の関連性を主張する見解と同様にフランス法におけるコーズを基礎とするが、各給付の基礎としてではなく、契約そのものの基礎としてコーズを主張する点で異なる。これによれば、複合取引における個々の契約は、その基礎にある契約の目的の点で共通性を有し、全体として同一の目的の下に包括されることになる。また、論者は、発表著書の段階では議論の場面を契約関係の消滅の場面に限定しているが、成立、存続の場面にもこの考え方を及ぼしうる可能性がある。しかし、この見解には、論者自身が認めるように、各契約間の影響関係をどのように判断するファクターや基準は明らかでないという問題点がある。さらに、より根本的には、契約の目的とは、わが国の法制度の下で法的に何であるのかを明らかにしなければ、それは経済的一体性といった社会経済的な要素と異ならなくなってしまうのではないかという問題があるように思われる。そして、もしそれが当事者の意思であるというのであれば、それが法律行為論ないし契約成立論の中でどのように位置づけられるのかが明らかにされなければならないであろう。このように、この見解には、複合取引の複合性を包括する要素を考える点で注目できるが、その法的な意義についてなお難点があるといわざるを得ない。

(4)　枠契約

マンションの販売契約とスポーツクラブ会員契約の複合した取引などについて、各契約を枠契約と支分契約と位置づけ、支分契約の不履行が枠契約の解除もやむを得ないと認められる場合に解除を認めるという見解がある。[24]

この見解は、当事者が締結した契約の性格づけによるので、各契約とは別の合意の存在を観念するわけではないが、枠契約によって複合取引全体が一定の枠内にあるとする点で包括的な合意を考えているといえる。また、この枠契約という考え方は、契約の解除の場面だけでなく、成立や存続上の問題にも応用できる可能性がある。しかし、論者のいう枠契約は、複合した各契約の一方が他方に包含できる場合には当てはまるが、各契約間に主従の関係がなく、一方に包含できないような場合ないし一部のみ重なり合うような場合にはどうなるのかが定かでない。また、より根本的には、枠契約の当事者ではない者（支分契約の一方当事者）にも枠契約の効果が及ぶのはなぜかという疑問がある。このように、この見解には、枠契約と複合取引全体との関係について不明確なところがあり、各契約間に一方が他方を包括するような関係がある場合を超えて、複合取引一般に応用するには無理があるといわざるを得ない。

⑸　基本契約

基本契約と個別契約という考え方は、以前から知られている。たとえば、サブリースでは、基本契約すなわち個別契約についての大枠の合意と、個別契約である建築請負契約、賃貸借契約、建物管理委託契約が締結されるというものである[25]。

このような捉え方からすれば、前述の契約の目的論などと異なり、包括的な合意とは法的に何であるのかという問題はなくなる。しかし、当事者の問題について、基本契約の当事者には第三者（サブリースの場合にはテナント）まで含まれていると考えるものではないので、複合取引全体を包括する合意を観念するわけではない。すなわち、この見解には、基本契約という構成の明確性・単純性において注目すべきところがあるが、基本契約の当事者から第三者を排除する点において複合取引全体を説明することはできない。

以上のように、複合取引を目的とする包括的な合意の存在を認める見解は、その発想において複合取引全体の法的構造を明らかにできる可能性があるが、その合意が法律行為論ないし契約成立論において、とくに契約当事者論との関係でどのようなものと位置づけることができるのかという点で明確な説明がなく、この点で難点が合えるといわざるを得ない。

5　小括

以上、現代的な複合取引に関する種々の見解を複合取引全体がどのような法的構造にあると捉えるかという観点からのみ見てきた。全体的にいえることは、これまでの学説は、**1**のように契約上の義務を拡大する構成から、**2**、**3**を経て、**4**のように包括的な合意を観念する構成に行くほど、複合取引における「複合性」をそのまま法律構成に取り込もうとしているということである。すなわち、契約上の義務の拡大による見解には、一つの契約上の義務で複合取引全体を説明しようとする点で難点がある。各契約間の権利義務を相互に関連づける見解は、複合性をよりそのまま構成しようとするが、関連性を示す要素の法的な意味が明確とはいえないという難点がある。契約の相対効を否定する見解は、一つの契約の効力を第三者にまで及ぼそうとすることで複合性を解消しようとするが、第三者を含めた複合取引全体をどう説明するかという課題がある。これらに対して、複合取引自体を目的とする包括的な合意を認める見解は、複合取引の複合性そのものを直截に法律構成しようとしている。しかし、そのためには、そのような合意が従来の法律行為論ないし契約成立論との関係でどのように説明できるのかを明らかにしなければならないという難点がある。

四　多角的法律関係として構成する可能性

１　「複合」から「多角」への視点の転換

以上の検討をもとに、複合取引の法的構造についていかに考えるべきか。

第一に、複合取引とされる取引関係は、すべて当事者の意思を根拠にするものとはいえないということには注意しなければならない。すでに二で検討した「法定複合取引」のように、ある法制度に関する法律関係や、ここでは取り上げなかった三者間の不当利得、多数当事者の不法行為、弁済による代位などの法律関係は、その複合性を当事者の意思によって、または意思によってのみ説明することは困難である。

第二に、他方では、現代的な複合取引につては、「任意複合取引」と呼んできたように、取引に複合性を付与しているのは取引の当事者自身であって、究極的には当事者の「意思」が根拠とならざるを得ない。そのような意味では、現代的な複合取引について、従来の学説のいずれもが、法律構成の多様性にもかかわらず、最終的には当事者の意思にその根拠を求めているのは、当然であるといえる。問題は、当事者の意思を法律行為論、契約成立論との関係でどのように構成するかにかかっている。そこで以下では、複合取引のうち、現代的な複合取引、すなわち、当事者の任意によって複合取引が形成されている場合に限定してその法的構造を考えることにする。

第三に、意思に基づいて複合取引が形成されていると考える場合に、その法的構造の理解として最も直接的で単純明快なのは、複合取引の当事者間に取引全体に関する包括的合意があると構成することであろう。思うに、これまで複合取引は、その名が示すように、個別契約の複合した取引という大前提の下で考えられてきた。しかし、複合取引の実質に着目すれば、複合取引は、多数当事者からなる一つの取引であり、取引に含まれる各当事者が他の当事者すべてに対して「多角」的な権利義務を有しているという基本的な視点に転換することが必要ではないかと思われる[26]。ただし、このような視点に転換したとしても、包括的合意を考える従来の見解には、いずれも従来の法律行為論・契約成立論との関係で、合意の法的な意味をどのように解するかについて難点がある。

以上のことからすれば、以下で検討すべきは、複合取引を多角的な法律関係であるという基本的な視点から捉え、取引全体を包括できるような合意を法律行為論・契約成立論との関係で明らかにすることである。

2　相互保証的構成とその限界

現在の法律行為論を前提にしながら、右のような基本的視点から法律構成しようとする場合には、個別契約の当事者ではない第三者が個別契約の存在を承認し、その内容を自分自身が契約当事者であると同様の立場で受け入れる意思を有していると構成するのが最も素直な構成であろう。このような意思は、民法典に規定されている制度としては、保証契約における保証人の意思に最も近い。そこで、これを参考にして複合取引の場合を法律構成した場合には、以下のように、複合取引を構成する当事者が契約当事者ではない契約について相互に保証人となっていると構成することになろう。

すなわち、①ＡＢ間の契約とＢＣ間の契約が連鎖するタイプの複合取引では、ＢのＡに対する債務についてＣが保証人になり、同時にＢのＣに対する債務についてＡが保証人になると考える。また、②ＡＢ間の契約とＡＣ間の契約が併存するタイプの複合取引では、ＢのＡに対する債務についてＣが保証人になり、同時にＣのＡに対する債務についてＢが保証人になると考える。さらに、③ＡＢ間の契約、ＢＣ間の契約、ＣＡ間の契約が循環的に併存するタイプの複合取引では、ＢのＡに対する債務についてＣが、ＣのＢに対する債務についてＡが、ＡのＣに対する債務についてＢがそれぞれ保証人になると考えるのである。このように考えることができれば、複合取引は、やや技巧に過ぎる嫌いはあるが、主契約である個別契約と、それを背後で支える循環的な保証契約が集合した形態として法律構成できるのではなかろうか[27]。

しかし、このような構成には、決定的な難点がある。それは、当然のことながら、**第Ⅲ章**で論じたような多数当事者間決済におけるように、実際に各当事者がそのような保証意思に基づく保証契約を締結しなければ、一般的に取引の存在自体から相手方に対する意思表示があったと認めることはできず、保証契約の存在を認定することができないという点である。

３　新たな法律行為論・契約論との関係

このように考えてくると、複合取引を多角的法律関係の視点から捉えるためには、従来の法律行為論ないし契約成立論を前提にしたのでは、法律構成に限界があり、従来の法律行為論ないし契約成立論そのものを再検討して、取引全体を包括する合意の存在を認める基礎理論が必要であるということになる。

この場合、複合取引をそのまま法律構成できないのは、従来の法律行為論では当事者の「意思」以外の要素を契約関係に取り込めないからであるとして、法律行為論を見直す方向が考えられる。すなわち、複合取引の「複合性」は従来の意思表示論では考慮することができないものであり、これを契約関係に取り込むためには、法律行為論そのものを再検討する必要があると考えるのである。従来展開されている理論の中で、このような方向について参考になるのは、三層的法律行為論と関係的契約論である。

(1)　三層的法律行為論

三層的法律行為論は、法律行為において、当事者の表面上の合意（表層合意）とは別に、深層レベルでの深層合意があり、両者に齟齬がある場合には、法律行為（契約）の効力が否定され、または権利主張が信義則上制限されると主張する。[28] 動機の錯誤や事情変更といった従来の意思表示論では意思に取り込むことができない要素も法律行為の効力にそのまま影響を与えることになる。論者自身は二当事者間契約の場合を念頭に置いており、複合取引への応用可能性について述べるものではない。しかし、複合取引における複合性について、当事者の深層意思を考えるという余地があるとすれば、この理論は複合取引の基礎理論ともなりうる可能性を有している。

しかし、この理論もまた、深層レベルでの意思に共通性があるだけで、意思の合致があったといえるかという点では、従来の法律行為論を克服するものとはいえない。すなわち、たとえ深層レベルとはいえ、二当事者間の契約とは別の当事者を含んで合意の存在を観念できるかという点では、限界があるように思われる。しかし、三層的法律行為論と私見との関係については、**第3節**であらためて詳しく検討することにする。

(2)　関係的契約論

他方、関係的契約論は、契約法の基礎理論として、意思を中心とするパラダイムの限界を指摘して、当事者の置かれている社会関係そのものが契約の拘束力や様々な契約上の義務を生み出すと考える。[29] それによれば、意思を根拠にした契約法と社会関係を根拠にした契約法が併存し、後者では前者よりもはるかに多くの事情を法的判断において考慮することができる。複合取引のような現象についてこの理論がどのように適合するのかは必ずしも明確ではないが、それが古典的市民社会では想定していなかった現代的な生活関係上の典型的な法現象であるとすれば、複合取引もまた関係的契約論の領域であるといえる。

しかし、この理論は、現在までのところでは、社会関係を契約関係に反映させるについて信義則を用いており、[30] 契約規範の内容や解消の場面についてはすでに有用性が高いのに対して、契約成立の場面で、古典的なパラダイムでは契約当事者とされない者を契約の中にどのように取り込み、その権利義務関係を社会関係そのものから定立することができるのかという点ではなお未知数なところがある。論者は「納得」というキーワードを呈示するが、その法的な意味は明確ではない。この基礎理論を当事者の付随義務の拡大などによって生かすことも考えられるが、すでに検討してきたように、そのような方向には難点がある。すなわち、この理論もまた現段階では、契約の当事者論を克服するものとして依拠することはできないように思われる。

４　新たな契約当事者論との関係

以上から分かるように、複合取引の法的構造を明らかにするために従来の法律行為論ないし契約成立論そのものを再検討しなければならないという場合、再検討の対象とされるべきは契約の当事者論である。すなわち、複合取引における各当事者の意思をどれだけ見直してみても、二当事者の申込みと承諾による契約成立という契約成立論自体を見直さなければ複合取引の法的構造は明らかにならないのである。これについて、従来展開されている理論の中で参考になるのは、代理の基礎理論としての三当事者法律行為論である[31]。

三当事者法律行為論は、直接的には代理の法律関係を説明するための理論である。すなわち、代理では、本人・代理人・相手方に代理という法律行為自体に係わる意思決定が存在することが不可欠であり[32]、本人は法律効果の内容を代理人が意思決定することを許容する意思とその法律効果に自らが拘束される意思という二面性を持った意思を代理人だけでなく相手方にも表示しており、代理人は本人に代わって意思決定を行う意思とその効果を本人に生じさせる意思という意思を相手方だけでなく本人にも表示しなければならず、相手方は通常の法律行為に関する意思とその効果を本人に生じさせるという意思という二面性を持った意思を代理人だけでなく本人にも表示しなければならないとする[33]。そして、このような法律行為は、従来の単独行為、合同行為、契約とは異なる新たな三当事者法律行為であるとする[34]。この理論は代理の基礎理論として提唱されているものではあるが、従来の法律行為論ないし契約成立論が前提としている二当事者の意思表示の合致による契約の成立という枠組みを超えて、多数当事者による法律行為の新たな類型を呈示するものであり、従来の当事者論を克服して複合取引の基礎理論ともなりうる可能性を有している。

しかし、この理論において各当事者の「意思」とされているものは、代理を当事者の意思に基づいて根拠づけるために擬制されたものであり、意思というよりも、代理という取引の中に自らを置くことの同意ないし承認といったものである。また、その意思は直接の相手方以外の者にも「表示」されていなければならないとするが、代理だけでなく複合取引一般において実際にそのような表示がなされているというのは困難である。すなわち、この理論は、代理の基礎理論を展開する中で、従来の法律行為論・契約成立論を克服する提案を含んでいるが、一定の法律効果を意欲する効果意思とその表示という従来の意思表示理論を前提にする限りでは、意思表示の擬制による構成という難点を免れないものではないかと思われる。

このように見てくると、遂には、複合取引の法的構造を解明するためには、従来の法律行為論の下での意思表示ないしは従来の契約成立論の下での申込み・承諾をしていない者もまた複合取引全体に関する合意の当事者となりうる、という理論に立たなければならないといえるのではなかろうか。

5　合同行為的契約論とその限界

(1)　合同行為的契約論

以上のような要請を満たすために、多数当事者の「合同行為的」な意思表示によって契約が成立すると構成することが考えられる。これは、従来の学説により義務の拡大、個別契約の関連性、契約の目的などといわれてきたことを反映する最も端的で単純な法的構造の説明である。すなわち、複合取引においては、二当事者からなる各個別契約と同時に、その取引を形成することについて全取引当事者による同一の意思表示がなされており（個別契約の意思表示にそのような意思表示が含まれている）、それによって複合取引自体を目的とする契約（基本契約）が成立していると構成するのである。

このような発想は、多数当事者によって取引共同体を作っているというように近いが、それが取引の実体にも合致しているように思われる。実際の取引においても、たとえば銀行取引では、金融機関と債務者による与信契約と、金融機関と連帯保証人とによる連帯保証契約が個別に締結されるが、そのような取引の全体に関する基本事項を内容とする銀行取引約定書に金融機関、債務者、連帯保証人が連署（同意）しており、これは、上記のような複合取引自体を目的とする契約であるといえる。このような約定書が作成されない場合であっても、同様に解すればよいのである。

このような構成は、基礎理論的には、たしかに、申込みと承諾により契約が成立し契約の相手方に対して権利義務を負うという契約成立論に合致しない。しかし、たとえば、単純な二当事者からなる売買においても、売るという意思表示と買うという意思表示が相対立しつつ合致すると説明するのではなく、売買という合意に対して売主・買主の双方がそれぞれの義務を負担することに同意すると説明することも可能である。また、このような説明が契約理論の基礎にある法律行為論と対立するものではない。ただ、合同行為的な同意の意思表示により成立する契約が存在するということを認めれば足りるのである[35]。フランス民法においても、現在の解釈はドイツ流の法律行為論を基礎とし、また申込みと承諾による契約成立を承認するが、条文上は、二〇一六年改正の一一二八条（改正前一一〇八条）で、合意は同時者の同意（le consentement du parties）によって有効に成立すると規定されている[36]。

(2)　基本契約と個別契約

上記のように合意の成立論さえクリアーすることができれば、基本契約・個別契約からなる複合取引の法的構造は以下のようになる。すなわち、基本契約は、複合取引に参加し、それに含まれる個別契約上の権利義務を負担するとともに、取引全体の成立・存続・解消に関する基本事項を受け入れることを内容とする同一内容の意思表示によって成立する。多数当事者が同時に意思表示をする場合だけでなく、成立した複合取引に後に参加することも可能である。ただし、この場合には、先に成立した基本契約の当事者そのような参加をあらかじめ承認しているか（たとえば承諾転貸借や割賦購入斡旋のように）、または、個別の同意が必要であろう（たとえば復代理人の選任のように）。

基本契約と個別契約との関係は、前者が後者に関する基本事項を定めるものとなるので、個別契約の成立・存続・解消のすべての場面で基本契約の内容が効力を及ぼす。個別契約は、いわば基本契約を実現する個別条項として機能するので、基本契約が解消されれば、個別契約それ自体に解消事由が存在しなくても、将来に向かって消滅することになろう。

このように、複合取引の法的構造は、多数当事者による法律関係という視点に立って、全取引当事者の同意からなる基本契約と各当事者による個別契約の相対として捉えることができるのではなかろうか。

(3)　合同行為「的」契約論の限界

しかし、以上のような合同行為的契約論は、一方では、伝統的な法律行為論・契約成立論を克服する必要性を説きながら、他方では、伝統的な理論において認められてきた合同行為という概念に依拠しているという法律構成上の矛盾をはらんでいる。たとえ「同意」による契約の成立というアイデアないしスケッチ自体が受け容れられるとしても、本来的には、それを合同行為概念に仮託して主張するのは妥当ではなく、合同行為「的」ということの意味を伝統的な法律行為論・契約成立論に拠ることなく明らかにしなければならない。すなわち、まず、申込みと承諾に替わる「同意」という概念がどのようなものなのか、それは個別契約における意思とはどのような関係にあるのかを明らかにしなければならない。それを明らかにしなければ、この同意は、多角的取引現象から意思を擬制するにすぎないとの批判を免れないであろう。また、さらに、実際上の効果という点では、このような新たな構成によって、従来の構成では導くことが困難であったといえるどのような具体的効果を導くことができるのかも明らかにしなければ、こうした理論枠組みを提示すること自体の意義が失われよう。以下ではこれらの課題について、さらに検討を進める必要がある。(37)

（1）　以下の検討は、河上正二「複合的給付・複合的契約および多数当事者の契約関係」磯村保＝鎌田薫＝河上正二＝中舎寛樹『民法トライアル教室』（有斐閣、一九九九年）二八二頁以下のように、複数当事者が登場する種々の法律関係のすべてを扱うものではない。第三者のためにする契約のように、一つの契約で二当事者以上の当事者が現れる場合は扱わない。なお、都筑満雄『複合取引の法的構造』（成文堂、二〇〇七年）は、複数の契約が時系列に従い順次異なる当事者間で締結される取引（これを契約の連鎖とする）と、二当事者またはそれ以上の者の間で複数の契約が締結され並存する取引（これを複合契約とする）とに分ける。椿寿夫「民法学における幾つかの課題（七）」法教二三二号三二頁は、「ある契約その他の法律関係において、三人ないしそれ以上の人が《法的に関わりをもつ》場合」を広く多角的法律関係として捉える。ここでは多数当事者であることが重視されている。

（2）　実際、割賦購入斡旋などでは、販売店を信販会社の代理人と構成する見解が存在したところである。長尾治助「クレジット契約における販売会社・販売員の与信業務権限」ＮＢＬ三〇一号（一九八四年）八頁以下参照。

（3）　最判昭和51・4・9民集三〇巻三号二〇八頁など。学説では、直接訴権を認めたものと解する見解（平野裕之『民法総則』〔日本評論社、二〇一七年〕二六九頁以下、同「債権者代位権の優先的債権回収制度への転用（三）」法論七二巻六号〔二〇〇〇年〕一三五頁以下、当然のことを規定したものと解する見解（加藤雅信『民法総則〔第二版〕』〔有斐閣、二〇〇五年〕三一一頁）などがある。

（4）　近江幸治『民法講義Ⅲ担保物権〔第二版補訂〕』（成文堂、二〇〇七年）九七頁以下、二一四頁、高橋眞『担保物権法〔第二版〕』（成文堂、二〇一〇年）一九三頁など参照。

（5）近江・前掲注（4）九六頁、内田貴『民法Ⅲ〔第三版〕』（東大出版会、二〇〇五年）四五二頁以下、四九九頁など参照。
（6）内田・前掲注（5）三三八頁など参照。
（7）附従性に対する根本的な問題提起をするものとして、椿寿夫「民法学における幾つかの課題（九）法教二三三号（二〇〇〇年）二〇二頁以下がある。また、附従性を再検討するものとして、中舎寛樹「保証といわゆる多角関係」椿寿夫編著『法人保証の現状と課題（別冊NBL六一号）』（商事法務研究会、二〇〇〇年）一九四頁参照。
（8）椿久美子「債務者でない担保物所有者の防御権（一）〜（四完）」民商一〇八巻四・五号六五四頁、六号八五〇頁、一〇九巻一号三六頁、一〇九巻二号二三五頁（いずれも一九九三年）、同「物上保証人の保護法理」ジュリスト一〇六〇号（一九九五年）一〇五頁参照。
（9）加賀山茂「民法六一三条の直接訴権《action directe》について（一）・（二完）」阪大法学一〇二号六五頁、一〇三号八七頁（いずれも一九七七年）、同『契約法講義』（日本評論社、二〇〇七年）四九二頁以下、平野・前掲注（3）法論七二巻六号八四頁以下参照。
（10）判例として、最判平成3・4・11判時一三九一号三頁。学説については、平野裕之「契約外の第三者と損害賠償責任」玉田古稀『現代民法学の諸問題』（信山社、一九九八年）二五七頁以下、宮本健蔵「下請人労働者に生じた労働災害と元請人の賠償責任」明学六〇号（一九九六年）二三五頁以下参照。
（11）植木哲ほか「特別座談会・消費者信用取引における抗弁権対抗の法律構成と射程距離」金法一〇四一号（一九八三年）五四頁以下〔山下、根岸発言〕、長尾治助『消費者信用法の形成と課題』（商事法務研究会、一九八四年）一七〇頁以下、松本恒雄「クレジット契約と消費者保護」ジュリスト九七九号（一九九一年）一九頁以下など。
（12）北村實「複数契約上の債務不履行と契約解除」星野英一ほか編『民法判例百選Ⅱ〔第五版新法対応補正版〕』（有斐閣、二〇〇五年）一〇一頁、同「判批」法時六九巻一二号（一九九七年）一〇三頁以下、宮本健蔵「混合契約および複合契約と契約の解除」志林九九巻一号（二〇〇一年）四三頁以下など。
（13）野澤正充「契約の相対的効力と特定承継人の地位（一）〜（五完）」民商一〇〇巻一号一〇八頁、二号二八一頁、四号六二〇頁、五号八六二頁、六号一〇六六頁（いずれも一九八九年）、都筑・前掲注（1）九六頁以下など参照。

(14)　本田純一『契約規範の成立と範囲』（一粒社、一九九九年）一八七頁以下。
(15)　執行秀幸「第三者与信型消費者信用取引における提携契約関係の法的意義」国士舘一九号（一九八七年）三七頁、同「第三者与信型消費者信用取引における提携契約関係の法的意義（上）（下）」ジュリスト八七八号九四頁、八八〇号一三四頁（いずれも一九八七年）、新美育文「ローン提携取引についての一考察（上）（下）」ジュリスト八九三号一二〇頁、八九七号一〇一頁（いずれも一九八七年）。
(16)　谷川久＝北川善太郎「約款――法と現実（四完）」NBL二四二号（一九八一年）八二頁以下、北川善太郎『現代契約法Ⅱ』（商事法務研究会、一九七六年）五五頁以下。
(17)　池田真朗「『複合契約』あるいは『ハイブリッド契約』論」NBL六三三号（一九九八年）六頁以下。
(18)　千葉恵美子「『多数当事者の取引関係』をみる視点」椿古稀『現代取引法の基礎的課題』（有斐閣、一九九九年）一六一頁以下、同「割賦販売法上の抗弁接続規定と民法」民商九三巻臨時増刊(2)（一九八六年）二八〇頁以下。
(19)　平野裕之「債権者代位権の優先的債権回収制度への転用（一）～（三）」法論七二巻二・三号一頁、四号六五頁（いずれも一九九九年）、六号（二〇〇〇年）八三頁。
(20)　岡本裕樹「『契約は他人を害さない』ことの今日的意義（一）～（五完）」名法二〇〇号一〇七頁、二〇三号一七三頁、二〇四号一三五頁、二〇五号一一九頁（いずれも二〇〇四年）、二〇八号（二〇〇五年）三三五頁、同「『契約は他人を害さない』ことの今日的意義」私法六八号（二〇〇六年）一六七頁。なお、このほかに、契約の第三者に対する効果についてのフランスでの議論状況を紹介するものとして、前掲注(13)所掲論文、松浦聖子「フランスにおける契約当事者と第三者の関係および契約複合理論」法研七〇巻一二号（一九九七年）五六一頁参照。
(21)　半田吉信「ローン提携販売と抗弁権の切断条項（上）（下）」判タ七二四号四八頁（とくに六〇頁以下）、七二五号一五頁（とくに二七頁以下）（いずれも一九九〇年）。
(22)　山田誠一「『複合契約取引』についての覚書（一）・（二完）」NBL四八五号三〇頁、四八六号五二頁（とくに五五頁以下）（いずれも一九九一年）。
(23)　都筑・前掲注（1）三三二頁以下。

(24)　河上正二「判批」判評四七〇号（判時一六二八号）（一九九八年）八〇頁、同「ホーム契約と約款の諸問題」下森定編『有料老人ホーム契約』（有斐閣、一九九五年）一七〇頁以下。
(25)　たとえば、加藤雅信『契約法』（有斐閣、二〇〇七年）五三〇頁以下参照。
(26)　多角的法律関係という捉え方については、椿（寿）・前掲注（1）三一頁以下参照。
(27)　多数当事者間相殺については、**第Ⅲ章第1節二**参照。
(28)　加藤・前掲注（3）二六一頁以下。
(29)　内田貴『契約の再生』（弘文堂、一九九〇年）二二三頁以下、同『契約の時代』（岩波書店、二〇〇〇年）二九頁以下。
(30)　内田・前掲注（29）『契約の再生』二二九頁以下参照。
(31)　伊藤進「わが国における代理の法的構成論――『三当事者法律行為』形象の提言」明治大学法科大学院論集一号（二〇〇六年）一頁、同「代理の法的構成に関する覚書」法論七四巻四・五号（二〇〇二年）九一頁、同『代理法理の探究』（日本評論社、二〇一一年）第四部三〇五頁以下。
(32)　伊藤・前掲注（31）「わが国」九八頁。
(33)　伊藤・前掲注（31）「わが国」一〇三頁以下、同「覚書」一一八頁。
(34)　伊藤・前掲注（31）「わが国」一一〇頁。
(35)　法律構成としても、複合取引を目的とする共同体を設立する合同行為であるといえば足りるようにも思われるが、合意内容に対する各当事者の同意によっても契約は成立すると解するので、あえて契約であるとしておく。
(36)　改正前フランス民法一一〇八条は、以下のように規定していた（法務大臣官房司法法制調査部編『フランス民法典（物権・債権関係）』（法曹会、一九八二年）六一頁）。

第一一〇八条〔基本的条件〕合意の有効性にとって、以下の四つの条件が基本的である。

義務を負う者の同意

その者の契約を締結する能力

約務の内容を形成する確定した目的

債務における適法な原因

同条は、二〇一六年改正により、一一二八条となったが、以下のように、「債務における適法な原因」は削除された（荻野奈緒ほか「（翻訳）フランス債務法改正オルドナンス（二〇一六年二月一〇日のオルドナンス第一三一号）による民法典の改正」同志社法学六九巻一号（二〇一七年）二九〇頁）。

第一一二八条　契約の有効性には、以下のことがらが必要である。

一　当事者の同意

二　その者の契約を締結する能力

三　適法であり、かつ確定した内容

(37)　また、申込みと承諾によらない基本契約において、契約の当事者とはどのような者なのか、当事者と第三者とはどのようにして区別されるのかということも問題になる。この問題に関して、椿寿夫「《多角》関係ないし《三角》関係について」法時八〇巻八号（二〇〇八年）一〇〇頁、同「《多角》関係ないし《三角》関係について」椿寿夫＝中舎寛樹編『多角的法律関係の研究』（日本評論社、二〇一二年）三頁以下は、当事者と第三者との区別を再検討する必要性を指摘する。たしかに今日の取引においては、たとえば履行補助者のように、当事者でもなくまたまったくの第三者でもない、「関係者」ないし「関与者」ともいうべき者が多くの場面で存在する。複合取引の問題をこのように人の側面から捉え、これらの者を契約関係にどのように取り込むか、または契約がこのような者に対してどのように影響するかという視点からの議論も十分に成り立つであろう。この点については、池田真朗「契約当事者論」山本敬三ほか『債権法改正の課題と方向（別冊ＮＢＬ五一号）』（商事法務研究会、一九九八年）一四七頁（とくに一六〇頁以下）が先駆的研究である。

第2項　多角的発想と団体的発想

一　はじめに

多角取引は、多数当事者が共同して一つの取引を行う取引であるから、実体としては、多数当事者によって取引共同体を形成しているのに近い側面がある。たとえば、第三者与信型販売では、本来的には、売主と買主間の代金分割払いの売買契約として行われるものが、売買代金の融資の主体である金融機関と目的物の売主の立場が分業化され、金融機関と売主間の提携契約、売買契約、立替払契約とに分かれて、全体として販売と融資の促進とリスクの分散という取引目的が同時に果されている。リース取引においても、サプライヤーとリース会社間で同じような分業化がはかられている。サブリース契約では、不動産の所有者とその賃貸業務とを分けるために、転貸借という法形式が利用されている。他方、フランチャイズ契約では、本来的には、団体を組織して事業を展開するところ、フランチャイジーをフランチャイザーから独立した主体として認め、それを多数組み合わせることによって、取引の広汎な展開を可能にするとともに、リスクの分散がはかられている。ジャストインタイム契約でも、自社の製品に必要な部品の供給を多数の業者に下請け、孫請けすることによって在庫商品を過剰に抱えるリスクを分散している。請負契約では、対等な立場でジョイントベンチャーを組織することもあるが、主従の関係がある業者間では下請け、孫請けが行われる。

伝統的には、団体と契約とは異なる法原理に基づくとされ、契約の中で、実体としてはもっとも団体的な契約である組合と法人との異同についても、社団概念を媒介させて、法人は組織的結合であるのに対して、組合は契約的結合であるとして両者を区別する考え方が支配的であった。

しかし、最近の学説では、まず、法人と組合との関係について、社団概念を媒介させることなく、法人と組合との違いを相対的に捉える見解が多数であることは周知のことである。また、団体と契約との関係についても、近年では、団体法と行為法（契約法）との関係を相対的に捉える観点に基づき、契約法的側面から団体を見直す必要性が唱えられている。これらは、団体の契約的側面を指摘することに重点が置かれたものであり、多角取引を団体的側面から具体的に法律構成するものではない。しかし、その発想は、多角取引をどのように法律構成するかという課題に対しても、同様に有益な示唆を与えるように思われる。

そこで以下では、法人と組合の区別に関する最近の議論、および団体と契約との関係に関する新たな見解を踏まえ、団体と契約とが相対的な関係にあるという視点から多角取引を一つの契約関係であると捉えるための基準とその効果を検討することにしたい。

二　法人と組合の相対的関係

1　伝統的峻別論

法人と組合との関係に関する伝統的な見解は、社団概念を介在させることによって、両者を峻別してきた(1)。すなわち、社団においては個々の構成員が重要性を失い、団体が独自の単一体として存在する。これに対して、組合においては、個々の構成員がなお重要性を有し、団体は個人を超えた独自の存在ではない。社団について民法上定められた規律は、法人制度である。民法上の組合は、一種の団体であるが、その団体組織は構成員相互間の権利義務として構成されているので、契約的色彩をもち、社団と対立する(2)。また、権利能力なき社団は、法人としての実体を有しながら法人格を取得していないものであり、①団体としての組織を有し、②多数決原理で運営され、③構成員が交代しても団体が存続するなどの点を充たせば、できるかぎり法人の規律が類推して適用される。[3]

2　類型論

これに対して、星野英一博士は、社団概念による両者の峻別に疑問を提示し、類型論を主張した。[4]すなわち、組合の規定の中にも、多数決原理（民六七〇条一項）や脱退にもかかわらず組合が存続することを前提とするもの（民六七八条以下）があるなど、団体としての独立性の強いものがある。また、社団という概念は、財団との対比で用いられるにすぎず、法人と組合を区別する基準にならない。したがって、ある団体が社団か組合かで分けて法人または組合の規定を機械的に適用するのは妥当でない。民法の法人と組合の規定は、それぞれ典型的な社団と典型的な組合についての規定であると解すべきである。そして、いわゆる権利能力なき社団には、問題ごとにその実体に応じた規定を適用すべきである。このような類型論は、社団と組合の区別自体を否定するものではないが、実際の団体の法人的性格と組合的性格に応じて民法の規定の適用を振り分けようとするものであり、そのような意味において、法人と組合との区別を相対化するものである。

3　機能論

最近では、このような議論の進展の延長上で、峻別論や類型論を批判し、団体の法的形態は、社団性の有無から演繹的に導かれるものではなく、端的に、具体的な団体に求められる機能の点からその法的形態が選択されるという考え方が示されるに至っている。[5]すなわち、株式会社・合名会社・合同会社は一人でも設立でき、社員が一人になっても解散事由とならず（会社六四一条）、一般社団法人でも、社員が一人になっても解散事由とされていない（一般法人二〇二条）ことからすれば、社団法人と呼ばれてきたものは、もはや社団であることを予定しておらず、人を構成員とする法人という意味しか認められていない。権利能力なき社団についても、問題となる法的規律ごとに、その基礎に置かれた価値や原理ないし政策目的に照らして、それをどのような前提が備わる場合にどこまで適用ないし類推すべきかと考えることが必要である。そして、これは団体制度を機能的に捉えるものの見方であり、機能論ともいうべきものであるとする。

４　小括

このような、社団と組合ないし法人・組合・権利能力なき社団の関係に関する考え方の進展からすれば、今日ではもはや、これらの団体の違いは相対的なものであると捉える見方が多数であるように思われる。このような見方によれば、ある団体がその構成員ないし財産の管理・運用のために、どのような法制度を選択し利用するかは、①団体組織の独立性、②団体財産の分離・独立性、③団体事業の独立性という三つの側面において、その団体に必要とされる機能の程度の組み合わせに応じて多様でありうるといってよいのではなかろうか[6]。

三　団体と契約の相対的・連続的関係

上記のような見方からすれば、団体と契約的な結合との関係についても、同様に相対的に捉えることが可能となる。このような捉え方に関する先駆的研究は、河上正二教授の見解である[7]。すなわち、同教授によれば、「複合的契約、マルチ販売組織、会員制サービス提供契約をはじめとする現代の多様な組織形態や契約形態を考えるとき、従来の個人法・団体法、行為法・組織法といった二分論は必ずしも適合的ではない」との観点から、「各構成員間の関係（個々人のネットワーク的契約関係）から出発して、そのうえで組織の持つ意味を考え直すことが有益ではあるまいか」とされ、「組織法と行為法、団体法と個人法という伝統的な枠組みを批判的に捉え直して、団体の組織原理を契約法の視点から読み直す」必要があるとされる。そして、法人における組織や活動についての根本原則である定款、法人化していない団体や組合内部の取り決めである規約、オープンマーケットにおける顧客との多数取引を行うに際して利用される定型的な契約条件である約款を比較するとき、定款・規約では、統一体としての目的・組織運営方法・団体構成員資格・入退会手続などに重点が置かれ、個々の構成員の意思や交渉的要素が後退して、団体としての意思形成に重心があるが、区分所有建物での規約が、構成員の入退会を通じて市場とも否応なく繋がり、約款と規約・定款の間に連続性が見られるのであり、組合・権利能力なき社団・法人が連続した概念であることも勘案すると、定款・規約・約款の連続面と相違面が浮かび上がり、「集団内部での運営・利益分配・調整問題」の局面と「経営主体のメンバー個人の利害調整」の二局面を、各々に見出すことができるとされ、「多数の顧客を相手に、あるまとまった継続的サービスを提供しようとする者が、定型化された契約条件（約款）を用いて個別契約を処理することと、顧客を会員・組合員として一定の組織に引き入れたうえで規約に従わせることの間には本質的な差異がなく」、経営主体とメンバー個人の利害調整に関わる限り、約款・規約・定款の連続面を意識することが重要であるとされるのである。さらに、契約連鎖と組織の関係について、「個々の契約関係を組み合わせたり束ねたりしていくことによって契約当事者の関係を組織化してある種の団体を形成していく例や、本来は一つの契約関係であったものを、機能分担を進めることによって多数当事者間の複合的契約システムに成長させる例は少なくない」とされるのである。最後の指摘は、まさに団体と多角取引との連続性を指摘するものにほかならない(8)。同教授の直接の関心は、会員制ゴルフクラブを具体例にして、組織が契約的合意のネットワークに基礎を持つものである以上、会員としての地位に関する制約に同意できないメンバーには、脱退の自由と投下資本の回収への道が合理的な形で用意されていなければならないといったように、「組織的なものを契約関係として捉え直す視点の重要性」を指摘することにあるが、本書の観点からすれば、これはとりもなおさず、多角取引をその団体的な側面を考慮して捉える視点を示唆するものであるともいえる。

たとえば、主として財産的独立性の明確さを求める場合には、団体を構成するまでもなく信託の利用で十分であるということもありうる。また、個人財産と団体財産が不可分に結合しているような場合（たとえば分譲マンションの専有部分と共用部分）、財産を管理する団体（マンション管理組合）については、法人と組合のいずれの制度が選択されようとも実際には団体法的な処理と契約法的な処理の折衷的な処理をすることが必要になる。さらに、多角取引のように、複数の事業者がそれぞれ独立性を有しながら、個々の事業を結合させて全体で一つのまとまりある事業展開をしようとする場合には、団体ではなく複数の契約のネットワークを形成するほうが便利であるということもあり得る。このような場合には、ネットワーク全体を支える共通の目的が個々の契約関係の解釈に反映される必要がある。[9] このように、機能の点から見れば、団体と選択される法制度との関係だけでなく、団体と契約との関係についても、両者の違いは、絶対的・断絶的なものではなく、相対的・連続的なものであり、多角取引の要件、効果を考えるにあたっても、団体的な要素を参考にすることができるのではないかと思われる。

四　団体と多角取引との類似性・連続性

１　組合契約と多角取引

多角取引を団体的な側面から捉える視点に立った場合、注目できるのは、組合が多角取引の基礎理論になり得ることを指摘する岡本裕樹教授の見解である。[10] すなわち、同教授によれば、従来の契約法では、二当事者間の契約を基本モデルとする態度が強固であり続けたが、組合契約では三当事者以上の契約の成立が前提とされており、当事者の行う給付が各組合員の利益のための給付交換ではなく、当事者全員の利益のために給付を結合するという点が他の典型契約に対する組合契約の異質性を基礎づける重要因子であるとして、この二つの因子からの組合契約規律の特殊性を分析する必要があるとする。そして、①給付の非交換性については、組合契約に基づく給付にも、他人の出資からの利益を得るための対価として出資しているという構図があり、非交換性は相対的な評価にすぎず、非交換性から契約通則の適用可能性を論ずる議論は、組合契約が三当事者以上の場合を通例とすることに起因しているとする。また、②給付の共通利益性は、組合契約として性質決定されるための不可欠の要素であり、事業における損益が当事者全員に分配されることと、すべての給付が給付者自身のためであると同時に、他の組合員の利益のためのものでもあるという状況が共同の事業を基礎づけているとする。このことから、組合契約には、三当事者以上の契約のモデルとしての意義と、共同事業を目的とする契約のモデルとしての意義が認められるとする。

本書との関係では、とくに②の指摘に注目できる。同教授によれば、組合契約は、二当事者間の契約を基本とする他の典型契約と異なり、三人以上の当事者による契約が当初から想定されており、このことは、組合契約に三当事者以上の契約に関する典型契約としての意義を与えるとされ[11]、「組合契約の成立構造の分析に、より一般的に三当事者以上の契約の成立構造を理解するうえでの手掛かりを求められてもよいと考える」[12]とされる。そして、「そもそも、組合契約内で各組合員間の個別的債権関係を想定するために、各個の意思表示のやり取りを要求する必然性もない。他の成立形式により一個の契約が成立し、その契約に基づき、各組合員間に債権関係が生じると解することもできよう。……この場合、各当事者による相互的意思表示により、三角形の債権関係を発生させる一つの組合契約が認定されることになろう」[13]とされる。そのうえで、組合契約と多角取引との関係について、「こうした組合契約の理解からは、組合契約以外でも、三者間の三つの債権関係について、一つの包括的な契約を認定する可能性を見出しうる」とされつつ、「その認定には、複数の債権関係を一体的な契約関係へと結合させる法的要因が必要」であり、損益分配や給付の共通利益性・相互委任的関係を要素とする「共同の事業」を法的要因とする組合に範を求めた場合には、経済的一体性や共同の利益、契約の統合化や相互依存関係を指摘するだけでは不十分である、とされるのである。(14)

岡本教授の見解は、三当事者間でも契約が成立するが、それが複数の債権関係を包括する契約であると認定するための枠組みを「損益分配」と「給付の共通利益性・相互委任的関係」というように、具体的に提示しており、その発想は多角取引を一つのまとまりと見て包括的な法律構成をしようとする多角的発想と共通するものであって、本書にとっても参考になる。

２　合同行為的意思表示による契約の成立

筆者もまた、多角取引を団体的な側面から捉える視点から、前節では、多角取引では合同行為的な意思表示により、一つの契約が成立するという構成の可能性を指摘した。すなわち、多角取引の法的構造を解明するためには、従来の法律行為論の下での意思表示ないし従来の契約成立論の下での申込み・承諾をしていない者もまた多角取引全体に関する合意の当事者となりうる、という理論に立たなければならない。そして、そのような要請を満たすためには、多数当事者の「合同行為的」な意思表示によって契約が成立するといえればよい。すなわち、多角取引においては、二当事者からなる各個別契約と同時に、その取引を形成することについて全取引当事者による同一の意思表示がなされており（個別契約の意思表示にそのような意思表示が含まれている）、それによって多角取引自体を目的とする契約（基本契約）が成立していると構成するのである。

これは、多角取引は多数当事者によって取引共同体を作っているというのに近いという発想に基づき、かつ、法人や組合の成立について、契約と異なる概念として合同行為概念が認められるという伝統的な考え方をとりあえず前提としながら、申込みと承諾の合致による契約の成立という構成を打開するために、全取引当事者による同一の意思表示がなされることによって契約が成立するという必要上、合同行為「的」という表現を用いたものである[15]。しかし、団体と多角取引との類似性・連続性を考えるときは、本来的には、合同行為か契約かという違いもまた相対的に考えればよく、意思表示が誰に対して向けられているかということは、契約の成立を認めるための本質的な障害にはならないように思われる。

3　小括

岡本教授は、多角取引の範を組合契約に求めつつ、三当事者以上の契約の成立構造に関する理解の仕方には、いくつかのバリエーションがあり得るとされ、前述のような合同行為的契約論を含めて、各種契約成立構造モデルは、排他的・択一的な選択肢ではないと解すべきであろうとされる[16]。私見もまた、法人と組合の関係、および団体と契約の関係について前述してきたところから、多角取引の法的構造は、定型的なものではなく、取引当事者の必要に応じて、団体を構成する場合から、複数の二当事者間契約がたまたま競合しているにすぎない場合の一歩手前までのさまざまな段階的な形態に応じた構成があり得るものと考える。したがって、重要なのは、そのような段階差のある団体的な関係から、団体としてのまとまりを決定づける要素がいかなるものか、またそれらの程度の違いによって多角取引にどのような違いが生じるかを明らかにすることである。

五　団体を参考にした多角取引の基準

1　共通の目的性

団体と多角取引とが相対的関係にあるということは、団体と多角取引には共通性があるということにほかならない。そこで、多角取引を構成するための基準ないし要素について、法人や組合の特質から最も参考になると思われるのは、団体の内部関係における規律であり、「各構成員間に共通する目的」である。法人は、定款などの基本約款で定められた目的の範囲内で権利を有し義務を負う（民三四条）。また、組合は、各当事者が共同の事業を営むことを約することによって効力を生じる（民六六七条一項）。法人の目的とは、法人が果たすべき社会的作用であり[17]、組合における共同の事業とは、組合の目的である[18]。このような目的の共通性こそが、団体を一つの「まとまり」と構成するための決定的な要素にほかならない。しかし、これだけでは、多角取引について従来指摘されてきた「経済的一体性」や「共同の利益」とほとんど異なることがない。共通の目的を参考にするためには、その内実をさらに検討する必要がある。

法人の目的概念は、従来、対外的効力との関係でその範囲をめぐって議論がなされてきたが、社団法人の内部関係における社員間の権利義務にも、この目的を反映したものがあるように思われる。すなわち、社員は、定款の定めるところにより、法人の経費の支払義務を負う（一般法人二七条）。また、社員は、理事が目的の範囲外の行為をするかそのおそれがある場合で、法人に著しい損害が生じるおそれがあるときは、理事の行為の差止めを請求することができ（一般法人八八条一項）、他の社員を代表して、理事などの役員の責任を追及する訴え（代表訴訟）を提起することができる（一般法人二七八条一項）。これらは、法人の目的を達成するために社員に認められた特別の権利義務である。

他方、組合でも、組合の目的、すなわち共同の事業性が組合員相互の関係に直接的に反映されている。すなわち、組合員は、共同の事業を営むために出資の義務を負い（民六六七条一項）、出資しない組合員に対する出資請求権は、組合員全員に帰属すると解されている[19]。また、組合財産は総組合員の共有となるが（民六六八条）、分割請求はできない（民六七六条二項）。組合の業務執行については、各組合員が執行権を有することを根本とする[20]。各組合員は、これを一部の組合員に専行させることができるが、それは執行を「委任」するからにほかならない（民六七一条）。しかしその場合でも、組合員は組合の業務および組合財産の状況を検査することができる（民六七三条）。これは委任における委任事務の報告を求める権利（民六四五条）よりも強い権利である。

なお、組合においては、組合に利益または損失が生じたときは、組合員は利益の分配を受けまたは損失を分担する義務を負う[21]。たしかに、営利を目的としない場合には利益の分配は共同の事業ではなく[22]、また損失の分担は組合が有限責任でないことに基づいており、法人ではこのような義務はない。しかし、法人において営利の分配ないし有限責任を定めるのも、組合契約によって損益の分配を定めるのも、いずれもその構成員に委ねられているのであり、団体の特質に応じて構成員によって選択されることが重要であろう。このように考えれば、損益分配もまた、法人や組合が共通の目的を追求することから生じる問題であるといえよう。

2　相互協力義務

以上のことから、団体が共通の目的を有することから生じる構成員間の権利義務について、多角取引において参考となるのは、以下の点である。すなわち、団体においては、全構成員によってあらかじめ設定される共通の目的を達成するために、本来的に、各構成員が相互に協力義務を負う。協力義務の内容は、その団体の目的に応じて異なるが、各構成員はその履行を他の構成員に請求することができる。また、特定の構成員に業務の執行を委ねているときでも、他の構成員は、その執行状況について報告を求めたり、検査などを行ったりする権利を有する。

このような特質は、多角取引について以下のような示唆を提供する。すなわち、第一に、多角取引を単なる契約関係の競合と区別するための基準ないし要素として、「目的の共通性」が必要であり、多角取引を行う目的について、取引当事者全員に共通の認識・了解が必要である。これは多角取引が形成された後に取引に参加する者にも当然に要求される。第二に、この共通の目的の具体的内容は、多角取引によって異なるものであり、基本的には、構成員の合意によって設定されるが、明示の合意がなくともその取引の性質から認定できる場合もあり得る。そして、第三に、多角取引を構成するすべての当事者は、自己が他の特定の構成員と締結する個別の契約に基づく権利義務とは別に、この共通の目的を果たすために、「相互協力義務」を負い、この不履行があった場合には、各構成員がその履行を請求する権利を有する。たとえば、リース取引においては、目的物の修理の必要性は、取引の必然的な内容であり、たとえ個別契約が締結されていない場合でも、取引を維持するためにサプライヤーが他の当事者全員に対して負うべき義務であるといえよう。またフランチャイズ契約においては、広汎な事業の展開を円滑に行うために、フランチャイザーは、各フランチャイジーに対して、当然に、事業の状況について報告義務を負うというべきである。

以上のように、団体と団体的な契約との関係を相対的に捉える観点から多角取引を見るときは、これを一つの取引と解するためには共通の目的という要素が必要であり、それとともに、この共通の目的性からする取引当事者の特別な権利義務としての相互協力義務を導くことが可能となるのではなかろうか[23]。

（1）　我妻栄『新訂民法総則』（岩波書店、一九六五年）一二七頁以下。

（2）我妻栄『債権各論中巻二』（岩波書店、一九六二年）七五四頁。

（3）最判昭和39・10・15民集一八巻八号一六七一頁、最判平成6・5・31民集四八巻四号一〇六五頁など。中舎寛樹『民法総則〔第二版〕』（日本評論社、二〇一八年）四六八頁。

（4）星野英一「いわゆる『権利能力なき社団』について」同『民法論集第一巻』（有斐閣、一九七〇年）二二七頁以下。

（5）山本敬三『民法講義Ⅰ総則〔第三版〕』（有斐閣、二〇一一年）五一七頁以下。

（6）中舎・前掲注（3）四三三頁。

（7）河上正二「定款・規約・約款」竹内昭夫編著『特別講義商法Ⅱ』（有斐閣、一九九五年）三四頁以下（初出、法教一三八号（一九九二年）四三頁以下）。

（8）山田誠一「団体的契約」山本敬三ほか『債権法改正の課題と方向（別冊NBL五一号）』（商事法務研究会、一九九八年）二五三頁以下は、債権法改正に関連して、民法上の組合とそれ以外の団体的契約との関係をどのように規律すべきかを検討するにあたり、団体と契約の関係について、「団体と契約とは、組合を団体と理解し、同時に、組合契約の締結によって組合が成立すると理解するならば、対立する概念ではない」、「同一の当事者とおおむね内容の共通する契約を締結する複数人を、団体として理解し、そこに何らかの法的意義を認めようとする視点がある」とされている。また、藤田友敬「契約と組織――契約的企業観と会社法」ジュリスト一一二六号（一九九八年）一三四頁、一三七頁は、最近の企業の経済学では、「組織を取引とは全く性格の異なるものとは理解せず、むしろ企業も取引もいずれも広い意味での『契約』であると見る」契約的企業観があるとし、「そのような『契約』が合意される前提として存在すべき法的ルールを分析するべく、どれだけ有益な手法・視点を持ち込めるか」が大切であると指摘している。

（9）中舎・前掲注（3）四三四頁。

（10）岡本裕樹「典型契約としての組合契約の意義」名法二五四号（二〇一四年）七二三頁以下。

（11）岡本・前掲注（10）七四八頁。

（12）岡本・前掲注（10）七四九頁。

（13）岡本・前掲注（10）七五〇頁。

(14)　岡本・前掲注(10)七五〇頁。

(15)　岡本・前掲注(10)七四八頁は、合同行為的契約論について、「プーフェンドルフの『同意理論』からの着想にもとづき、複数の契約から構成される取引を、全取引当事者の同意に基づく取引全体の基本事項を定める基本契約と、この基本契約に基づいて各当事者間で締結された個別契約から構成されるものと分析している」ものであり、「この見解は『合同行為』という表現を用いるが、組合における合同行為説が、当事者の意思表示の内容について団体形成の意思と考えるのに対して、ここでは、予め定められた契約内容に同意する（拘束される）意思を意思表示の内容とする点で、質的な違いがある」と評されているのはそのとおりである。

(16)　岡本・前掲注(10)七五一頁。

(17)　我妻・前掲注(1)一一五頁参照。

(18)　我妻・前掲注(2)七七一頁。

(19)　我妻・前掲注(2)七九九頁。

(20)　我妻・前掲注(2)七七七頁。

(21)　我妻・前掲注(2)七六七頁、八二〇頁。

(22)　我妻・前掲注(2)八二三頁。

(23)　この相互協力義務を導くための法律構成については、次の**第3節**で展開する。

第2節　多数当事者間契約論

第1項　多角取引の法律構成

一　多角的発想による法律構成の課題

本書におけるこれまでの検討からは、多角取引に対する共通の認識と課題を以下のように小括することができるように思われる。

1　多角取引についての共通認識

多角取引では、個別契約の解釈からだけでは導くことができない「何らかの利益」が契約の結合によって創出されている。各契約の結合の態様は、個別契約の複合という点で共通しながら、取引の目的に応じて選択されて多様であり、各類型によって決定的な差異はない。契約の結合の程度には、取引に参加する各当事者の独立性の違いに応じて段階的な差がある。

2　法律構成上の課題

この「何らかの利益」を導くための要素をどう構成するかを検討し、その意義、要件、効果（段階的な差を反映できることを含む）を明らかにすることが課題となる。これは複合契約的発想であろうと多角的発想であろうと異ならないが、各発想によって課題が異なる。

複合契約的発想による場合には、個別契約それ自体からは導くことができない効果を導くための個別契約の「結合要素」をどのようなものと捉え、かつ、それを各個別契約と関連性を持たせながら、どのように位置づけるか、すなわち、各契約それ自体からは導けない「結合要素」の発見と構成が課題となる。

これに対して、多角的発想に立つ場合には、取引自体から効果を導くために、二当事者間契約をいったん解体したうえで、多角取引を機能の面から捉え直して再集約し（機能的集約）、それを概念化するために、取引参加者すべてによる新たな結合を可能ならしめる「新たな契約」を想定するか、または、二当事者間契約とは別に、取引参加者すべてによる「何らかの結合体」を想定し、それを法律構成すること、すなわち、「新たな契約関係」の創出と構成が課題となる。

以上によれば、二つの発想には、多角取引現象に対する認識を共有しながら、二当事者による契約の成立を前提としつつ第三の要素を考えるか（複合契約的発想）、二当事者間契約を見直すか（多角的発想）という決定的な違いがある。そこで以下では、多角的発想からする法律構成の可能性と課題ないし問題点をまとめることにする。

二　多角的発想による法律構成の可能性

二当事者間での個別契約以外に、多角取引そのものの構造から取引参加者間で別の合意を想定する構成が多角的発想である（**【図１】**）。ただしこれにも、二当事者間での契約をどのように扱うかによって、違いがある。

【図１】多角的発想からする法律構成

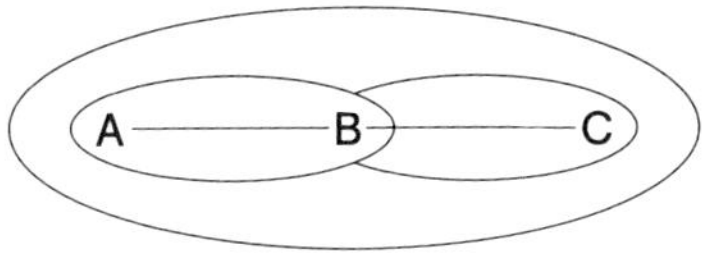

1　伝統的構成

まず、伝統的な構成でもこのような発想に基づく構成が存在しなかったわけではない。

(1)　組合

組合は、事業を結合要素とした多数当事者の存在を予定した法律関係であり、古くから内外を問わずその性質をめぐって議論が展開されてきた。わが国の民法は、これを典型契約の一つとして規定し、各構成員相互間で同一内容の契約が複合的に締結されると構成している（民六六七条）。このような事業という共通の目的のために内容の同一な行為が行われることから、これを契約ではなく合同行為であると解する有力説も存在している。[1] 組合は団体と異なり、契約によって各組合員間の権利義務が形成されるというメリットもある。最近では、組合が二当事者間契約論から離れて多角関係の一つのモデルとなり得ることを指摘する見解も見られる。[2] しかし、各当事者間に契約関係がない多角関係では、そのような当事者間で組合契約が締結されたというには無理があり、民法が定める組合そのままでは、取引当事者ではあるが契約関係にないことを構成できないという難点がある。

(2)　三面契約

三面契約概念は、どの解説書にも出てくる契約方式であり、三当事者からなる契約であるとされる。しかし、多角関係では、三面契約がいうような申込みと承諾の意思表示の合致があるという意味での契約当事者ではない者の間での権利義務関係が問題であって、単に三当事者がいるから契約が成立するというのでは、何も解明したことにはならない。

(3)　小括

以上のように、伝統的な構成には、多角的発想に基づくと理解できる側面もあるが、個別契約の中にすべてを読み込もうとする点で限界があるといわざるを得ない。

２　新しい構成その１——個別契約を認めつつその意味を組み換える構成

新しい構成の一つに、個別契約を認めながら、その法的な意味を組み換えるという構成がある。これは、複合契約的構成に属する構成ではあるが、多角的発想に親和的な側面もあると思われる。

具体的には、ローン提携販売につき、取引の経済的実質を根拠に組み換え、金銭消費貸借の相手方は売主であり、売主と金融機関の間で、売主が有する割賦代金債権の売買契約があるとする構成である。[3] このような構成は、多角関係を包括する合意を観念するものではないが、実質的には、組み換えを介在させて、当事者の合意とは異なる合意があるというに等しい。しかし、組み換えの基準を何に求めるかという問題のほか、解釈によって当事者の合意を否定することまでもがはたして可能なのかという問題もある。

なお、債権法改正に関連して、中間試案の段階では、三面更改の新設が提案されていた。これは、多数の当事者間で発生している債権について、給付の内容を変更しないまま債権者の第三者に対する債権と第三者の債務者に対する債権とに置き換えるというものであり、多数当事者間決済の実務に適合するよう法律関係を組み換えるというものである。これは更改という伝統的な概念を利用しているが、その実質からすれば、当事者間で当初締結された契約を別の契約関係に組み換えるという構成の新たな可能性を開くものであったように思われる。しかし、三面更改は、結局、改正民法には取り上げられなかった。

３　新しい構成その２——個別契約を認めつつ第三の合意を想定する構成

次に、個別契約とは別に、取引全体を包括する契約関係が存在するとして、契約関係の重層的構造を認めようとする構成がある。このような構成の中には複合契約的構成に属する構成もあるが、多角的発想に親和的な側面がある。

(1)　三層的法律行為論

まず、三層的法律行為論は、錯誤に関連して展開されている見解であるが、法律行為においては、当事者の表面上の合意（表層合意）とは別に、深層レベルでの深層合意があり、両者に齟齬がある場合には、法律行為の効力が否定ないし制限されるという理論である。[4] これによれば動機の錯誤や事情変更のように従来の意思表示論では取り込めない要素を契約に取り込めるだけでなく、多角取引の基礎理論としても利用できる可能性がある。しかし、二当事者以上の参加者が登場する多角取引では、表層合意がない当事者間でも深層合意があるということには、二当事者間でいう以上に意思の擬制という難点が伴う。

(2)　合同行為的契約論

また、私見では、多角取引に参加するすべての当事者によって合同行為的に取引の形成自体を目的とする基本契約が成立し、参加者相互の関係を規定する個別契約との重層的構造にあるという構成を提唱したことがある。[5] これは、多角取引が取引共同体を形成するという点で団体的ないし組合的な側面があることに着目したものであり、参加者間での個別の合意を要することなく、包括的な合意があると構成できる利点がある。しかし合同行為「的」ということから明らかなように、その際の基本契約は、取引参加者間での合意によらなくとも、参加意思の表明で足り、それは個別契約の締結意思に含まれているとする点では、従来の意思表示の合致による契約成立論とは異なる立場であり、伝統的な立場からすれば意思の擬制であるとされる問題を抱えている。

(3)　小括

以上のように、個別契約を認めつつ第三の合意を想定する構成には、現在の法律行為論・意思表示論を前提にする限り、意思の擬制という難点があるといわざるを得ない。

４　新しい構成その３――二当事者間契約というテーゼによらない構成

このような難点を回避するためには、ついには、意思表示の合致による契約の成立という近代市民法の基本原則を脱却するほかないのではないかという発想に至るであろう。実際、すでに、二当事者間での意思表示の合致を契約成立の基本的要件とせず、それ以外の概念ないし要素による契約の成立を認めようとする構成も示されている。このような構成によれば、多角取引を構成する個々の契約は、もはや取引全体を包括する契約の一部となって、契約としては独自の存在意義を失うことになろう。

⑴　取引構造論・システム論・協調論

このような概念・要素として提唱されているものとして、「取引構造」、「システム」、「協調」などがある。これらによれば、多角の参加者全員について、意思によることなく、すなわち個別契約の存否に関わりなく、参加者間の権利義務関係を導くことが可能となる。また、このような概念は、必ずしも意思と排他的に捉える必要もなく、そのような理解によれば、取引に参加する各当事者の独立性の違いに応じて当事者間の関係の段階的な差を設けることに、よりよく対応できる可能性もある。しかし、これらは、現在までのところ、明確な法概念として確立しているとは言い難い。

⑵　関係的契約論

より法的な概念として提唱されているのは、関係的契約論である。[6] これは、意思を中心とするパラダイムの限界を指摘して、当事者の置かれている社会関係そのものが契約の拘束力や契約上の義務を産み出すとするものであり、当事者の「納得」をキーワードとして様々な規範意識を共有する取引共同体の中で取引が行われるとする。しかし、このような理論もまた、伝統的な意思表示論・法律行為論との関係や、「関係」を導くための要件と効果などは未知数である。

(3)　小括

以上のような意思の合致による二当事者間契約とは異なる構成は、いずれにせよ、契約理論のパラダイム転換であることは確かであり、それに踏み切ることができるかは、二当事者間契約の原則をどのように評価するかにかかっている。

三　二当事者間契約の「原則性」について

1　「契約」の意義

(1)　現在の理解

法律行為は、一般に、単独行為（一方行為）、契約（双方行為）、合同行為（協定行為）に三分類されており、契約とは、「相対した二以上の当事者が、申込と承諾という形式で、交換的になす意思表示の合致によって成立する法律行為」[7]、「対立する二個以上の意思表示が合致して成立するもの」[8]、「複数当事者の意思表示が合致することにより成立する法律行為」[9]、「対立する複数の（多くの場合、2個の）意思表示が合致して成立する法律行為」[10]、「複数当事者――通常は2人――の関与によって彼らが相互に拘束されるという効果を発生させる行為」[11]とされ、そこでは三人以上の当事者の存在が予定されている。

しかし、契約の成立以下の説明になると、例外なく、二当事者間契約を前提に論述がなされている。はじめから、「或る法的効果の発生を意欲する旨の一当事者の意思表示が存在することを前提として、他の当事者がこれと同一内容の法的効果の発生を意欲する旨の意思表示をなし、その合致によって法的効果（訴権による保護）を生ずる法的要件」[12]、「『申込み』と『承諾』という両当事者の二つの意思が存在し、『契約』は、互いに相手に向かって発せられた表示が合致したものにほかならない」[13]、「両当事者の意思表示、つまり申込みと承諾が合致することによって成立する法律行為」[14]、「契約とは２つの意思の表示（意思表示という）の合致によって成立する」[15]、「対立する二者の意思表示の合致によって法律効果が発生する法律行為」であり「意思表示の数は、２個である」[16]、「相対立する２当事者の意思表示の合致である」[17]として、二当事者であることを明言する記述もある。「契約は申込みと承諾という二つの意思表示の合致によって成立する」として、当事者の数に触れない記述もある。[18]

於保博士は、法律行為の当事者の数が二またはそれ以上であるときを多方行為とされたうえ、多方行為は契約と合同行為とに分けられ、共有者が共同して他人に共有物を売却する行為は契約であるとされるが、それは一当事者としてなされる行為（共同行為）であるとされている。[19]

(2)　多数当事者間契約もあるとする見解

これに対して、幾代博士は、契約とは、「二個以上の意思表示が合致・結合して成立するところの法律行為」であるとされつつ、「意思表示の数は、……二個であるのがふつうであるが、三個以上（したがって当事者も三人以上）のこともある」とし、その例として、「免責的債務引受けが債権者・従前の債務者・債務引受者の三当事者間の契約でなされる場合の、いわゆる三面契約とよばれるものがこれである」とし、また、組合契約が実質的にも契約だと解されるならば、これも例になりうるとされる。[20]

これは、合同行為との区別について、意思表示の方向の違いなどというのは一種の比ゆ的描写以上のものではないとされて、その概念に疑問を呈されることが伏線になっている。すなわち、合同行為概念をわが国で定着させたのは鳩山博士であり[21]、我妻博士もこれを肯定するが[22]、幾代博士によれば、共有者による地役権設定や契約当事者の一方が複数である場合の解除などを合同行為に含ませるとすれば、少なくともこの種の合同行為は契約に並ぶ第三の法律行為と呼ばれるに適せず、共同の意思表示といえば足りるとされる。[23]　それ以前に末弘博士もまた、合同行為概念は認めつつ（違いは意思表示の対立に求められる）、意思表示が一個であるか併行的集合意思表示であるかは何らの差がなく、これに合同行為という名称を付すのは穏当でないとされ、当事者が数人いる場合に数個の意思表示をして、それらが併行して相集合して他方当事者の意思表示と対抗すれば契約であるとされる[24]。

このような考え方からすれば、多角取引における当事者の数、意思表示の方向は、多数当事者による契約の成立の障害にはならない。意思表示の合致がないという問題をクリアーできるわけではないが、幾代博士が、意思表示の「合致」と並んで「結合」でも契約が成立するとされている点には注目できるのではなかろうか。これが仮に、意思表示の合致以外による契約の成立を認める趣旨であるとすれば、意思表示さえ存在すれば多数当事者間で、個別に契約が成立していなくとも、当事者全員を含んだ契約の成立を認める余地があるのではなかろうか。

平井宜雄博士は、「法律上は契約という形式を採りながら実質的には組織（団体）を創出するという法技術（組合契約は其の古典的法技術であり、その権利義務の解釈にあたって一般の契約と同視してよいかは問題たりうる）が、新たに現代的意味を帯び始めて」いるとされており[25]、これは合同行為概念を認め、契約とは異なる解釈をする必要があるとされるものではあるが、われわれにとっては、逆に、組織（団体）的な契約の存在もあり得ることを示唆していると受け止めることもできよう。

事実、すでに二〇年以上前に、河上正二教授は、社団法人、組合と多角取引の契約との関係について、いずれも本来は個々人の約束に基づく意思的活動の産物でありながら、多数の人々（集団）の法律関係を一律に秩序づけようとし、同時に、組織と市場との両者にまたがって機能しているとして、組織法と行為法、団体法と個人法という伝統的な枠組みを批判的に捉え直して、団体の組織原理を契約法の視点から読み直すという課題を提示され、組織的なものを契約関係として捉え直す視点の重要性を指摘されている[26]。現在では、まさにこのような問題提起を受けた法律構成の可能性を提示することが必要ではなかろうか。

２　ドイツ法律行為論とは異なる発想による契約の締結

(1)　同意理論

そもそも契約とは、合意との区別でいえば、法によってその履行を保護されている合意であり、その合意の構成要素を限定するものではないはずである。法律行為論とそれに基づく二当事者間契約を原則とする契約の定義は、ドイツ普通法学によるものであるが、法律行為論が確立する以前には、種々の契約成立モデルが主張されていたことが知られている。

とくに、法哲学の筏津安恕博士によれば、プーフェンドルフは、申込みと承諾による契約の成立ではなく、当事者間で確定された合意事項に二人あるいはそれ以上の契約当事者が「同意」することによって契約が成立するという理論を掲げていた[27]。これは対立しあう意思表示としての申込みと承諾によるのではなく、すべての当事者の「相互的同意 mutuus consensus」によって契約の成立を説明する理論であり、ドイツの法律行為論とは基本的にまったく異質な契約理論である[28]。ここでは、契約当事者とは、契約に同意するすべての当事者であり、申込みをする者とそれを承諾する者ではない[29]。また同意とは、事前に合意された事項に対する同意であり、同意は、口頭、文書、動作によって表現されるが、行為の性質自体その他の状況から明白になされることも生じるとされる[30]。意思表示に還元されないものであっても、確定された合意内容を承認する行為だからである。そして、このような理論は、ドイツの法律行為論の未発展な理論形態ではなく、契約の締結に関する思考様式をまったく異にしているものであるとされるのである[31]。

さらに、われわれにとって興味深いのは、同博士によれば、このような契約理論とボアソナートの契約理論との間には、契約締結を説明する思考様式に共通性が見られるということである[32]。ボアソナードは、「当事者間で確定された確定的合意事項 convention をすべての契約当事者が同意する」ことによって、法的な意味での合意が成立

【図２】ドイツ法律行為論における契約

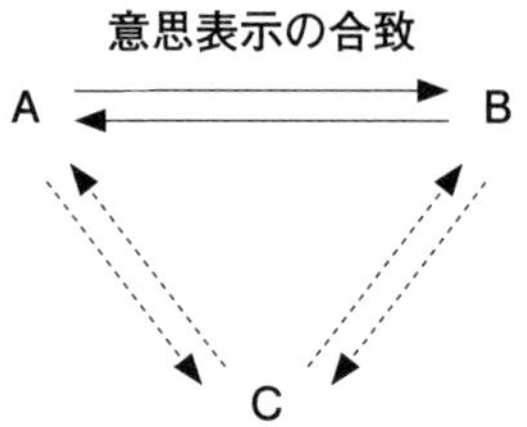

【図３】同意理論における契約

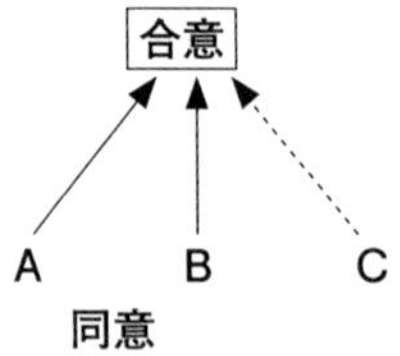

するとしているからである[33]。それによれば、ボアソナードもまた、合意が意思に還元されえない独自の存在性格を持つと認識する立場に立っており、その立場では、個々の当事者の意思だけが契約にとって決定的意味を有しない。評価的な観点から合意の客観的確定作業を行うことが可能であり、またそうすべきことになる[34]。

以上のことは、筏津博士の研究を引用したにとどまり、ここで述べた以上に法思想史上の理解があるわけではない。また、同博士が同意理論と呼ぶ理論は、プーフェンドルフ自身が明示しているわけではないので、その理論としての検証が十分ではないとの批判もあるようである。しかし、このような同意理論は、現在のわが国の民法学において忘れられた理論ではあっても、多角取引現象をどのように構成するかという課題に対して、今後なされるべき法律構成の一つの方向性を示しているということができないであろうか[35]。このような理論の下では、二当事者間契約は契約成立の典型的な場合ではあってもすべてではなく、二当事者間契約の原則は相対化され、多数当事者間契約を排除するものではないということになろう。

(2)　合意内容の確定

同意理論の下では、契約が成立するためには、同意の前に、合意事項の事前の確定が前提として必要となる。また、これは、意思を中心とするが、それに限定されるものでないことになる。しかし、このことは、法律行為論の下での法律行為の解釈という作業においても、今日共通認識となっていることである。かくして、契約当事者間における意思表示の合致は、合意内容を確定するための中心的な要素ではあっても、契約の成立にとって必須の要素ではなく、契約の目的やその他の事情を含めて合意内容を客観的に確定でき、それに対する同意があると認められる当事者間で契約の成立を認めることができるということができよう。

四　多数当事者間契約の法律構成

１　二当事者間契約の原則の相対化

以上、多角関係を捉えるための種々の法律構成の可能性を整理してきた。たしかに、多角的発想に基づく構成で、かつ、新しい概念・要素を提案する構成は、魅力的ではあるが、新しい構成であればあるほど、伝統的な意思の合致を基本理念とする二当事者間契約論から離れてしまうという問題がある。

これを乗り越えるためには、二当事者間契約の原則を相対化する必要がある。そこでは、前述した同意理論を参考に、多角取引への参加と合意内容の承認を内容とする「同意」という意思を中心とし、かつ、意思ないし意思表示の合致を絶対化せずに、合意内容を確定するための要素の一つとして捉え、「合意に対する同意」による契約の成立を認めことが必要となる。

２　合意内容を確定するための要素

このような理解からすれば、「契約目的」、「経済的一体性」、「取引構造」、「システム」、「提携」、「協調」といった要素は、多数当事者間で成立する契約における合意の範囲と内容を確定するための基準として「意思」とともに、利用できるのではないかと考える。また、これらの要素は相互に排斥しあうものではなく、いずれも合意内容を確定するための要素として、取引に応じて重点が置かれる要素が異なるにすぎないものであり、そのような意味において、意思の占める度合いには段階差があると解すべきであろう。したがって、合意内容を確定する作業は、当事者意思の探究にとどまらないものであり、多角取引の目的からする「規範的」な作業であるといえよう。

3　合意に対する同意

合意に対する同意は、①取引当事者による自己の立場の引受けと、②他の取引当事者の立場の承認からなり、これらが認定できる場合には、取引参加当事者間で個別契約が網羅的に締結されているか否かにかかわらず、多数当事者間契約における合意の成立を認めてよいと考えられる。同意は、事実関係そのものから契約関係を発生させるのではないことのメルクマールとなるものであり、単なる取引実態から法律関係を区別するために必要不可欠な基準である。これが意思表示であることはいうまでもないが[36]、このような意思表示は、取引に参加することによって当然に推認されるものである。伝統的なドイツ法律行為論と異なるのは、各当事者間での意思表示の合致ではなく、合意に対する意思表示であるという点にすぎない。

4　取引への参加と非同時性

しかし、この意思表示の対象の違いによって、多角取引にとって、伝統的なドイツ法律行為論とは異なる利点を見出すことが可能になる。すなわち、第一に、このような同意の理解からすれば、取引目的に合致する限り、取引当事者が誰であるかを最初から固定する必要はない。取引の必要、拡大に伴い、後からの参加者を含めて多数当事者間契約は拡大しうる（下請負における孫請け、フランチャイズにおけるフランチャイジーなど）。逆に、個別契約を基に理解したのでは契約関係から離脱する者であっても、取引目的によっては、なお取引当事者として残り続ける場合もあり得る（契約上の地位の譲渡人など）。第二に、多数当事者間契約の成立のためには、それに参加する当事者が同時に意思表示をするという「意思表示の同時性」は必要でない[37]。すでに成立している多数当事者間契約に、後に参加する者もまた、合意内容を同意することにより、多数当事者間契約の一員となることができる。当初より多数当事者間に参加している当事者がすでにそのような者の登場を予定しているといえるからである。

5　多角取引の効果と段階性

多角取引の効果は、上記のようにして確定される多数当事者間契約の合意内容に従って導かれる。これは、多角取引の目的を実現するために必要となる効果を各当事者に「割り当てる」ことであるが、具体的には、当事者間で締結されている個別的な合意内容にとどまることなく、取引を維持するために必要な効果を取引の目的に従って規範的に抽出すべきことになる。具体的には、各当事者間での個別の合意から導かれる効果のほかに、取引全体を維持するために、取引に対する包括的な合意から導かれる効果があり、それは、各当事者相互の協力義務、すなわち「相互協力義務」というべきであろう。このような義務の具体的内容は、取引の目的によって異なりうるが、たとえば、フランチャイズ契約におけるフランチャイザーの情報提供義務、リース取引における供給者の目的物瑕疵修補義務、下請負における元請人の利益分配義務などとして現れると考えられる。

また、このような効果は、取引当事者の結合の度合により違いがあるといえよう。すなわち、各当事者に対して独立性の高い当事者であるほど、個別の合意には含まれていない効果として権利義務を独自に有するが、取引当事者の一人に対して従属的な地位にある当事者であるほど、自己に対して優越的な地位にある当事者と共通の権利義務を有し、その他の当事者に対して、権利を共有ないし準共有するとともに、義務を連帯して負担すると解すべきことになろう。

6　結論

多角取引は、このようにして、二当事者間契約の原則を相対化し、多数当事者による合意に対する同意によって一つの契約が成立するという構成の下での多数当事者間契約を認め、かつ、合意内容とそこから導かれる効果の確定にあたっては、意思とともにその他の要素を含んだ重層的かつ段階的な確定作業によるべきではないかと考える。

(1)　我妻栄『債権各論（中）二』（岩波書店、一九六二年）七五八頁。
(2)　岡本裕樹「典型契約としての組合契約の意義」名法二五四号（二〇一四年）七四八頁。
(3)　山田誠一「『複合契約取引』についての覚書（一）・（二完）」ＮＢＬ四八五号三〇頁、四八六号五五頁以下（いずれも一九九一年）。
(4)　加藤雅信『民法総則〔第二版〕』（有斐閣、二〇〇五年）二六一頁以下。
(5)　本章**第1節**、および中舎寛樹「多角的法律関係の研究の成果と課題」椿寿夫＝中舎寛樹編『多角的法律関係の研究』（日本評論社、二〇一二年）五〇六頁。
(6)　内田貴『契約の再生』（弘文堂、一九九〇年）二二三頁以下、同『契約の時代』（岩波書店、二〇〇〇年）二九頁以下。関係的契約論については、イアン・マクニール（池下幹彦＝東重彦共訳）『関係的契約理論』（日本評論社、二〇一五年）参照。
(7)　於保不二雄『民法総則講義』（有信堂、一九五一年）一六一頁。
(8)　我妻栄『新訂民法総則』（岩波書店、一九六五年）二四四頁。
(9)　潮見佳男『民法総則講義』（有斐閣、二〇〇五年）七二頁。
(10)　佐久間毅『民法の基礎1総則〔第四版〕』（有斐閣、二〇一八年）四二頁。
(11)　四宮和夫＝能見善久『民法総則〔第九版〕』（弘文堂、二〇一八年）二〇五頁。
(12)　川島武宜『民法総則』（有斐閣、一九六五年）一五七頁。
(13)　河上正二『民法総則講義』（日本評論社、二〇〇七年）二三一頁。

(14) 山本敬三『民法講義Ⅰ総則〔第三版〕』(有斐閣、二〇一一年)一〇三頁。
(15) 内田貴『民法Ⅰ総則・物権総論〔第四版〕』(東大出版会、二〇〇八年)三六頁。
(16) 近江幸治『民法講義Ⅰ民法総則〔第七版〕』(成文堂、二〇一八年)一六四頁。
(17) 野村豊弘『民法Ⅰ序論・民法総則〔第三版〕』(有斐閣、二〇一三年)一二五頁。
(18) 加藤雅信・前掲注(4)一九〇頁。
(19) 於保・前掲注(7)一六〇頁。同旨、川島・前掲注(12)一五九頁以下。
(20) 幾代通『民法総則〔第二版〕』(青林書院、一九八四年)一八五頁以下。
(21) 鳩山和夫『法律行為乃至時効』(巌松堂、一九一〇年)注釈三七以下。平井宜雄『新版注釈民法(3)』(有斐閣、二〇〇三年)二八頁以下、五〇頁以下参照。
(22) 我妻・前掲注(8)二四四頁。
(23) 幾代・前掲注(20)一八七頁。同旨、川島・前掲注(12)一五九頁以下。
(24) 末弘嚴太郎『債権各論』(有斐閣、一九一七年)一九頁。
(25) 平井・前掲注(21)五一頁以下。
(26) 河上正二「定款・規約・約款」竹内昭夫編著『特別講義商法Ⅱ』(有斐閣、一九九五年)三四頁以下(初出、法教一三八号(一九九二年)四三頁以下)。同・前掲注(13)一四三頁参照。
(27) 筏津安恕『失われた契約理論』(昭和堂、一九九八年)八四頁以下。
(28) 改正前のフランス民法一一〇八条もまた、合意の有効条件として、契約締結能力、契約内容を形成する確定した目的、適法な原因のほかに、「義務を負う者の同意(consentement)」を掲げるのみである。また同一一〇一条は、これを受けて、契約は、一人または数人の者が他の一人または数人の者に対してあるものを与え、行い、または行わない義務を負う合意である、と規定していた。しかし、二〇一六年二月一〇日に成立した契約法の改正では、一一二八条で、契約の有効要件として「当事者の同意(consentement)」を挙げつつ、一一〇一条では、契約は、債務の創出、変更、譲渡または消滅を目的とする二人または数人の者の間での意思の合致である、と規定された。これはわが国と同様、法律行為論を意識した規定であり、現に、改正契約法では、一一〇〇条、一一〇〇—一条、一一〇〇—二条で、法律行為（act juridique）の規定が新設され、一一〇〇—一条では、法律行為は意思表示（manifestations de volonté）からなると規定されるに至った。なお、新一一二八条は、契約の有効要件として、当事者の同意のほか、契約締結能力、適法かつ確定の内容（contenu）を掲げているが、原因（cause）は消えている。このことは、多角取引を法律構成するにあたって、コーズ概念を利用する見解があることからすると、重要な意味を持ちうるが、私見はこの概念に依拠しているわけではないので、ここでは取り上げない。

(29) 筏津・前掲注（27）八九頁。

(30) 筏津・前掲注（27）九七頁以下。

(31) 筏津・前掲注（27）九五頁。

(32) 筏津・前掲注（27）一〇九頁以下。

(33) Boissonade, Projet de Code Civil Pour L'Empire du Japon Accompagné, 2e edition corrigée et augmentée, t. II, 1883, no 45 et no 51.

(34) 池田真朗『ボワソナードとその民法』（慶應義塾大学出版会、二〇一一年）二九四頁以下は、筏津博士の研究を引用しながら、ボアソナードの契約理論と旧民法との関係を分析するために重要な指摘であるとされ、筏津博士の研究は「歴史的比較法的ボワソナード研究を超えて、現代の解釈論にボワソナードを媒介として影響を与える素材となっている」と評されている。そして、その具体的影響の一例として、池田・同書三〇六頁以下では、債権譲渡における承諾の問題を取り上げられ、この承諾は、現在の通説によれば観念の通知（準法律行為）と解されているが、債権譲渡に対する「受諾」であると解すれば、これは意思表示（法律行為）ともいえるのであり、そう解するときは承諾により抗弁を喪失することもなんら不自然ではないとされている。このような承諾の理解は、私見が、合意に対する同意と表現していることと同質であり、同教授の理解によれば、債権譲渡は、譲渡人、譲受人、債務者からなる多角的法律関係であり、しかも同意理論と同様の理論によって構成されるべき関係であるということに繋がるのではなかろうか。現に、同教授は、債務引受と契約譲渡の場面で、同意によって契約が成立することを具体的に提案されている。それによれば、契約の債務者は、債権者の同意があれば、その債務を第三者に引き受けさせることができるとされ、また、双務契約における各契約当事者は、他方当事者が事前または事後に譲渡に同意した場合に、その契約上の地位を第三者に譲渡することができるとされ、同意は、意思表示であり、観念通知ではないとされるとともに、同意は追認ではなく、同意がなければ契約は成立しないとされている。池田真朗「契約当事者論」山本敬三ほか『債権法改正の課題と方向（別冊NBL五一号）』（商事法務研究会、一九九八年）一七五頁以下。

(35) 複合契約に筏津博士の契約理論を応用できる可能性があると指摘する研究として、國宗知子「複合契約と筏津契約理論――『契約の目的』概念をてがかりとして」新報一二二巻一・二号（二〇一五年）二六三頁がある。

(36) 同旨、池田・前掲注（34）「契約当事者論」一七五頁。

(37) 池田・前掲注（34）「契約当事者論」一七五頁以下によれば、債務引受、契約譲渡に対する同意は、事前でも事後でもよいが、事後の場合には同意の時点で債務引受、契約譲渡が成立するとされている。

第２項　ボアソナードの合意論と多数当事者間契約論

一　はじめに

近年、民法領域において、第三者与信型消費者信用取引、ファイナンスリースなどのように、三人以上の多数当事者間で、各当事者の固有の利益を実現するために、独立の当事者として契約を個別に締結し、これら複数の契約を組み合わせることによって、意思表示の合致がない当事者間を含めて、一つの社会的・経済的目的を達成しようとする取引（多角取引）から生じる諸問題をどのように法律構成すべきかが注目を集めるようになってきた。ここでこれらの展開過程を順次整理する余裕はないが、筆者は、これらの議論を大別して、二当事者間の契約の存在を前提にしながら、それらの結合要素を考えることによって、個別契約それ自体からは導くことができない効果を導こうとする構成（複合契約的発想）と、多数当事者の存在から、個別契約とは別に、多数当事者による新たな契約を観念することによって、そこから個別契約とは別の効果を導こうとする構成（多角的発想）に整理したうえで[1]、椿寿夫博士の提唱による多角的発想からする法律構成の可能性として、二当事者間契約の原則を相対化し、多角取引に参加するすべての当事者が、あらかじめ確定された合意に対して同意することにより、多数当事者による契約が成立するとし、取引参加者相互間で締結される個別契約以外に、取引を維持するために必要な効果（相互協力義務）が導かれるとする多数当事者間契約という構成を提示している[2]。これは、二当事者間契約の原則を相対化するために、筏津安恕博士が『失われた契約理論』[3]の中で紹介・検討しているプーフェンドルフの「同意論」を同書から簡単に紹介するとともに、それがボアソナードの契約論と理論的な系譜において連なるものであるとの指摘を引用したうえで[4]、わが国でも、それを参考にして多角的取引を法律構成する可能性があるのではないかという主張をしたものである。

このような私見にとって、これを現代の法律問題に接合するために検討しなければならない課題は数多いが、その一つに、ボアソナードの契約論と現行民法典が基礎とする法律行為論との関係を明らかにするという作業があることは明らかである。この問題については、すでに筏津博士が法思想史の観点からする連続性を明らかにしているが、民法学の観点からボアソナードの契約基礎理論を検討した研究は、後述の池田真朗教授の研究、野村豊弘教授の研究などを挙げることができるのみである[5]。

そこで本項では、冒頭に掲げた素稿を基礎に、筏津博士の基礎研究のほか、池田教授、野村教授の先行研究を踏まえて、ボアソナードの契約論は、法律行為論とはまったく異質の契約論ではないかという観点から、ボアソナードの契約論の構成原理上の特質を検討し、多数当事者間契約論との関係を明らかにしたい。

二　民法起草者による法律行為規定の位置づけ

現民法では、法典編纂方式が旧民法のフランス民法のようなインスティチューション方式から、ドイツ民法のようなパンデクテン方式に変わった。それに伴い、旧民法にはなかった総則が設けられ、法律行為、意思表示の概念とそれらに関する規定が新たに導入された。民法起草者は、法典調査会の主査会において、法律行為および意思表示に関する規定を設ける理由を次のように説明している。

「既成法典ハ其財産編第二部ニ於テ合意ニ関スル規定ヲ設ケタリト雖モ総テノ法律行為ニ適用スヘキ規則ヲ設ケス是レ甚タ遺憾トスル所ナリ蓋シ私法上ノ行為ハ合意ノミニ非ス或ハ寄附行為ノ如キ何人ニモ対セサル単独行為アリ或ハ催告又ハ追認ノ如キ一定ノ人ニ対スル単独行為ニシテ契約ニ於ケル如ク相手方ノ承諾ヲ必要トセサルモノアリ既成法典ハ固ヨリ此等ノ行為ノ有効ナルコトヲ認メサルニハ非スト雖モ其通則ノ設ナキニ至リテハ一大缺点ト謂ハサルヲ得ス本案ニ於テハ特ニ総則編ヲ設ケ私権ノ得喪及ヒ行使ニ関スル通則ヲ掲クルコトトシタルニ因リ茲ニ一般ノ法律行為ニ適用スヘキ規定ヲ載スルハ当然ノ事ト信シタリ」(6)

これによれば、法律行為の規定を設けることにした理由は、合意という概念だけでは私法上の行為を包摂できないので、それらを含めた通則が必要であるというものであったことが分かる。すなわち、「合意」を基本概念とする旧民法の体系から、「法律行為」を基本概念とする現民法の体系への移行は、起草者にとっては、いわば量的な違いであり、質的な変化をもたらすものではないと捉えていたものと思われる。

このような起草者の意図は、意思表示概念を導入することについての次のような説明からもうかがうことができる。

「意思ハ法律行為ノ基本ナリ而シテ表示ナキ意思ハ法律上ノ効力ヲ生セス故ニ本章中意思表示ニ関スル規定ハ其首節ニ之ヲ掲クルヲ以テ当然ノ順序トス

既成法典財産編第二部ハ合意ノ成立又ハ有効ノ条件トシテ意思及ヒ其表示ニ関スル規定ヲ掲ケタリト雖モ前ニ述ヘタル如ク是レ独リ合意ノミニ関スル事項ニ非ス但其規定ニシテ一般ノ法律行為ニ適用スヘキモノハ採テ之ヲ本節中ニ掲ケ其契約ニ特別ナルモノハ之ヲ第三編中ニ編入セント欲スルナリ」[7]

これによれば、意思表示は法律行為の基本であるから法律行為の冒頭に規定するのが当然であるとし[8]、また、旧民法は合意の成立・有効条件として意思表示に関する規定を掲げているが（ただし、実際には、合意の条件を規定するのみで、意思表示に関する規定はない）、これは合意のみに関することではないというのである。また、法律行為と意思表示との関係については、意思は法律行為の基本であるとするのみである。これは、意思表示概念もまた合意概念と質的に異なるものと理解していたとはいえないことを示しているといえるであろう。

さらに、意思表示における意思主義と表示主義との関係については、次のように説明している。

「凡ソ意思表示ニ関シテ従来二学説ノ行ハルルアリ曰ク意思主義曰ク表示主義是レナリ意思主義ノ極ハ表示ナキ意思ト雖モ苟モ之カ立証ヲ得ハ以テ足レリトシ表示主義ノ極ハ意思ナキコト明確ナルモ偏ニ表示スル所ニ拠リ以テ其効力ヲ定メント欲セリ本案ニ於テハ此両極端ニ走ラスシテ意思ト表示ト両ナカラ相須チテ始メテ法律上ノ効力ヲ生スヘキヲ原則トセリ」[9]

これによれば、意思表示に関しては、意思主義と表示主義があるが、本案では、この両極端によらず、意思と表示が相まって効力を生じるのを原則とした、というのである。このような説明は、ドイツ民法第一草案理由書における説明と同一であり[10]、起草者がこれを参考にしたものであって、旧民法との比較において説明をしているのではないことは明らかである。

以上のように、起草者は、ドイツ民法に倣って、法律行為概念、意思表示概念を導入したが、これが旧民法の契約構成原理と質的に異なるものであるとは捉えていなかったといえよう。

しかし、合意を基本概念とする構造枠組みと、法律行為概念とその中核に意思表示概念を置く構造枠組みとを単に量的な違いにすぎないと捉えることには、合意のように当事者全員を基本単位とするか、意思表示のように当事者の一人を基本単位とするかという点だけをみても疑問が生じる。そこで以下では、従来の学説上、旧民法（それはとりもなおさず、ボアソナードの契約論である）と現行民法における契約構成原理との関係はどのように理解されてきたかを確認しておきたい。

三　従来の学説におけるボアソナードの契約論の評価

１　筏津博士によるボアソナードの契約論の理解

前述のように、筏津博士の研究は、法哲学の立場から、カント、ヘーゲルの契約理論とボアソナードの契約理論を比較検討する過程で、ボアソナードの契約理論がドイツ法律行為論とは構成原理を異にするものではないかということを指摘した最初の研究である。

同博士によれば、ボワソナードの契約成立についての説明には、①承諾 consentement という語を使用しないで、意思の合致により合意 convention 概念を説明するもの、②承諾という語を使用して契約の成立要件を説明するもの（契約成立の四要件の説明）、③承諾と合意をほとんど同義と説明するもの（sentiment の説明）、④合意を承諾すると説明するもの、⑤申込みに対する承諾と類似の用法があるとする。[11] このうち、①と②には意味上の違いはなく、[12]③は、ボアソナードにおいては承諾は申込みに対する受諾の意味ではなく、意思の一致を意味しているという。[13] そして、④は、合意が成立した場合をあらかじめ想定しておいて、その合意にすべての契約当事者が承諾を与えるという構成が取られており、それはフランス民法を批判し、すべての関係者の承諾が必要であると説く点に表れているという⒁。これに対して、⑤については、当初の段階では consentement の語が用いられていたが、その後は受諾 acceptation という語に変更されているという⒂。

以上を踏まえて、同博士は、「ボワソナードが『財産編講義』の段階においては、承諾 consentement を基本的には意思の合致と理解しながらも、申込に対する承諾としても理解していたが、後にこの概念的混同に気づいて、区別のために申込に対する概念として受諾 acceptation を採用したのではないか」と分析し⒃、「契約の成立論を論ずるための概念としては consentement をキー・タームとして用いているのであって、申込の意思表示に対する承諾の意思表示によって合意が成立するというような分析的説明を行おうとしているのではない」とし⒄、「契約の締結の理論構成の局面では、consentement だけが使用されているのであって、それは、申込の意思表示に対するものとしてではなく、むしろ作成された契約書にすべての契約当事者が与えるもの（承諾）として使用されているのである」と理解するのである⒅。そして、「ボワソナードの考える意思の合致の構造は、契約のすべての当事者が契約書の内容に対する consentement を与えることによって成立すると解するべきものであって、すべての契約当事者が互いの申込に対して承諾を与えるという性質のものではないのである」と結論づける⒆。

このような理解によれば、ボアソナードの契約論は、現行民法における法律行為論に基づく契約論とはまったく異質なものであり、すべての当事者が契約内容を承諾することにより成立するのであり、それを意思の合致とみているということになろう。

２　池田教授によるボアソナードの契約論の理解

池田真朗教授は、『ボワソナードとその民法』において、この箕津論文を「ボワソナードにおける合意conventionと受諾acceptationという二つの概念の詳細な比較検討」において積極的に評価したうえで、[20]consentementとacceptationの違いについて同教授自身の分析を述べている。[21]ただし、同教授の分析は、以下のように、受諾の意味の理解に力点が置かれている。

同教授は、『旧民法理由書』の原文Code civil l'Empire du Japon, accompagné d'un Expose des motifsを用いながら、その財産篇三〇四条一項（合意の成立要件）と三〇六条一項（承諾の意義）を引用し、ここでの「承諾」consentementが、箕津論文が指摘したように、申込みに対するものではないことを指摘する。[22]これに対して、三〇八条（隔地者間の合意）では、承諾ではなく「受諾」acceptationが規定されているが、しかし『再閲修正民法草案講義』の八二九条ではまだ「承諾」と訳されており混乱がみられるという。[23]しかしその後は、consentementに対して「承諾」、acceptationに対して「受諾」、offre申込みに対して「言込」という訳語を例外なくあてているという。[24]そして、三四七条（記名証券譲渡の対抗要件）でも、承諾はconsentement、受諾はacceptationと完全に使い分けられているが、現行民法ではその区別が捨象され、acceptationも承諾と訳されるに至ったと分析される。[25]

同教授は、以上の分析を基に、債権譲渡の対抗要件における承諾の法的性質について検討を進める。しかし、このような分析の基礎においては、当然のことながら、ボアソナードの契約の成立に関する構成原理がドイツ流の法律行為概念、意思表示概念を採用したものではないことを前提にしているのである。[26]

３　野村教授によるボアソナードの契約論の理解

野村豊弘教授は、以上のようなボアソナードの契約論の理解とは異なる見方をしているように思われる。[27]

同教授は、ボアソナードの錯誤論の検討に重点を置きつつ、その前提としてその契約成立論を分析している。同教授によれば、ボアソナードは旧民法典を「一八〇四年に制定されたフランス民法典を基礎として、その後の学説・判例の成果を取り入れて起草したものである」[28]とし、ボアソナードの契約論を分析するために、主として、Projet de code civil pour l'Empire du Japon accompagné d'un commentaire, 2e édition corrigée et augmentée, t.II, Des droits personnels ou obligation, 1883を参考にし、その他に、Projet de code civil pour l'Empire du Japon accompagné d'un commentaire, nouvelle édition, t.II, Des droits personnels ou obligation, 1891やCode civil de l'Empire du Japon accompagné d'un exposé des motifs, t.II, 1891を参照している。

同教授によれば、ボアソナード草案三一七条（旧民法二九六条）は、合意および契約を定義しており、合意は意思の合致であること、合意のほうが広いことを規定している。また、ボアソナード草案三二五条（旧民法三〇四条）は、合意の成立要件と有効要件を区別して規定し、成立要件を欠く合意は無効であるが、有効要件を欠く合意は取り消しうべき合意となることを示し、フランス民法は合意の成立要件と有効要件の区別に関して不正確かつ不完全であると批判しているという[29]。そして、コンサントマン、目的、コオズが成立要件であるとし、コンサントマンについて、フランス語の《consentement》は、ラテン語の《consentire cum》に由来し、意思の合致すなわち当事者が同一の感情を有することを意味すると説明しているとし[30]、「ボアソナードは、草案三二五条において、コンサントマンが両当事者の意思の合致を意味するものであることを明確に表現しているが、これはこのような学説（筆者注：フランスの学説）に従ったものであるといえよう」と分析する[31]。同教授は、コンサントマンについてさらに分析を進め、ボアソナード草案三二七条～三二九条は、フランス民法には存在しない独自の規定であるとしつつ[32]、草案三二七条（旧民法三〇六条）について、「コンサントマンとは、利害関係のある者として合意に加わるすべての者の意思の合致をいう」とし、「コンサントマンが一人のものではなく、当事者の意思の合致であることを明確にしたものであるとしている」という[33]。また、草案三二八条（旧民法三〇七条）一項は、コンサントマンが言語によりあるいは合図（signe）によりなされうることを規定しており、二項はコンサントマンが黙示によるものであってもよいことを規定している[34]。

これに対して、ボアソナード草案三二九条（旧民法三〇八条）は、申込みと承諾（acceptation）について規定しているが、これはフランス民法にはない規定であり、フランスの学説を基にボアソナードが起草したものであるとしている[35]。そして、ボアソナード草案段階の資料について、「consentementを当事者の意思の合致と定義しながら、ここでは承諾の意味に用いていて、コンサントマンと承諾を多少混同していると思われる」と評価している[36]。

以上によれば、同教授もまたコンサントマンconsentementと承諾acceptationは別の概念であることを認め、合意の構成原理レベルでは、前者が問題であるとしていたと解している。しかし、同教授は、ボアソナードにおけるコンサントマン概念について意思の合致という点を重視して理解し、同一の感情sentimentという点にあまり注目していないように思われる。このため、同教授は、ボアソナードの契約成立論が、現行民法と構成原理上の違いがあるものとまでは捉えていないように思われる[37]。

以上のように、従来の学説は、ボアソナード草案ないし旧民法を素材としてボアソナードの契約論を検討している。しかし、ボアソナードにおける契約の構成原理については、法律行為論とは異質なものであると解する見解もあれば、その点における特異性を強調しない見解もあり、その評価は一定していない。これは、従来の学説が、ボアソナードの契約論を、あくまで各論者の主たる関心である哲学的基礎論、債権譲渡論、錯誤論の検討をするための前提として、その構成原理を検討するにとどまっていることにも一因があるように思われる。そこで以下では、ボアソナードの契約構成原理そのものに焦点を当てて、ボアソナードが来日以来、旧民法の起草にいたるまでにおける理論的展開の過程を検討することにする。

四　ボアソナードの合意論

1　性法講義

ボアソナードは、明治一二年（一八七九年）三月に司法卿から民法典の起草を依頼され、旧民法の起草に着手したのではないかといわれているが[38]、それ以前に、明治七年（一八七四年）四月九日から明法寮で、明治八年からは司法省法学校においてフランス法の講義を行っており、その講義録が『性法講義完（井上操筆記）』として残されている[39]。また、後年、これを校訂して、講義形式のものを文章形式にしたものが『校訂増補性法講義（井上操筆記）』として残されている[40]。

(1)　意思の合致による契約の成立

この『性法講義完』と『校訂性法講義』によれば、ボアソナードは、契約の意義を次のように説いている。

「契約（コントラー）ハ義務ノ第一ノ源因ナリ契約トハ権利ヲ有スル者（権利ノ主人（メートル））ノ二名或ハ数名ノ間ニ於テ双方ノ存意ノ一致（符合　出会）スルヲ云フ又タ之ヲ約束（コンワンシヲン）トモ云フヲ得ヘシ然レトモ約束ハ其語意広キニ過ク何トナレハ都テ契約ハ約束ナレトモ約束ハ尽ク契約ナルニ非サレハナリ蓋シ一個或ハ数個ノ義務ヲ作出スルヲ以テ主旨トナス所ノ約束ニ限リ殊ニ之ヲ契約ト云フ」「契約ヲ以テ義務ノ源因トナセシハ是レ契約ハ負者ノ存意ニ依テ生スル者ナレハナリ又タ負者ノ束縛（オブリゼー）セラル、ハ是レ負者自ラ自由ニ自ラ好ンテ之ヲ為セシ故ナリ且ツ自ラ束縛セラル、ニ足ル可キ堪能（カパシテー）ヲ有セシ故ナリ」[41]

「『こんわん志をん』（約束）ノ語ハ羅甸ノ『こむ江と、うにれー』（一同ニ来ル）ノ論ヨリ来リシ者ニシテ定リシ結果ヲ得ル為メニ二人或ハ数人ノ存意ノ一致シ同一ノ感触ニ至リシ事ヲ云フナリ（約束人双方ノ存意ノ同一点ニ出逢フ事ヲ云フ）」[42]

これは、契約とは、二名または数名の意思が合致することであり、義務を創出することを目的とする約束（convention）であること、契約は当事者の自由な意思によって締結され、それゆえに義務を負うことを説明するものである。これによれば、ボアソナードもまた各当事者の意思を基調にしてフランス法上の契約を理解しているのであり、この点では、現民法における意思理論（Willens Dogma）の立場と何ら異質なものではないことが分かる。しかし、合意（約束、convention）とは、当事者の意思が一致することにより、「同一の感触に至ること」（sentiment）、「同一点に出会うこと」をいうとされている。これは二人以上の当事者の意思の合致そのものではなく、それによって作り上げられる一つの合意を重視するものであり、注目できる。このような違いが契約の構成原理上の違いであることは、次の承諾による契約の成立を説く箇所で明らかとなる。

(2)　承諾による契約の成立

上記の後、ボアソナードが契約を説明する際には、当事者の意思ではなく、これに代わって「承諾」の語が用いられることになる。

「契約ノ成立ニ付テ第一ノ節目ハ承諾（コンサントマン）ナリ○結約人双方ノ存意ノ出会シ同時刻ニ一致センコトヲ要ス」[43]

ここでの承諾は、申込みの対概念として用いられているのではない。(1)のように当事者の意思が一致することにより、「同一の感触に至ること」、「同一点に出会うこと」が承諾（consentement）であるというのである。これによれば、意思の合致＝承諾により契約が成立する、ということになろう。このような承諾の用法は、法律行為論において、相対立する当事者間で、申込みという意思表示がなされ、これに応じる意思表示として承諾がなされるという場合の承諾とは明らかに異なるものである。すなわち、ここでの承諾の対象は、申込みではなく、契約そのものなのである。

2　民法草案財産篇講義第二部

以上のような承諾による契約の成立というボアソナードの契約論は、旧民法の起草において、より明確なものとなる。ボアソナードは、明治一三年（一八八〇年）になると、旧民法の草案を起草する傍らで、五月一四日から司法省において民法草案財産篇の講義を行い、この講義を基に草案を書き直したりした[44]。

この講義の内容は、『民法草案財産篇講義』、『民法草案財産篇講義第二部』として残されており[45]、これにより、ボアソナードの契約理論が『性法講義』から、後の『再閲修正民法草案註釈』へどのように結実していったか、その過程を知ることができる。前者は「財産」に関するものであり（後の旧民法財産篇にあたる）、後者は「人権即チ債主権及ヒ一般ノ義務」に関するものであり、契約の成立については後者が重要である[46]。ただし、内容的には、後の『再閲修正民法草案註釈』とほぼ同様な部分が少なくなく、この段階でボアソナードの契約理論の体系がほぼ完成していたものと思われる。そこで以下では、『民法草案財産篇講義第二部』について、一方では『性法講義』との違いを意識しつつ、他方では『再閲修正民法草案註釈』と違いがあるところに限って、この段階でのボアソナードの契約理論を検討することにする。

この講義は、まず草案の条文を掲げ、それについて説明するというかたちで進められている。

「（第九十二回　明治一四年十一月十一日）第一款　約束及ヒ契約

第三百十七條　約束トハ物上若クハ対人ノ権利ヲ創設シ変更シ又ハ消滅セシムルノ目的ニ於テ二箇又ハ数箇ノ意思ノ一致ヲ謂フ

約束カ人権即チ義務ノ創設ヲ主眼トスルトキハ殊更ニ之ヲ契約ノ名ヲ附ス

約束及ヒ契約ノ二箇ハ其意義略同一ナリ唯約束ハ広ク契約ハ狭キノ差異アルノミ故ニ本條ハ先ス第一項ニ於テ約束ヲ解義シ次ニ第二項ニ於テ契約ノ何物タルヲ示ス[47]」

「約束ト契約トノ差異ヲ約言スレハ約束ハ種ナリ契約ハ類ナリ故ニ約束ト契約トノ二箇ハ之ヲ混用スルモ格別害ナシ然レトモ契約ト義務トハ決シテ之ヲ混同スヘカラス仏民法ニ於テハ之ヲ混同セリ蓋シ大ヒナル誤リナリ[48]」

ここで述べられている約束（後に、『再閲修正民法草案註釈』では「合意」と訳される）と契約の定義、両者の関係は、『性法講義』のでの説明と異ならない。しかし、次の契約の成立について、ボアソナード独自の理解が現れる。

「第九六回　明治十五年一月六日

義務ニ関スル総則約束ノ種別及ヒ其種別ノ利益ハ昨年之ヲ詳説シタリ本日ヨリ約束ノ成立及ヒ健全ニ必要ナル條件ニ入ル可シ

第二節　約束ノ成立及ヒ其健全ニ必要ナル條件

第三百二十五條　一般ノ約束ノ成立ニハ左ノ三條件ヲ要ス

第一　結約者又ハ其代理人ノ承諾

第二　結約者カ処分権ヲ有スル所ノ確定ノ目的物

第三　真実且適法ナル原由

厳整ノ約束又ハ契約ハ右三要件ノ外必要ナル法式ヲ遵行スルニ非サレハ成立セス

……（中略）……

仏民法ニ於テ本條ト相対スル法條ハ第千百八條ナリ

該條ニハ甚シキ錯雑アリ……（中略）……

該條ハ約束ノ健全ニ必要ナリトシテ四箇ノ條件ヲ列載セリ然レトモ其四件中約束ノ健全ニ関スル要件ハ唯〻第二ノ

条件アルノミ他ハ皆約束ノ成立ニ関スル要件ナリ
約束ノ成立ト其健全トハ之ヲ混同ス可ラス」[49]

ここでは、司法省での講義以来、契約の成立と効力の違いに応じてボアソナードが抱いている疑問が明確に述べられている。そして、承諾は約束（合意）の成立要件であって、単なる有効要件ではないとしていることに注意しておきたい。

「（筆者注：仏民法千百八條の要件について）第一　義務ヲ負フヘキ者ノ承諾○此法文ハ不完全ナリ何トナレハ凡ソ約束ハ双方ノ承諾ヲ以テ成立スルモノニシテ単ニ義務ヲ負フヘキ者ノ承諾ノミニテハ契約ノ成立スル〻無ケレハナリ」[50]

「（筆者注：草案第三百二十五條の要件について）第一ノ要件○前ニモ謂フ如ク約束ハ双方ノ承諾アルニ非レハ成立セサルモノナリ故ニ本項ハ仏民法ノ如ク義務ヲ負フヘキ者ノ承諾ト謂ハスシテ結約者ノ承諾ト記セリ」[51]

「第九十七回　明治十五年一月十一日

第三百二十七條　承諾トハ約束ニ関係スル総テノ契約者ノ合意ヲ謂フ

結約者中ノ一人ノ承諾アラサルトキハ其他ノ結約者間ト雖モ別異ノ意思ノ証拠アラサルトキハ約束ノ成立ナシトス

承諾ハ契約ノ成立ニ付必要ナル條件ナリ其必要ナル〻ハ其義解ノ約束ノ義解ト大差ナキヲ以テ知ルヘキナリ

第一項ハ承諾ノ義解ヲ掲ケテ曰ク『総テノ契約者ノ合意ヲ謂フ』ト然ルニ仏民法ハ之ト同一ノ記載ヲ為サスシテ第千百八條ニ於テ義務ヲ行フ可キ者ノ承諾トノミ記ス蓋シ不完全ナリ何トナレハ義務ヲ行フ可キ者ハ勿論総テ契約ニ関係アル者ハ皆承諾ヲ為スヲ要スレハナリ故ニ我第一項ニ於テハ約束ニ関係スル総テノ結約者云々ト記ス」[52]

「第二項ノ規則ハ仏民法ニ記載ナキモノヲ記シ以テ論根ヲ未然ニ絶チタリ

夫レ約束ハ二人ノ間ニノミナラス数人ノ間ニ之ヲ為ス〻アリ故ニ契約書ニ調印セントスルニ当リテ一人其約ヲ解カ

ン〓ヲ述フレハ其義務ヲ免カル、ハ勿論他ノ二人若クハ数人ノ間ニモ其契約ハ成立セサルナリ是レ該項ニ殊ニ注意シテ其他ノ結約者間ト雖モ、、、約束ノ成立ナシト記セシ所以ナリ」[53]

ボアソナードの契約成立論がここに端的に示されている。すなわち、ボアソナードによれば、約束（合意）、契約は、各当事者のそれに対する承諾が一致することにより成立するのであり、フランス民法があたかも義務を負う者のみの承諾で足りるような規定を置いているのは不完全だというのである。草案第三二七条第一項の「合意」は約束それ自体と混同しやすい訳語であるが、後の『再閲修正民法草案註釈』では、約束が合意と訳され、第一項の合意は「意思の一致」と訳されている。このような考え方は、承諾を申込みに対するものと解したのでは理解することができない。このような意味での承諾は、consentement のことであり、約束（合意）に対して全当事者がそれぞれ承諾し、それらが一致することによって約束（合意）が成立するというものとして理解することができる。ボアソナードにおいては、各当事者の承諾を要件としながら、各当事者の意思から独立したものとして形成される約束（合意）が存在するのである。そして、フランス民法では必ずしも明確でなかった承諾の意義をこれによって明確にし、約束（合意）と承諾との関係も明確にしようとしたのである。

3　再閲修正民法草案註釈（第二編、第五編）

草案財産篇の講義は、第一八一回、明治一六年（一八八三年）四月六日まで行われたが、すでに明治一五年（一八八二年）九月三〇日には、ボアソナードは、『再閲修正民法草案註釈』、Projet de Code Civil pour l'empire du Japon accompagné d'un commentaire, deuxième édition の第一巻（第二編物権之部）を上梓している。[54] これは、前述の『財産篇講義』の第一部、第二部の再版として位置づけられており（Projet, t.1, avertissement.）、財産篇の講義をする傍らで、すぐにその成果を取り込んで書き上げたものであることが分かる。したがって、これがボアソナードの契約論の集大成であるといえる。そこで以下では、これまでの検討との関連を含め、契約の成立論を詳しく検討することにする。検討は、和訳に従って行うが、必要に応じて原語（仏語）を引用し、和訳と原語との微妙なニュアンスの違い、およびそれが後に与えた影響にも注意する（なお、周知のことではあるが、和訳での条文数が仏語原文よりも五〇〇か条多くなっているのは、ボアソナードが人事篇の起草を依頼されなかったことから、あらかじめ五〇〇条分を取ってあったからである）。

以下の検討に主に関係するのは、『註釈』の第二編（明治一六年四月二〇日上梓）である。

まず、その八一七条では、合意を定義しており、その注釈のうち関連する箇所を要約すれば以下のとおりである。すなわち、合意のほうが契約より広い。フランス民法でも、契約、合意というべきところを義務（obligation）といっているところがあるが（たとえば一一三八条の物の引渡しの義務）、これは効力と原因を混同するものである、という。[55]これは前述の合意、契約、義務の相互の関係に関する基本的な理解を示したものである。なお、『民法弁疑』では、旧民法第三編二九六条（ボアソナード草案三一七条、すなわちここでの八一七条）について、「原因」（cause）が挙げられていないが、それでよいのかという質問が出され（旧民法三〇四条（ボアソナード草案三二五条、すなわち八二五条）には挙げられている）、ボアソナードは、合意を完全に定義するとすれば原因も挙げなければならないが、ここでそれを挙げると煩雑になり、また学理的すぎるきらいがあるので挙げなかったと答えている。[56]

このように、ボアソナードは、ここでは合意の明確な定義に主眼を置いていたのではなく、「合意は、二人または数人の意思の合致である」ということ、および「合意は、契約よりも広い」ということを示したかったといえよう。それでは、合意と承諾との関係はどうであろうか。

これについては、八二七条において承諾の定義をしており、その注釈のうち関連する箇所を要約すれば以下のとおりである。すなわち、ボアソナード草案はフランス民法一一〇八条には倣わず、契約に関係する者すべての者の承諾を要する。それは、承諾が意思の一致であり、唯一人の問題ではないからである。多数の者が契約当事者になった場合（たとえば売買または賃貸借で、多数の者が買主または借主になった場合）、契約は承諾のある者のために分割されることはないという推定が効くからである（したがって、反対の証拠があればそれによる）、という。[57]

さらに、承諾の本質については、合意の成立要件、有効要件に関する冒頭規定である八二五条（成立要件）、八二六条（有効要件）の注釈が参考になる。このうち本節に関連する箇所をフランス語原文を参照しつつ要約すれば以下のとおりである。すなわち、承諾は意思の一致であり、複数の結約者の同一の感情（サンチマン《sentiment》）である。承諾は合意の定義とほとんど同様であって、合意に必要であるということが重要である。合意は、はじめに当事者の一人の提案《proposition》すなわち申込み《offre》または請求《demande》があり、次に他方当事者がこの提案に同意《adhere》し、従う《acquiesce》ときに、彼らは承諾がある《consent》という。[58]

以上のことから、ボアソナードにおける合意と承諾との関係をまとめてみると、その考え方がかなり分かるように思われる。

①合意は、契約よりも広い概念である。

②合意は、二人または数人の意思の一致である。

③合意は、承諾を要件とする。

④承諾は、合意に関係するすべての者の意思の合致である。

⑤結約者が数人いるときは、それらすべての者の承諾を要する。

⑥承諾は、複数の結約者の同一の意識・感情である。

⑦一人の提案に対して、他の者が同意するときに、彼らは承諾しているという。

以上によれば、合意は、各当事者の意思を基礎とする承諾によって成立する。承諾は、各当事者の問題であると

【図４】

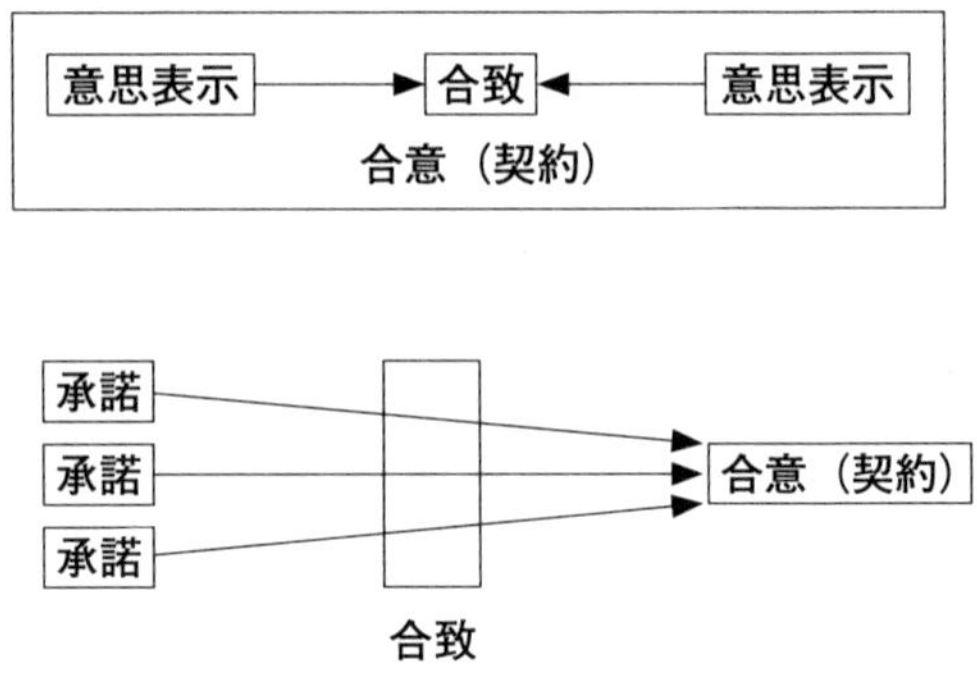

同時に、すべての当事者の問題である。すなわち、合意が成立するためには、各当事者一人ひとりの意思に基づく承諾（consentement）が必要であるが、それが内容的に合致して同一の了解（sentiment）に達している状態にあることが必要であると理解すべきことになろう。

４　小括

以上のような承諾を基本概念とする合意理論は、合意の申込みに対して承諾するという意味での契約成立論、すなわち、法律行為論における契約の成立理論とは、根本的かつ質的に異なるものである。たとえば、ある物の売買契約は、法律行為論の下では、売主Ａが物の売却を申し込み、買主Ｂがこれを承諾することにより売買契約が成立する。これに対して、ボアソナードの合意理論の下では、売主Ａと買主Ｂとが、ともに「Ａが物を引き渡し、Ｂが代金を支払う」という合意に対して承諾することにより売買契約が成立する。これは、単に説明の仕方の違いではなく、個々の当事者を基本とし、その合致による契約の成立を認める契約論か、合意を基本とし、それに対する意思（承諾）による契約の成立を認める契約論かという構成原理の違いである。

五　多数当事者間契約論との関係

１　多数当事者間契約論

前述したように、筆者は、多角取引（三人以上の多数当事者間で、各当事者の固有の利益を実現するために、独立の当事者として契約を個別に締結し、これら複数の契約を組み合わせることによって、意思表示の合致がない当事者間を含めて、一つの社会的・経済的目的を達成しようとする取引）をどのように法律構成するかという問題について、多数当事者の存在から、個別契約とは別に、多数当事者による新たな契約を観念することによって、そこから個別契約とは別の効果を導こうとする多角的発想に基づき、多数当事者間契約という構成を提示している[59]。これは以下のような構成である。

(1)　二当事者間契約の原則の相対化

多角取引を多角的発想から法律構成するためには、個別的には各当事者間に意思表示の合致による契約が成立していない場合を含めて、多数当事者によって契約が成立しうることを認めなければならず、そのためには、伝統的な二当事者間契約の原則を相対化する必要がある。そこでは、多数当事者による多角取引への参加と合意内容の承認を内容とする「同意」という意思を中心とし、かつ、個々の当事者の意思ないし二当事者間の意思表示の合致を絶対化せずに、それを多数当事者による合意の内容を確定するための要素の一つとして捉え、「合意に対する全当事者の同意」による契約の成立を認めることが必要となる。

(2)　合意内容を確定するための要素

このような理解からすれば、「契約目的」、「経済的一体性」、「取引構造」、「システム」、「提携」、「協調」といった要素は、多数当事者間で成立する契約における合意の範囲と内容を確定するための基準として「個々の当事者の意思」とともに、利用できる。これらの要素は相互に排斥し合うものではなく、いずれも全当事者による合意の内容を確定するための要素として、取引に応じて重点が置かれる要素が異なるにすぎないものであり、したがって、合意内容を確定する作業は、当事者意思の探究にとどまらないものであって、多角取引の目的からする「規範的」な作業であるといえる。

(3)　合意に対する同意

合意に対する同意は、各取引当事者による自己の立場の引受けと、他の取引当事者の立場の承認からなり、これらが認定できる場合には、取引参加当事者間で個別契約が網羅的に締結されているか否かにかかわらず、多数当事者間契約における合意の成立を認めてよいと考えられる。[60]同意は、事実関係そのものから契約関係を発生させるのではないことの証左であり、単なる取引実態から法律関係を区別するために必要不可欠な要件である。これが意思表示であることはいうまでもないが、[61]このような意思表示は、取引に参加することによって当然に推認されるものである。伝統的なドイツ法律行為論と異なるのは、各当事者間での意思表示の合致ではなく、合意に対する意思表示であるという点にすぎない。

2　ボアソナードの合意論との関係

(1)　理論的基礎の提供

以上のような多数当事者間契約論にとって、最大の問題は、個々の当事者間での意思表示の合致がなくても契約が成立しうるという構成の理論的基礎にある。しかし、これまで検討してきたボアソナードの合意論は、少なくとも筆者の理解する限りでは、多数当事者間契約論に対して、そのまま理論的基礎を与えるものではないかと思われる。

すなわち、ボアソナードにおいては、合意は、各当事者一人一人の意思に基づく「承諾」によって成立し、そこでは各当事者が合意の内容について「同一の了解」に達している状態にあるとしているが、それは、上記のように、多数当事者間契約論で、多数の当事者から形成される一つの取引において、それらの者があらかじめ合意された内容を承認するという意思を「同意」と表現していることと異ならない。たしかに、ボアソナードの合意論に対しては、前述の筏津博士や池田教授のように、ドイツ流の法律行為論とは異質な契約論であると評価する見解がある一方、野村教授のように、質的な差異があるとまでは評価しない見解もあり、契約の構成原理においてどれほどの差異があるかは不明確なところもある。私見では、前述のように**図４**によってその違いを強調したが、ボアソナードの契約論は、必ずしもその下図のように示さずとも、上図にようにしても説明できるのではないかとの意見もありうる。しかし、筆者の理解するところによれば、上図と下図の決定的な違いは、各当事者間には相互に意思表示の合致があると説明するか否かにあり、これは契約当事者が二人であるときには、構成上の違いを生じないが（すなわち、一方の当事者が申込みをし、他方当事者がこれを承諾すると説明する）、三人以上の多数である場合には、違いが生じる。多数当事者による契約では、上図のような構成では、全当事者を対象とした取引が成立するためには、各二当事者間で契約を締結し、その連鎖によって取引が形成されていると説明せざるを得ず、このような契約で結ばれていない当事者間では、一定の法律効果を契約の存在から導くことができない。これに対して、下図のような構成では、全当事者を対象とした取引では、当事者の一人が契約を形成するための意思表示（申込み）により、ある契約内容を提案し、これに対して他の当事者が、その意思表示に対してではなく、提案された契約内容に対して承諾すれば、それによって全当事者による契約が成立したといえることになる。そしてこのような構成こそが、多角取引を一つの契約関係であると法律構成できる基礎を与えているのではないかと思われる。

(2)　取引への参加の非同時性

このように多角取引をボアソナードの合意論を参考に基礎づけることができるとすれば、ボアソナード自身が念頭に置いていたとはいえないが、多角取引における問題の解決のために、これをさらに応用して、有意義な波及的効果を導くことが可能となるように思われる。

まず、上記のような多数当事者間契約における「同意」の理解からすれば、契約の目的に合致する限り、契約当事者が誰であるかを最初から固定する必要はない。取引の必要、拡大に伴い、後からの参加者を含めて多数当事者間契約は拡大しうる（下請負における孫請け、フランチャイズにおけるフランチャイジーなど）。逆に、二当事者間での契約を基に理解したのでは取引関係から離脱する者であっても、合意の内容によっては、なお契約当事者として残り続ける場合もあり得ることになる（契約上の地位の譲渡人など）。このことは、多数当事者間契約の成立のためには、それに参加する当事者が同時に意思表示をするという「同時性」は必要でないことを意味する[62]。すでに成立している多数当事者間契約に、後に参加する者もまた、当初の参加者がすでにそのような者の登場を予定しているといえる限り、契約内容を同意することによって多数当事者間契約の一員となることができるといえるのではなかろうか。

(3)　相互協力義務の抽出

次に、効果の点では、多角取引を多数当事者間契約論によって法律構成することにより、二当事者間で締結される契約の結合を考えたのでは導くことが困難な効果を導くことが可能となるように思われる。すなわち、多角取引の効果は、前述のようにして確定される多数当事者間契約の合意内容に従って導かれるが、これは、多角取引の目的を実現するために必要となる効果を各当事者に「割り当てる」ことになる。すなわち、多数当事者間契約の各当事者間で個別的に合意されている内容があっても、効果はそれにとどまることなく、取引を維持するために必要な包括的な同意から導かれる効果が規範的に抽出されることになる。それは、各当事者相互の協力義務、すなわち「相互協力義務」である。このような義務の具体的内容は、取引の目的によって異なりうるが、たとえば、フランチャイズ契約におけるフランチャイザーの情報提供義務、リース取引における供給者の目的物の瑕疵修補義務、下請負における元請人の利益分配義務などとして現れると考えられる。

以上のように、ボアソナードの合意論は、法律行為論に基づく契約論とは異質なものと考えられ、その基礎は、合意内容に対する各当事者の承諾にある。このような構成は、多数当事者によって形成される多角取引においてこそそのメリットを発揮できるのではないかと思われる。

（1）**第Ⅰ章第１節**。
（2）**本章第２節第１項**。
（3）筏津安恕『失われた契約理論』（昭和堂、一九九八年）。
（4）筏津安恕「ボワソナードの契約理論の構成原理」名法一四二号（一九九二年）四七頁。
（5）そのほかに、複合契約に筏津博士の契約理論を応用できる可能性があると指摘する最近の研究として、國宗知子「複合契約と筏津契約理論――『契約の目的』概念をてがかりとして」新報一二二巻一・二号（二〇一五年）二六三頁がある。
（6）『民法主査会議事速記録（学振版）第六巻』（学術振興会、発行年不明）八四丁ウラ以下（以下、『主査会』と引用する）、広中俊雄編『民法修正案（前三編）の理由書』（有斐閣、一九八七年）一三八頁。
（7）前掲注（6）『主査会』八五丁以下。広中・前掲注（6）一四一頁参照。
（8）草案の段階では、現九〇条～九二条は、意思表示規定の後に規定されていた。
（9）前掲注（6）『主査会』八六丁ウラ、広中・前掲注（6）九三条理由。
（10）Motive zu dem Entwurfe eines Bürgerlichen Gesetzbuches Bd.1, S.189ff.
（11）筏津・前掲注（4）五一頁以下。

(12) 筏津・前掲注（4）五二頁。
(13) 筏津・前掲注（4）五三頁。
(14) 筏津・前掲注（4）五四頁。
(15) 筏津・前掲注（4）五五頁。
(16) 筏津・前掲注（4）五五頁。
(17) 筏津・前掲注（4）五六頁。
(18) 筏津・前掲注（4）六三頁。
(19) 筏津・前掲注（4）七二頁。
(20) 池田真朗『ボワソナードとその民法』（慶應義塾大学出版会、二〇一一年）二九四頁。
(21) 池田・前掲注(20)二九七頁以下。
(22) 池田・前掲注(20)二九九頁。
(23) 池田・前掲注(20)三〇〇頁。
(24) 池田・前掲注(20)三〇一頁。
(25) 池田・前掲注(20)三〇七頁。
(26) 池田・前掲注(20)三〇八頁。
(27) 野村豊弘「ボアソナードの契約に関する基礎理論」星野英一先生古稀祝賀『日本民法学の形成と課題（上）』（有斐閣、一九九六年）二五七頁以下。
(28) 野村・前掲注(27)二六〇頁。
(29) 野村・前掲注(27)二六六頁。
(30) 野村・前掲注(27)二六七頁。
(31) 野村・前掲注(27)二六七頁。
(32) 野村・前掲注(27)二七五頁。

(33) 野村・前掲注(27)二七五頁。
(34) 野村・前掲注(27)二七六頁。
(35) 野村・前掲注(27)二七九頁。
(36) 野村・前掲注(27)二七九頁。
(37) 野村・前掲注(27)二九一頁参照。
(38) 大久保泰甫『ボワソナアド』(岩波書店、一九七七年)一三四頁。
(39) 井上操筆記『性法講義完』(司法省版、一八七七年)。以下、『性法講義完』と引用する。
(40) 井上操筆記『校訂増補性法講義』(中正堂蔵版、一八八一年)。以下、『校訂性法講義』と引用する。そのほか、明治七年四月九日当日の講義については、仏文で、ÉCOLE DE DROIT DE JÉDO (Jédo, 9 avril 1874) Leçon d'ouverture d'un cours de droit naturel (『[江戸の法学校] 自然法講義序説』)と、関口豊筆記による Cours du droit naturel (『自然法講義ノート』)(司法省明法寮講義、一八七四年))がある。また、後年、明治法律学校でも講義をしており、これも『性法講義完』(磯部四郎通訳、明治法律学校講法会、一八九一年?)として残されているなど、いくつかの和訳本がある。
(41) 『性法講義完』八二頁。『校訂性法講義』三三頁以下参照。
(42) 『性法講義完』一七〇頁。『校訂性法講義』六九頁参照。
(43) 『性法講義完』二七二頁。『校訂性法講義』一一〇頁参照。
(44) この財産篇講義に先立ち、明治一三年三月二一日から五月一二日まで、『法律大意講義』が行われた。
(45) 『民法草案財産篇講義』(司法省、一八八二年)、『民法草案財産篇講義第二部』(司法省、一八八三年)。
(46) 以下、『財産篇講義第二部』と引用する。
(47) 『財産篇講義第二部』二一頁。
(48) 『財産篇講義第二部』二四頁。
(49) 『財産篇講義第二部』六三頁以下。
(50) 『財産篇講義第二部』六六頁。

(51)　『財産篇講義第二部』七〇頁。

(52)　『財産篇講義第二部』七五頁以下。

(53)　『財産篇講義第二部』七七頁以下。

(54)　ボアソナード氏起稿『再閲修正民法草案註釈第二部物権之部』（司法省、一八八三年）。以下、『註釈』、Projet, t.1と引用する。

(55)　『註釈』第二編三四頁以下、Projet, t.1, no17.

(56)　ボアソナード氏断案『民法弁疑』（和仏法律学校、一八九二年）一二三頁以下。

(57)　『註釈』第二編一一七頁以下、Projet, t.1, no51.

(58)　『註釈』第二編九五頁以下、Projet, t.1, no42.

(59)　**本章第2節第1項**。

(60)　池田・前掲注(20)三〇六頁以下では、債権譲渡における承諾の問題が取り上げられ、この承諾は、現在の通説によれば観念の通知（準法律行為）と解されているが、債権譲渡に対する「受諾」であると解すれば、これは意思表示（法律行為）ともいえるのであり、そう解するときは承諾により抗弁を喪失することもなんら不自然ではないとされている。これは承諾を債権譲渡の合意に対する同意と解するものであり、同教授の理解によれば、債権譲渡は、譲渡人、譲受人、債務者からなる多角的法律関係であり、しかも同意理論と同様の理論によって構成されるべき関係であるということになるのではなかろうか。現に、同教授は、債務引受と契約譲渡の場面で、同意によって契約が成立することを具体的に提案されている。それによれば、契約の債務者は、債権者の同意があれば、その債務を第三者に引き受けさせることができるとされ、また、双務契約における各契約当事者は、他方当事者が事前または事後に譲渡に同意した場合に、その契約上の地位を第三者に譲渡することができるとされ、同意は、意思表示であり、観念通知ではないとされるとともに、同意は追認ではなく、同意がなければ契約は成立しないとされている。池田真朗「契約当事者論」山本敬三ほか『債権法改正の課題と方向（別冊NBL五一号）』（商事法務研究会、一九九八年）一七五頁以下。

(61)　同旨、池田・前掲注(60)「契約当事者論」一七五頁。

(62) 池田・前掲注（60）「契約当事者論」一七五頁以下によれば、債務引受、契約譲渡に対する同意は、事前でも事後でもよいが、事後の場合には同意の時点で債務引受、契約譲渡が成立するとされている。

第３節　多数当事者間契約論の展開

第１項　抗弁の接続に関する給付関連性説と多数当事者間契約論

一　はじめに

多角取引が抱える問題を克服するために、これまで多くの問題場面で数多くの見解が示されてきた[1]。従来の学説をその発想の点から大きく分けると、二当事者間の契約の存在を前提にしながら、それらの結合要素を考えることによって、個別契約それ自体からは導くことができない効果を導こうとする構成（以下、「複合契約的発想」という）と、多数当事者の存在から、個別契約とは別に、多数当事者による新たな契約を観念することによって、そこから個別契約とは別の効果を導こうとする構成（以下、「多角的発想」という）があるように思われる[2]。これらは、多角取引では、個別契約の解釈からだけでは導くことができない「何らかの利益」が契約の結合によって創出されており、この「何らかの利益」を導くための要素をどう法律構成するかという点での認識を共有しながら、それを法律構成に活かす途が決定的に異なる。

複合契約的発想から、主として第三者与信型消費者信用取引における抗弁の接続問題について展開されてきた代表的な見解の一つに、千葉恵美子教授の給付関連性説があることに異論はないであろう[3]。私見によれば、この給付関連性説は、それまでの種々の複合契約的発想による構成の難点とそれを克服するための理論構成を的確に提示しており、複合契約的発想から多角取引に迫る最先端かつ最も精緻な見解である。他方、私見は、多角的発想からする法律構成の可能性として、二当事者間契約の原則を相対化し、多角取引に参加するすべての当事者が、あらかじめ確定された合意に対して同意することにより、多数当事者による契約が成立するとし、取引参加者相互間で締結される個別契約以外に、取引を維持するために必要な効果（相互協力義務）が導かれるとする多数当事者間契約という構成である[4]。このような私見にとって、法律構成の方向性は正反対ではあっても、両説によって導かれる多角取引に特有の効果に違いが生じるのは不合理であり、両説の構成の共通性と相違点を明らかにし、多角取引の法的解明にとって相互に参照しうる点があるのか否かを検討することは、避けて通ることができない課題である。

そこで以下では、まず、多角取引に関する千葉理論とその特徴を明らかにし、次いで、私見と千葉理論との異同を明らかにし、多角取引の法律構成にとって今後目指すべき方向性を見出したい。

二　抗弁の接続に関する給付関連性説

1　問題提起

千葉理論は、多角取引現象に対して、二当事者間で締結される契約の存在と独立性を前提にしながら、それらの結合要素を考えることによって、個別契約からは導くことができない効果を導こうとする複合契約的発想に基づく見解である。以下では、抗弁の接続に関する千葉理論について、私見から見て主要であると思われるポイントを二〇〇九年の論文「『多数当事者の取引関係』をみる視点」によって整理する[5]。

まず、同論文によれば、「『多数当事者の取引関係』がどのような法律関係を包摂するかは必ずしも明確でない」[6]としながら、「この種の取引形態として第三者与信型消費者信用取引とリース取引をあげている論者は多い」[7]として、第三者与信型消費者信用取引とリース取引を取り上げ、「独立当事者間の契約として二当事者間関係のみを予定しているに過ぎない現行民法典に対して、新たにいかなる分析枠組みが必要なのか、また、二当事者対立構造にある契約を前提に展開されてきた契約法の基本原則と『多数当事者の取引関係』の契約構造をどのように調和させるか」について考察する。[8]このような問題設定は、各論的なテーマを素材としながら、その実質は、多角取引一般に求められる法律構成を指向するものである。

2　従来の見解の評価

そこで、第三者与信型消費者信用取引における抗弁接続に関する従来の見解を以下の三つの視点から批判的に整理しながら、自説の展開へと導いている。

(1)　契約の統合化は各契約の独立性を否定することを意味するのか

ここでは、売買契約と立替払契約の法的一体化により抗弁接続を正当化しようとする説（法的一体化説）が取り上げられ、「売主・与信者」対「顧客」間の二当事者間取引に還元する構成であるとするが、[9]この説は複数の契約への「分化」という現象が不当だとの判断に基づいているが、分化は脱法的な手段として利用されているわけではなく、むしろ契約主体に効率と利益をもたらす手段として開発されているとし、第三者与信型消費者信用取引の契約構造に対する法的評価をゆがめることになると批判する。[10]

また、契約形式の組み換えという手法によって、統合化された契約の独立性を認めつつ契約の相対性の原則との抵触を回避し、抗弁の接続を肯定しようとする見解（契約形式組み換え説）については、契約構造を割賦販売という二当事者対立型の契約構造に引き戻そうとしているものであり、[11] この見解によると、契約当事者は、契約目的を達成するために、できるだけ単純な契約形式を選択すべきことになるが、契約形式の選択がその範囲内でしか認められないと解する理由は明らかでないと批判する。[12]

以上の結果、千葉説によれば、当事者が選択した法形式は尊重されるべきであり、各契約の独立性は維持されるべきだとする。

(2)　与信契約上の責任だけが拡張するのか

そこで、次には、統合化された契約の独立性を認めながら、当事者の距離という観点から、密接な取引関係があるときに与信者に責任を負わせ、この点から抗弁の接続を認める見解（契約主体間距離説）が登場するとしている。[13] これは、販売業者と信販会社が密接な関係にあることから、売買契約と立替払契約が法律的には別個の契約であるのに抗弁接続を認めるものであり、理論的には、信販会社に他人の行為による責任を負担させることを意味するという。[14] しかし、このような見解に対しては、一方で別個の法主体であることを強調しながら、取引上発生するリスクについては、当該契約の主体となっていない者に一定の責任を負担させることは理論的には一貫しないと批判する。[15]

そこで、売買契約と与信契約を別個の契約であると解したうえで、与信者は与信契約上の付随義務に違反しているとし、この点から抗弁の接続を認める見解（付随義務説）が主張されるとする。[16] しかし、付随義務の不履行を抗弁接続の要件としている点が問題であり（割賦販売法は要件としていない）、また与信者が立替金を支払った後に付随義務違反を認定することはかなり難しいと批判する。[17]

以上の結果、千葉説によれば、義務違反を根拠に抗弁の接続を肯定することはできず、これは、個別契約から一定の効果を導くことは困難であることを意味すると解するのである。

(3)　与信者と販売業者の提携について

千葉説によれば、抗弁事由が発生している場合だけでなく、正常に売買契約上の義務が履行されている場合にも販売業者の行為が介在しているからこそ、信販会社は顧客に割賦金を請求できるということが重要であるという[18]。そこで、取引システムが正常に機能しなかった場合のリスク負担という観点ではなく、複数の契約が一つの取引システムとして統合化していること自体を法的に分析し、この点から抗弁接続の根拠を明らかにしようとする見解が注目されることになるとする[19]。

そして、販売業者と与信者間の密接な関係から、法的には別個な与信契約と売買契約を実質的には一体的に取り扱う見解（密接不可分説）があるが、この説については、経済的に密接な関係があるという点は他の場合でも考えられることであると批判する[20]。また、密接不可分説の主張を法律構成という点から補強するのが提携契約説であり、提携契約から、与信者が販売業者の行為に関与している程度により責任を負い、または「共同の利益」の獲得に関する自己責任を負うとするが、これらの見解が示す結論は、提携契約関係それ自体からではなく、「取引システム」から生じており、そうであるとすれば、提携契約からもたらされた売買契約と与信契約の結びつきに法的な意義を加えなければならないと批判する[21]。

以上の結果、千葉説によれば、密接不可分や提携関係というだけでは法的分析にならないとする。

(4)　契約ないし給付の結合について

そこで、一方では販売業者・顧客の売買契約、与信者・顧客間の与信契約が別個に成立していることを認めながら、他方で、両契約相互間ないし給付相互間に一定の関連性を認める見解（法的関連性説）に至るとし[22]、これは、複数の契約が何らかの視点で相互に関連しあって一つのまとまりをもつに至っている取引を「契約結合」と捉え、複数の構成契約相互間の関係（相互依存効）を認めるものであるとする[23]。

このような見解については、与信者がいかなる給付を負担しているのかよりも、顧客がなぜ債務を負担しているのかを実質的に示そうとした点、すなわち与信者が立替払いをした点に、顧客が債務を負担する実質的理由があることを明らかにしたという意味において、契約の統合化の法的意義を解明するための原型が存在すると評価する。[24] しかし、立替払契約は売買契約の不成立・無効・取消し・解除を解除条件として成立しているという構成がなぜ最も妥当なのかという点と、なぜ立替払債務を売買代金債務に類似する債務と性質決定できるのかが明らかでないという点で、批判する。[25]

3　給付関連性説の展開

そしてついには、契約結合説の視点をさらに展開し、両契約の債務間の相互依存効の内容に法的分析を加える必要があり、これが給付関連性説[26]であるとする。すなわち、販売業者と顧客は売買契約上、信販会社と顧客は立替払契約上、それぞれ一方の契約を他方の契約に関連づける要素を契約内容として取り込んでいるために、両契約から生じる債務間には一定の牽連関係があると解する。そして、顧客の債務負担、与信者の請求を基礎づけているのは、契約当事者を異にする別個の契約である与信契約と売買契約において、契約内容として、「結合要素」がそれぞれ組み込まれているからであるとする。[27] 具体的には、立替払契約（割賦購入あっせん）ないし消費貸借契約（ローン提携販売）上、信販会社や金融機関が顧客の売買代金債務を一括弁済することと、顧客が信販会社ないし金融機関に対して債務を負担することが一体的に発生するように約定されており、この顧客に対する二重の効果帰属（代金債務の消滅と顧客の債務の発生）の一体的発生から、本来、売買契約上、目的物引渡義務と売買代金債務との間に認められる発生上・履行上・存続上の牽連関係が、目的物引渡義務と与信契約上の支払債務との間にも延長されるとするのである。[28]

以上の結果として、給付関連性説では、コーズ（債務負担の実質的理由）の存在によって、一つの取引システムの構成部分として統合化されている複数の契約が、それぞれ「結合要素」を契約内容として組み込んでいる点に、両契約上の債務間の相互依存効の根拠が求められている、とするのである。[29] そして、このような多数当事者の取引関係を「独立契約・コーズ共通型」と呼ぶ。[30]

４　他の多数当事者の取引関係への応用

以上のような千葉理論は、第三者与信型消費者信用取引における抗弁の接続問題だけでなく、他の多数当事者の取引にも応用することができるとして、リース取引への利用可能性を検討している。すなわち、売買契約上、リース会社（Ｌ）が供給者（Ｓ）に売買代金債務を、また、リース契約上、ユーザー（Ｕ）がＬにリース料債務を負担する実質的理由は、ＳによってＵへ物件が引き渡されている点に求められ、それは、リース契約にも売買契約にも、共通した債務負担の実質的理由（コーズ）が存在することになり、この点から、各契約間に相互依存効が生じる、と解する。[31] 言い換えれば、ＳのＵへの物件交付によってＳの売主としてのＬに対する物件引渡債務が履行され、ＳのＵへの物件交付によってＬのＵに対する物件引渡義務が履行され、この結果、ＳのＵへの物件の交付によって、リース契約上のＬの物件引渡義務と売買契約上のＳの物件引渡義務が一体的に履行されるという。[32]

結論として、以上のようなリース取引の契約構造は、第三者与信型消費者信用取引の契約構造と同様であり、後者の分析枠組みが前者にも有効であるとするのである。[33]

５　契約の基本原則との関係

以上の枠組みが他の多数当事者の取引関係においても有用なのかどうかはなお検討を要するとしているが、[34] 千葉理論が指向しているのは多数当事者の取引関係一般について基礎理論を提供することにあることは明らかである。そこで最後に、千葉理論が「二当事者対立構造にある契約において前提とされてきた契約法の基本原則」とどのような関係にあるかが検討されている。(35)

(1)　契約の相対性の原則との関係

まず、契約の相対性の原則は、意思自治の原則を側面から補強する考え方であり、債務負担の理由を問うということは、意思自治の考え方に基づくのであるから、債務負担の理由としてコーズの存在から契約間の相互依存効を認めることは契約の相対性の原則に反しない、という。(36)

(2)　契約自由の原則との関係

次に、契約自由の原則との関係については、契約当事者が合意した契約内容（約款）になぜ、契約内容の適正化という観点から介入できるかという点から、「結合要素」は当該取引が成立するための不可欠な要素であるから、これに反する特約を定めたとしても効力は認められない、つまり、「結合要素」は、契約当事者の明示的特約を合理的な内容へと導くための基準（契約内容の適正化基準）となる、という。(37)

三　給付関連性説の特徴

1　個別契約の独立性の承認とコーズによる結合

千葉理論は、多角取引について、抗弁の接続問題から出発しつつ、多角取引一般にも応用できる法律構成を検討するという課題を設定し、その課題を克服していく過程として従来の諸見解を捉え、給付関連説への流れが論理の必然的な展開であるとしている。その前提は、多角取引において統合化されている各個別契約相互間の独立性を承認することであり、これが私見との最大の相違点である。しかし、千葉理論では、コーズを結合要素として契約が統合化されているとする。これは、個別契約の独立性を否定することなく、同時に、個別契約間の結合を導く卓越した構成である。たしかに、コーズと各契約の本質的内容である結合要素との関係は、「コーズの存在によって、複数の契約が、それぞれ結合要素を契約内容として組み込んでいる」(38)としており、この表現はやや不明確だが、これはコーズが結合要素となっているという意味に理解してもよいであろう。

２　法律構成の一般理論性

千葉理論自身は、多角取引すべてについて給付関連性説を主張しているのではないとしつつ、「独立契約・コーズ共通型」の多角取引にはそれが応用可能であると主張している。そして、その応用可能な問題場面の一つとして、ファイナンスリース取引を検討している。しかし、第三者与信型消費者信用取引においては、各取引当事者は、売買契約、立替払契約、提携契約という三つの個別契約によって結合されているのに対して、ファイナンスリース取引では、供給者とリース会社間の売買契約、リース会社とユーザー間のリース契約が存在するものの、ユーザーと供給者間には契約関係は存在しない。したがって、千葉理論は、実は、このような契約関係が存在しない当事者間であっても、コーズの存在によって当事者の結合を認めるものであるといえるのではなかろうか。そして、このことは、千葉理論の一般理論性を認めることになろう。すなわち、コーズの共通性を根拠に契約関係が存在しない者の間でも一定の相互依存効を認めるならば、千葉理論の応用可能範囲は、第三者与信型消費者信用取引やファイナンスリース取引のように、契約が循環するタイプの取引だけではなく、下請け、孫請けのように、契約が下部の組織に連結して発展しているタイプの取引や、フランチャイズ取引のように、一人のフランチャイザー（ＦＧ）から多数のフランチャイジー（ＦＮ）がいわば放射状に契約を締結するタイプの取引にも拡がり、各個別契約からだけでは導くことができない多角取引であるがゆえの特別の相互依存効を導くことができる可能性がある。このように考えると、千葉理論は、その慎重な表現にもかかわらず、多角取引に関する一般理論としての意義を有するといえるように思われる。

3　給付による結合

契約関係は、突き詰めれば、人と給付の結合であるから、多角関係を契約的に法律構成するにあたっても、そのいずれかに着目するのは自然な発想であり、千葉理論は、そのうちの給付の持つ意味を探求し、その相互関連性に個別契約の結合要素を導こうとするものである。言い換えれば、千葉理論は、個別契約の独立性を前提としながら、それを構成する「主体＝意思」にではなく、「客体＝内容」のほうに結合要素を見出そうとするものである。これによれば、個別契約を締結する意思とは別の何らかの意思を観念することなく、いわば物繋がりで各契約を結合できる。このように、個別契約締結意思以外の第三の意思を観念してそれを介在させるのではなく、個別契約を結合させる構成は、従来の構成では取引当事者の意思によるのか取引構造によるのかが必ずしも明確でなかったことと比較すると、これらのあいまいさを排除し、意思によらずに、取引構造の内容による結合を徹底するものであって、従来の複合契約的発想に基づく諸見解を凌駕し、複合契約的発想に基づく構成としては、もっとも理論的に精緻であると評価できる。

四　多数当事者間契約論との比較

1　取引構造と当事者の意思

以上のように見てくると、千葉理論と私見の違いは、発想上は、多角取引において統合化されている各個別契約相互間の独立性を承認するか否かにあるが、それ以上に、法律構成上は、各個別契約の結合要素を千葉理論における給付のように「取引構造」に求めるか、それとも私見における当事者の同意のように「当事者の意思」に求めるかということにあるといえる。すなわち、前述したように、契約関係は突き詰めれば人と給付の結合であるということから見ると、千葉理論は、取引全体を統合するための要素として、主観的な意思概念によらず、客観的な給付概念の意義を徹底させて、多角取引の構造自体に結合要素が内包されていると解するのに対して、私見は、取引に参加する当事者の合意に対する同意を結合要素であると捉え、当事者の意思（ただし主観的な意思ではなく規範的な意味での意思）が各個別契約を結合させる要素であると解するのである。

多角取引に関する従来の見解もまた、契約結合の認定をどのような基準で行うのが妥当かという違いを意思で説明するか構造で説明するかという二極構造の中で整理するならば、以下のようにいえよう。すなわち、従来の諸見解は、意思と構造を両極とする座標軸上で位置づけるならば、意思によるものから順に、①取引内容に関する合意に対する同意により多数当事者間契約が成立するとし、各当事者間の個別契約は全体契約の構成要素と理解する私見、次いで、②個別契約の存在はそのまま認めつつ、同時に、取引全体を包括する枠契約ないし基本契約の成立を認める見解、③取引当事者の個別契約という表層合意とは別に、当事者間には深層合意があるという構成で別の合意の存在を認める三層的法律行為論、④個別契約の中に、取引全体を維持すべき付随義務が含まれているとする付随義務論、⑤取引構造から当事者の選択した意思を読み替え、別の契約関係が成立しているとする契約組替論、⑥個別契約を一本化することによって個別契約を法的に結合し、二当事者間の法律関係に置き換える法的一体性論、⑦当事者の立場の同一性ないし提携関係の存在から、同一の責任を負担するとする密接関係論ないし提携契約論、⑧取引システムそれ自体から、各個別契約の結合を導くシステム論、⑨取引構造の中に給付の関連性というコーズを見出し、それにより各個別契約が結合されるとする千葉理論（給付関連性説）、となる。①～④が意思に依拠した見解であり、⑦～⑨が取引構造に依拠した見解であることは明らかである。また、⑤⑥は、取引構造を重視しながら、法律構成は意思による見解であり、意思擬制の傾向が強い。

以上の整理からすると、千葉理論は、多角取引を取引構造から法律構成しようとする最も徹底した見解であり、私見が一番意思寄りの見解であるといえよう。このように、千葉理論と私見との違いは、究極的には、構造か意思かという違いに行き着くように思われる。

2　千葉理論への疑問

しかし、私見の立場からすれば、千葉理論は、給付の関連性を重視するあまり、意思と構造とを二律背反的な要素と捉え、多角取引の意思的な側面に対する考慮が不十分ではないかという疑問が生じる。そして、これは究極的には、コーズ概念の不明確さによるものではないかと思われる[39]。

すなわち、まず、①千葉理論は、契約の相対性の原則との関係について、債務負担の理由を問うことは、意思自治の考え方に基づくものであるから、コーズの存在から契約間の相互依存効を認めることは、同原則に反しないという[40]。しかし、このような論理は、一方で契約の相対効原則を認めながら、他方で同時にその相互依存効を認めるというものであり、論理にやや飛躍があることが否めない。両者の関係を明らかにするためには、両者をそのまま併存するものとして認めるのではなく、さらに進んで、コーズの存在が当事者の意思にどのように作用するかの説明が必要ではなかろうか。

また、②千葉理論は、契約自由の原則（特約の効力）との関係について、契約内容の適正化という観点から、結合要素は当事者の明示的特約を合理的な内容へと導くための適正化基準となるという。[41]しかし、契約自由の原則が当事者の意思に内在する制約事由や意思以外の要素（公益、消費者保護の理念など）によって制約されることは、今日では異論なく認められていることであり、千葉理論によらなければ導けないことではない。この部分に関する千葉理論の真意は、意思を適正化する基準という趣旨を超えて、意思によってコーズを排除することはできないというものであるように思われる。しかし、はたしてそのように意思に優越するものとしてコーズを捉えることができるのかについては、躊躇を覚えざるを得ない。

私見は、決して意思盲信論ではなく、単なる現象としての契約の競合と、法的な多角取引を区別するための基準として、規範的に確定される合意に対する同意という意味での意思概念を利用せざるを得ないのではないか、というものである。[42]構造は多角取引の種類ないし取引内容によって多種多様であり、また多角取引の構造によってその範囲を限界づけることも困難であり、終局的には、多角取引を形成する当事者の意思を基礎に、給付の内容や取引構造といった要素は、その意思の推認のために利用するのが妥当ではないかということである。

前述のように、意思と構造とは、それをどの程度重視するかについて、従来の見解にもかなりの程度差がある。また、意思ないし構造といっても、その実際の内容は、取引構造的な要素を意思の徴表として理解したり、取引に参加する当事者の意思的な要素を構造理解に取り込んだりしているともいえる。このように考えると、多角取引の法律構成において、意思と構造とは、二律背反的な要素ではなく、多角取引の内容に応じて、法律構成上重視されるべき程度に差がある要素として理解すべきもののように思われる。千葉理論もまた、契約を構成する要素のうち、給付に着目して構造論を徹底させた理論と位置づけたが、これは、決して、人の関連性に基づく結合要素を排除するものではないであろう。

3　コーズと二当事者間契約の原則

千葉理論がコーズの存在は契約の相対性の原則に反しないと解することは、正鵠を得たものであると考える。しかし、前述のように、このような結論を承認するためには、さらにコーズと意思との関係を明らかにする必要があるのではないかというのが、私見の立場からの疑問であった。千葉理論がこのような疑問に答えるためには、当然のことながら、一方では、千葉理論におけるコーズと意思との関係の理解を示すとともに、他方では、コーズの存在は契約の相対性の原則ないし二当事者間契約の原則の例外ではなく、これらの原則に優先または併存する要素であることを示す必要があろう。

このように考えると、結局のところ、千葉理論における問題は、コーズの存在をどのようにして認定するかということに帰着するように思われる。私見からすれば、コーズが給付に内在する要素であるとしても、その給付がいかなるものであるかを特定しているのは取引当事者であり、客観的な要素だけでコーズの存在を認定することは無理ではないかと思われる。コーズの中にも、個別契約における意思とは異なるかもしれないが、何らかの意思的な要素があり、そのようなコーズを支える意思（取引の目的）に反するような個別契約上の意思（特約）は認められないということはできないであろうか。すなわち、多角取引の法律構成から意思を排除するのではなく、コーズと契約の相対性原則とを矛盾なく説明するためには、両者の間に、個別意思とは別の意思の存在を挟まざるを得ないのではなかろうか。そしてまた、千葉理論がこのような疑問への解消に進むとすれば、それは、千葉理論が議論の出発点で前提としてきた、個別契約の独立性を見直すということに繋がるのではなかろうか。また、このように解したときは、私見の多数当事者間契約論との違いは、取引の客体に着目するか、主体に着目するかで出発点をまったく別にしながら、実際の法律構成とそこから導かれる効果（千葉理論における個別契約の相互依存効、私見における相互協力義務）においてはほとんど違いがないというところに行き着くのではなかろうか。

五　むすびにかえて

本項は、特定の理論と私見との関係のみを論ずるというスタイルを採っている。これは、千葉理論が複合契約的発想からする最も精緻な見解であり、それへの応接・検討が多角的発想からする私見にとって、避けて通ることができない課題であるという認識に基づいているからにほかならない。両見解の究極的な違いは、多角取引を線の繋がり（契約結合）で捉えるか、面（多数当事者間契約）で捉えるかというところにあり、これは、決定的な相違点であるように見えるが、実際には、契約の相対性の原則ないし二当事者間契約の原則を相対化するために、権利客体（給付ないし構造）の側から迫るか、権利主体（意思）の側から迫るかという、問題への接近のための出発点の違いであるようにも思われる。しかも、私見にとって、取引構造もまた多角取引の法的構成において欠くことができない要素であるのと同様に、千葉理論にとっても、たとえば取引への後の参加や取引からの脱退などの場面において、コーズを基本としながら取引当事者の意思的な要素を取り込むことを排除しないとするならば、両者の違いは相対的なものとなる。さらに具体的な多角取引の違いに応じて意思的な要素と構造的な要素との組み合わせには程度差があると解するときは、その違いはなおさら相対的なものとなる。

問題への迫り方としていずれが妥当であるかは、今後、個々の多角取引における具体的な問題の解決と理論の一般的応用可能性の度合に応じて検証しなければならない。

（1）従来の学説について簡潔にまとめたものとして、都筑満雄「複合契約論のこれまでと今後」椿寿夫編『三角・多角取引と民法法理の深化』（商事法務研究会、二〇一六年）六八頁以下参照。
（2）このような発想の分け方については、**第Ⅰ章第1節**参照。
（3）複合契約論の展開について、簡単には、中舎・前掲注（2）参照。
（4）**本章第2節第1項**参照。
（5）千葉恵美子「『多数当事者の取引関係』をみる視点」伊藤進＝國井和郎＝堀龍兒＝新美育文編『椿寿夫教授古稀記念・現代取引法の基礎的課題』（有斐閣、二〇〇九年）一六一頁以下。
（6）千葉・前掲注（5）一六一頁。
（7）千葉・前掲注（5）一六一頁。
（8）千葉・前掲注（5）一六二頁。
（9）千葉・前掲注（5）一六五頁。
（10）千葉・前掲注（5）一六六頁。
（11）千葉・前掲注（5）一六八頁。
（12）千葉・前掲注（5）一六七頁。
（13）千葉・前掲注（5）一六八頁。
（14）千葉・前掲注（5）一六九頁。
（15）千葉・前掲注（5）一六九頁。
（16）千葉・前掲注（5）一六九頁。
（17）千葉・前掲注（5）一七一頁。
（18）千葉・前掲注（5）一七一頁。
（19）千葉・前掲注（5）一七一頁。
（20）千葉・前掲注（5）一七二頁。

(21)　千葉・前掲注（5）一七三頁。
(22)　千葉・前掲注（5）一七四頁。
(23)　千葉・前掲注（5）一七四頁。
(24)　千葉・前掲注（5）一七四頁、一七五頁。
(25)　千葉・前掲注（5）一七五頁。
(26)　千葉恵美子「割賦販売法上の抗弁接続規定と民法」民商九三巻臨時増刊(2)（一九八六年）二八〇頁以下（とくに二九一頁以下）。
(27)　千葉・前掲注（5）一七五頁。
(28)　千葉・前掲注（5）一七六頁。
(29)　千葉・前掲注（5）一七七頁。
(30)　千葉・前掲注（5）一七八頁。
(31)　千葉・前掲注（5）一八八頁。
(32)　千葉・前掲注（5）一八九頁。
(33)　千葉・前掲注（5）一九二頁。
(34)　千葉・前掲注（5）一九八頁。
(35)　千葉・前掲注（5）一九五頁。
(36)　千葉・前掲注（5）一九七頁。
(37)　千葉・前掲注（5）一九七頁。
(38)　千葉・前掲注（5）一七七頁。
(39)　なお、フランスでは、二〇一六年二月一〇日の契約法改正により、契約の有効要件としてのコーズ（cause）が削除された（新一一二八条）。Nicolas Dissaux et Christophe Jamin, Réforme du droit des contrats, du régime general et de la preuve des obligations, 2016, pp.33 et suiv..

(40) 千葉・前掲注(5)一九七頁。
(41) 千葉・前掲注(5)一九七頁。
(42) **本章第2節第1項**。

第2項　三層的法律行為論と多数当事者間契約論

一　はじめに

加藤雅信教授は、自書『新民法大系I民法総則』において、法律行為の基礎理論として、三層的法律行為論を提示している[1]。この理論については、教授自身が「完成された理論からは遠いものである」、「より完成された理論出現への中間項的意味をもつもの」[2]と自認しており、また学界での注目度も、教授の他の研究に比べると、決して高いものとはいえない。これは、同理論が動機の錯誤とそれに関連する若干の問題についてのみ論じられており、その他の問題への展開可能性が示されていないことも一因ではないかと思われる。

後述のように、同理論が検討の対象としているのは、動機の錯誤をはじめ、いずれも二当事者間契約の場面である。しかし、以下に検討するように、この理論が従来の法律行為論に比べて最も斬新な点は、一つの内心的効果意思の合致による一つの契約の成立と構成されてきたことを、二つの合意により一つの契約が成立すると構成する点にあるように思われ、それが効果の点で最も意義を発揮するのは、一つの取引に三人以上の当事者が関与する場面、すなわち多角取引の場面ではないかと思われる。しかしまた、三層的法律行為論は、一つの意思を深層意思と表層意思とに分解する理論であり、このことは二当事者間契約においては両者の齟齬が法律行為の無効を基礎づける根拠として生かされる反面、多角取引においては、表層合意のない当事者間での意思の擬制という問題として顕在化するように思われる。そこで以下では、三層的法律論の意義と多角取引への応用可能性を検討するとともに、その限界を明らかにしたい。

二　三層的法律行為論

1　問題の提起

加藤教授は、動機の錯誤（一方的動機の錯誤、および共通動機の錯誤）の事例を素材としながら、三層的法律行為論を提唱する。すなわち、まず、以下の二つの事例を提示して、従来の判例や学説のような、表示された動機、あるいは予見可能性がある動機についての錯誤は一般的に保護されるという一般的枠組みは、動機の錯誤の保護の範囲として広すぎ、適合的でないことは明らかであろうとし、動機の表示説や動機の予見可能性説が唱える範囲に、なんらかの歯止めをかけ、修正する要件が必要となる、とする[3]。

第一に、動機が表示されまたは相手方が予見可能であったとしても契約を無効（改正前民九五条による。以下同じ）とすべきでない事例として、①親が娘の嫁入り道具を家具店で購入したが、婚姻しなくなったという事例を挙げる。そして、この事例の場合、動機は表示されており、予見可能性もあるといえるので、従来の説によれば、売買契約は錯誤無効となるが、このような事情は買主の領域の事項であって、不利益は親が負担すべきである、とする[4]。同様に、②高速道路の建設計画があると思って、高速道路の入口近くにガソリンスタンドを開設するために土地を購入し、そのような動機を売主に表示していたか、または売主が予見可能であったが、現実にはそのような計画がなかったという事例を挙げる。そして、この事例の場合も、誤情報により不利益を被るリスクは買主が負担すべきであるとする。[5]

第二に、共通的前提事実の錯誤に関する事例として、①藤島武二偽作画売買事件（最判昭和45・3・26民集二四巻三号一五一頁）では、絵が真作であるという前提事実の錯誤であり、第一の売買は売主が真作であることを保証する旨の言動をしており、第二の売買は両当事者に真作であるという共通の理解が存在しているので、一種の双方的錯誤の事例であり、いずれの売買も錯誤無効となるのは当然であるとする。[6]また、②財産分与課税錯誤事件（最判平成元・9・14家月四一巻一一号七五頁）でも、離婚に伴う財産分与契約をめぐる不動産譲渡につき、財産分与の際、両当事者が課税の問題を重視し、課税対象者を共通に理解していたうえで財産分与契約がなされた場合には、課税についての錯誤により無効となるとしたのは、双方的動機の錯誤による無効が認められているとする。[7]さらに、③対価の計算違いの場合を取り上げ、計算の基礎を両当事者が誤ったような双方的動機の錯誤については、ドイツの判例は、その価格計算を法律行為の内容とし、契約の効力を否定しているとする。[8]

そして、以上の事例のうち、①②の事例では、表示行為と内心的効果意思のレベルで見れば絵画売買契約、財産分与契約が表層合意として成立しているが、この表層合意の背後に、表示されていない、絵の真作性、課税対象者についての前提的合意があったと評価できるという。[9]そして、判例は、表層合意と前提的合意との間に齟齬があったとして、契約全体を無効としたのだとする。③の事例もまた、計算方法についての前提的合意と、表層合意における計算結果としての価格等との間に齟齬があり、後者の価格等は前者の合意に基礎を置くだけに、ドイツの判例は契約の効力を否定したといえるとする。このように、これらの事例は、動機の錯誤の名のもとに、表層合意と前提的合意とに齟齬がある場合に契約が無効となることを承認したものとして理解できるとするのである。[10]これに対して、第一の事例では、婚約成立ないし高速道路建設計画があることについての前提的合意は存在せず、したがって家具ないし土地の売主は、合意していないその前提に拘束されるいわれはなく、その前提が破綻したとしても、なんらの法的責任も負わないとし、従来、動機について錯誤無効が認められないとされてきた事例は、実は前提的合意不存在の事例であったとするのである。(11)

2　前提的合意と表層合意

加藤教授は、以上の結論を法律行為論との関係で以下のように総括する。(12) すなわち、伝統的な法律学では、表示行為とそれに対応するかぎりでの内心的効果意思のみが法律行為の枠組みに取り込まれた。しかし、従来、表示行為と内心的効果意思とされていたものの奥に、法律行為の双方の当事者に共有されていた、非表層的な、前提をめぐる「深層意思」が存在したのであり、その深層意思の合致があった場合には、それも契約内容の一部をなし、当事者を拘束する、とする。図式的には、「表示行為」、それに対応する「内心的効果意思」、さらにその奥にある「深層意思」という三層構造の法律行為が成立すると主張する。また、深層レベルでの前提的合意は、明示の合意のほか、黙示の合意であることもある、という。(13) 黙示の意思表示による前提的合意の存在の認定は、「推定的当事者意思」を基礎に表層的合意との齟齬の有無を判断せざるを得ず、このような推定が必要なのは、深層意思が暗黙の前提として、当事者間に共有されていることが少なくないからである、という。

他方、前提的合意があるといえない場合でも、相手方の深層意思を知りながらそれに乗じるなど、深層意思レベルで相手方に不誠実に関与した者は、深層意思に対する信義則違反として表示通りの主張をすることは許されないとする。(14)

そして最後に、三層的法律行為論は、法律関係の明確化という伝統的二層的法律行為論のメリットをそのまま受け継ぎながら、新たな視点として、深層意思とその合致としての前提的合意という点を付加するものであり、(15) 内心的効果意思を真意に置き換えるものではないという。[16] 一部の学説により主張されてきた真意概念は無限定に法律行為概念を肥大させるものであり、これによれば動機の錯誤も含めすべてが法律行為の中に取り込まれるが、それでは伝統的法律行為論が築いてきたメリットである取引の安全もすべて失われる、という。

3　従来の学説との関係

加藤教授は、三層的法律行為論を新たな法律行為論であるとするが、このような理論の根拠を前記以上に、基礎理論的に積極的に示すことはしておらず、それに代わって、従来の学説との関係を示すことによって、三層的法律行為論が従来の法律行為論を発展的に解消するものであると位置づける。[17]

(1)　動機の錯誤論との関係

サヴィニー以来、取引の安全の要求に基づき、動機は原則的に顧慮されず、動機の共通錯誤をも問題とせず、このような無理な方針が、動機の錯誤論、前提理論、行為基礎論、目的不到達による不当利得論等々の混乱した議論を生んだとする。しかし、他方で、動機の錯誤の顧慮は取引の安全を脅かす。そこで、一定の限定を付したうえで意思形成過程を顧慮しようというのが三層的法律行為論であるとする。そして、これにより、動機の錯誤という概念は廃棄されるという。

(2)　前提理論との関係

ヴィントシャイトは、条件には至らない意思制限として、前提という概念を析出したが、その効果は、前提が存在せずまたは後に消滅した場合に、不当利得返還請求権を発生させ、未履行のときは前提の不存在を抗弁として認める点にあるとする。しかし、これは不十分な分析であって、本来は、法律行為の無効を導かなければならず、三層的法律行為論は、前提理論を発展的に解消するものであるという。

(3)　行為基礎論との関係

行為基礎論は、前提理論を継承しながら、その改良を試みたものであり、ドイツ民法にも取り入れられているが（ＢＧＢ三一三条）、主観的行為基礎と客観的行為基礎を同一枠組みで扱ったことにより、行為基礎論の法的性格が不透明となり、主観的行為基礎論の構成要件が無限定であるというあいまいさが顕著に現われたとする。そして、三層的法律行為論の下では、主観的行為基礎は、前提的合意論および深層意思レベルでの禁反言、信義則違反の問題として再構成され、これにより主観的行為基礎に明確な構成要件を与えることができるという。また、客観的行為基礎は、等価関係破壊の問題であり、行為基礎というより、判例と同様、事情変更と呼ぶべきものであるという。

(4)　目的不到達による不当利得との関係

目的不到達の概念は、既履行給付についての不当利得返還請求権、未履行給付についての抗弁を基礎づけている。しかし、三層的法律行為論からすれば、たとえば、結納を交付したがその後婚約を解消したような場合には、法律行為がなされた時点では、結納を交付する表示行為、内心的効果意思があって表層合意が成立しており、両当事者は結婚するつもりであったので前提的合意も成立し、かつ表層合意と前提的合意の間に齟齬はない。ところが、その後、婚約の解消についての合意がなされることによって、前提的合意が効力を失い、後発的に、贈与契約締結時の表層合意と前提的合意との齟齬が生じ、贈与契約は無効となるとする。そして、目的不到達による不当利得の概念は不要となるという。

(5)　原始的不能・契約締結上の過失論、瑕疵担保との関係

別荘の売買契約締結時にすでに別荘が消失していた場合には、伝統的には原始的不能として扱われ、契約締結上の過失が問題とされてきた。しかし、三層的法律行為論では、別荘の引渡しが可能であるという点につき前提的保証合意があると考えればよく、原始的不能・契約締結上の過失という概念は不要となるという。

また、瑕疵担保についても、目的物の性状、機能についての合意が存在すると考えれば、それが表層合意の内容となり、そうとまでいえない場合でも、双方的動機の錯誤の場合には、双方当事者の性状についての深層意思の合致が前提的合意となり、表層合意と齟齬があれば契約は無効となる、という。そして、三層的法律行為論の下では、性状の錯誤について問題解決の明確な枠組みが与えられることになるとする。

(6)　代理権濫用との関係

なお、加藤説は、改正前民法での代理権濫用の問題についても、三層的法律行為論からすれば、表示行為もそれに対応する内心的効果意思も代理人にはあるが、本人のためにすることについて、動機となる深層意思の部分で本人のためにする意図が欠落しているので、本人に対する背信行為をする意図が代理人と相手方との共謀のうえになりたっている場合には、そこでの表層合意と前提的合意との間に齟齬が生じ、契約は無効となり、共謀とまではいかず、代理人の本人に対する背信的意図を知りながら相手方が取引きに応じた場合には、深層意思のレベルでの信義則違反があるので、相手方は契約が有効に成立していることを主張できないとする。そして、代理権濫用の問題は、三層的法律行為論を用いることによって解決される、としている[18]。

以上のように、三層的法律行為論の主な目的は、伝統的な法律行為論を否定することにあるのではなく、その法律行為論の下では、理論の範ちゅうで捉えきれない特殊な問題とされてきたものを法律行為論の中に取り込むことにあり、そのために法律行為の基本的な枠組みを修正しようとするところにある。

三　三層的法律行為論の評価

1　三層的法律行為論に対する学説の反応

以上のような三層的法律行為論に対する学説の反応は、全体的に消極的であり、以下のように、三層的法律行為論にいう深層意思の合致による前提的合意は、内心的効果意思の内容の一部にすぎないのではないかとの批判や、表層合意とは「別の」表層的合意があるにすぎないのではないかという批判が多い。

(1)　まず、動機の錯誤の問題を合意の解釈により処理しようとする立場から、深層意思の合致による前提的合意は、内心的効果意思の解釈の一部にすぎないのではないかという批判がある。

①たとえば、山本敬三教授は、動機の錯誤に関する立場の分かれ目は、合意主義（改正前民九五条不適用。条件・前提・保証の合意がある場合にその効果として効力不発生または契約不履行責任発生）によるか、信頼主義（認識可能性説、重要事項認識可能性説、動機表示重視説、内容化重視説）によるかであるとしたうえで、[19]次のように述べている。「加藤自身は『表層合意』と『前提的合意』に齟齬が生じると考えているが、実際には、『表層合意』――たとえば絵画甲の売買契約――と『前提的合意』――絵画甲が藤島武二の真作であるという合意――に齟齬があるのではなく、『前提的合意』と現実――絵画甲が偽作であったこと――が齟齬をきたしているだけである。したがって、これは、『前提的合意』も法的に尊重される合意として承認し、それが現実と齟齬をきたす場合に契約の効力を否定する見解として位置づけられる。ただ、加藤は、『前提的合意』が成立していない場合でも、その不成立を主張することがエストッペル（禁反言）の原則等に反するときは、『表層合意』にもとづく主張をすることは信義則違反として許されないとする可能性も認めている。これは、合意主義とは別の考慮にもとづくものであり、むしろ信頼

主義的錯誤理論につらなる側面を持つ」[20]。

②樋口直教授もまた、錯誤無効の根拠を合意の拘束論（法的拘束論）から問題にする立場から、三層的法律行為論について、「ここで生じる齟齬ないしねじれとは、動機部分を含め、法律行為・契約の内容と事実（現実）との齟齬・ねじれ・不一致の問題であり、動機部分についての合意との齟齬・ねじれではない」とし、「このことは、錯誤論的には、『動機（の錯誤）』が内容化されたうえでの、いわゆる『内容の錯誤』における『事実（現実）と意思（合意）・認識との不一致』のことであ（る）」としている[21]。

③濱田絵美准教授は、動機の錯誤につき、新二元説（錯誤は意思欠缺であるという二元説の立場を堅持しつつ、動機が当事者間で合意された動機にまで高められた場合（前提、条件、品質保証）にそれぞれの法律構成に従って処理する）の立場に立つことを明らかにしつつ[22]、三層的法律行為論について、以下のようにまとめて、山本教授の評価を引用する。「（加藤説は）動機が『前提的合意』として契約内容にとりこまれた場合に、九五条による法的顧慮を与えるとする。加藤は、意思表示の構造そのものを再構成したうえで錯誤の法的処理を試みる。しかし、これに対しては、表層合意と前提的合意の齟齬はあくまで合意と事実の不一致であり、結局、動機が合意されているにも拘らず、それが事実と齟齬を生じた場合には契約の効力を否定する立場だとの指摘がある」[23]。

④また、河上正二教授は、伝統的な動機不顧慮の原則から出発して、必要に応じ、錯誤の拡張として動機の錯誤を位置づけて広義の錯誤論との接合をはかるという立場に立つとしたうえで、加藤説について次のようにいう。「要素の錯誤となるかどうかとは別に、動機を行為の『条件・附款』としたり、動機を形成した事実を『前提・行為基礎』とみることや、別途『保証合意』の存在をみてとることによって、ある程度まで錯誤関連の問題に対処できることはいうまでもない（最判昭和45・3・26民集二四巻三号一五一頁の事案は、錯誤によって処理されたが、購入した油絵が『本物である』との保証合意が存在したことに留意すべきである）。ちなみに、前提的合意を『深層意思』と呼

び、『表層意思』たる内心的効果意思と『表示行為』とを合わせて『三層的法律行為』として整理する見解もある……。これによれば、表層合意が、深層意思における前提的合意に基礎をおくと双方当事者とも考えていた場合に、表層合意と前提的合意とに齟齬があれば契約全体が無効となり、これが伝統的に『動機の錯誤といわれていたものの実体』であるとされる。しかし深層意思という中間的概念を経由するまでもなく、通常の効果意思の解釈・内容確定のレベルでも処理できる問題ではあるまいか」[24]。

(2)　他方、三層的法律行為論にいう前提的合意は、表層合意とは「別の」表層的合意があるにすぎないのではないかという観点からの批判がある。

たとえば、筆者は、動機の錯誤の場面では、以下のように加藤説を評価している。すなわち、「たしかに、一つの意思表示に二重の意思の存在を観念するのはこれまでにない発想である。しかし、上記の例（偽絵画の売買の例）で当事者は『偽作の売買契約』で合意しているわけではなく、『絵画の売買契約』を合意しているだけなので、表層合意（絵画）と前提的合意（真作）とは別のことを対象にしており、前提的合意と齟齬しているのは表層合意ではなく実際の事実そのものである（すなわち、真作であるという認識と、偽作であるという事実とが齟齬している）。そうすると、この説は、前提的合意という概念を用いながら、実質的には、絵画の売買契約に付加的に、もし真作であるという当事者の認識と事実とが異なっていた場合には売買は効力を失うという『別の合意』が売買にくっついている場合があると指摘するものではなかろうか。そして、そうだとすれば、売買と別の合意という二つの合意に相応した二つの意思表示が存在しているだけであって、とくに一つの意思表示の中に深層意思を観念する必要はないということになるのではなかろうか」[25]。

2　三層的法律行為論から予想される反論

以上のような批判は、動機の錯誤に問題を限定し、かつ、筆者を含めた批判者の自説の立場からすれば、三層的法律行為論のように構成しなくても問題の解決が可能であると説く点に力点が置かれているように思われる。これに対して、三層的法律行為論の立場に立った場合には、どのような反論が想定されるであろうか。

(1)　まず、第一の批判、すなわち、深層意思の合致による前提的合意は、内心的効果意思の解釈の一部にすぎないのではないかという批判に対しては、三層的法律行為論は、動機と内心的効果意思を意思のレベルで再定位するものであって、これを一つの真意に統合するものではなく、このことは合意についても同様であって、動機と意思とを統合して一つの意思を観念してその合意の解釈問題として捉えるわけではないとの反論がなされるであろう。このような観点からは、三層的法律行為論にとっては、「一つの法律行為の中に二つの合意」を認めるという点こそが重要であるということになろう。

(2)　しかし、このように二つの合意があるというとすれば、第二の批判、すなわち、前提的合意は、表層合意とは別の表層的合意があるにすぎないのではないかという批判がより当てはまるようにも思える。しかし、三層的法律行為論からすれば、明示的な合意が存在するならば、それは別の表層合意がもう一つ成立しているといえるが、そうではない場合には、前提的合意はあくまで表層合意の前提であって、表示行為は一つであり、したがって法律行為は一つ存在するにすぎないとの反論が考えられる。このような観点からは、三層的法律行為論では、「前提的合意は、表層合意についての表示行為以外の表示行為を伴わない合意である」という点こそが重要であるということになろう。

3　三層的法律行為論の主旨

以上のような予想される反論を前提に考えるならば、私見によれば、三層的法律行為論の主旨は、動機と内心的効果意思を統合し、これを深層意思と表層意思に再定位したうえで、深層意思の合致による前提的合意と表層意思の合致による表層合意という二つの合意について一つの表示行為をすることによって一つの法律行為が成立する、とする点にあると評価できるように思われる。

三層的法律行為論は、動機の錯誤を問題視し、前提的合意と表層合意との齟齬は契約を無効ならしめる、とするものであるため、法律行為の効力を否定するための理論としての側面が注目される（ただし、両者の齟齬がなぜ無効という効果をもたらすのかは明確でない。表層合意の効力を否定する意味からすれば、前提的合意により表層合意の法的効力が失われるというのであるから、前提的合意を表層合意の条件的なものと捉えているものと思われる）。実際上、両者に齟齬がない場合には、法律行為は当然有効となるので、法律行為の効力を否定するための理論としては、実益がない。しかし、三層的法律行為論の主旨を前記のように捉えるならば、その応用可能性は、一つの表示行為に二つの合意の存在を観念することによって問題を解決する必要がある場面においてこそ、発揮されるのではないかと考えられる(26)。

三層的法律行為論は、主として動機の錯誤について主張されてきた。しかし、動機の錯誤の場面では、当事者双方の共通の動機を前提的合意と捉えるまでもなく、これを効果意思の解釈問題ないし別の合意の成立の問題と構成することもできるため、三層的法律行為論の積極的な意義が見出されない。しかし、以上の検討から明らかなように、三層的法律行為論の最大の特徴が、意思表示における動機と内心的効果意思とに区別されてきたものを、いったん意思レベルで統合したうえで、深層意思と表層意思とに分け、前提的合意と表層合意という二つの合意の重層構造にあるものとして理解し直すことにあるとするならば、同理論によらなければ解決が困難な場面を問題にすべきである。そして、その最も効果的な応用場面は、多角取引の場面ではないかと思われる。

四　多角取引と三層的法律行為論

1　複数の合意の存在を認めるための応用可能性

(1)　合同行為的契約論への応用可能性

多角取引においては、実際には、取引に参加するすべての当事者相互間で種々の利害関係が発生するにもかかわらず、個々の二当事者間で締結される契約でそれを十分反映した効果を導くことができない[27]。このような多角取引が抱える問題を克服するために、これまで多くの問題場面で数多くの見解が示されてきた[28]。従来の学説をその発想の点から大きく分けると、二当事者間の契約の存在を前提にしながら、それらの結合要素を考えることによって、個別契約それ自体からは導くことができない効果を導こうとする発想（以下、「複合契約的発想」という）と、多数当事者の存在から、個別契約とは別に、多数当事者による新たな契約を観念することによって、そこから個別契約とは別の効果を導こうとする発想（以下、「多角的発想」という）があるように思われる。筆者は、これまで、多数当事者による新たな契約を観念することによって、そこから個別契約には含まれない効果を導こうとする多角的発想に基づく法律構成を主張してきた。これは、いわば「線」としての契約の連鎖ではなく、取引場面をあるがままに「面」として捉えた契約関係を構想できないかという発想に基づくものである。

そこで筆者は、後者の発想から、かつて、合同行為的契約論ともいうべき法律構成を主張した[29]。これは、多角取引現象は、その実体からすれば、多数の当事者によって一つの取引共同体が作られているのに近いという認識に基づき、従来の契約成立論の下での申込み・承諾をしていない者もまた多角取引全体に関する合意の当事者となりうるとするために、多数当事者の合同行為的な意思表示によって契約が成立するという構成である。すなわち、多角取引においては、二当事者からなる各個別契約と同時に、その取引を形成することについて全取引当事者による同一内容の意思表示がなされており、それによって多角取引自体を目的とする基本契約が成立していると構成するのである。このような構成は、申込みと承諾により契約が成立するという契約成立論に合致しない。しかし、単純な二当事者による売買においても、売るという意思表示と買うという意思表示が相対立しつつ合致すると説明するのでなく、売買という取引に対して売主・買主双方がそれぞれの義務を負担することに同意すると説明することも可能である。

このような考え方によれば、基本契約は、多角取引に参加し、それに含まれる個別契約上の権利義務を負担するとともに、取引全体の成立・存続・解消に関する基本事項を受け入れることを内容とする同一内容の意思表示によって成立する。多数当事者が同時に意思表示をする必要はなく、先に成立した基本契約の当事者が新たな当事者の参加をあらかじめ承認しているといえるか、または個別の同意により、成立した多角取引に後に参加することも可能である。基本契約と個別契約との関係は、前者が後者に関する基本事項を定めるという重層構造になるので、個別契約の成立・存続・解消のすべての場面で基本契約が効力を及ぼす。個別契約は、基本契約を実現する個別条項として機能するので、基本契約が解消されれば、個別契約それ自体に解消事由が存在しなくても、将来に向かって消滅する。

以上のような構成は、全取引当事者による同一の意思表示がなされることによって契約が成立するという必要上、伝統的な考え方によっても認められている合同行為概念を前提としながら、申込みと承諾の合致による契約の成立という構成を打開するために、合同行為「的」という表現を用いたものであった。しかし、このような構成には、合同行為概念を利用することの妥当性の有無以前に、そもそも基本契約を締結するという意思表示および全取引当事者による意思表示の合致を観念できるのか、という問題がある。筆者は、これについて、個別契約の意思表示にそのような意思表示が含まれていると構成したが、個別契約は取引当事者のうちの二当事者間でそれぞれ締結されており、これとは別の意思の存在をどのように説明するかという点での難点がある。これに明確に答えることができなければ、基本契約の成立といってみても、所詮、意思の擬制にすぎないということになるであろう[30]。

そこで、この点について三層的法律行為論を応用できるとすれば、多角的発想に立つ筆者にとって、その応用可能性は、当事者間に共通の深層意思の合致があれば、表層合意とは別の合意の存在を観念できるという点に見出すことができ、多角取引の構造を次のように説明できる可能性がある。すなわち、①多角取引に参加する当事者は、当該取引を多角的に行うという深層意思を有しており、かつ、それが全当事者間で合致しているので、ここに多角取引についての前提的合意が存在する。②しかし表層的には、個々の二当事者間で、個別契約を締結する表層意思の合致による表層合意があり、それが表示されている。③多角取引は、このような全体取引に関する前提的合意と、個別契約に関する表層合意との集合体として構成される。以上のように、三層的法律行為論を私見の合同行為的契約論に応用することができるとすれば、一つの表示行為の中に、取引全体に関する基本合意である前提的合意と、個々の当事者間で締結される個別合意である表層合意との重層構造であると説明できる可能性がある。

(2)　三層的法律行為論を応用する限界

しかし、このような構成には、決定的な難点がある。それは、多角取引が二当事者間取引ではなく、三当事者以上の多数当事者間取引であるために、個別契約に関する表層合意は二当事者間で存在するのに対して、全体取引に関する前提的合意は多数当事者間で成立すると構成することになり、表層合意の当事者と前提的合意の当事者との間にズレが生じる点である。三層的法律行為論は、二当事者間契約について主張されているものであるため、表層合意と前提的合意の当事者がずれるという問題は生じないので、表意者には表層意思とともに深層意思があると構成しやすい。しかし、多角取引は、取引に参加する個々の二当事者間で契約が締結されるが、表層意思は個別契約においてしか表示されていないので、その意思に表層意思とともに深層意思が含まれており、かつ、それらが合致して表層合意以外の当事者間で前提的合意が成立しているというには、意思の擬制にすぎるとの批判が当然に想定できる。

このような難点は、合同行為的契約論の難点であると同時に、三層的法律行為論の限界でもある。というのは、三層的法律行為論は、一つの意思表示を前提的合意と表層合意との二つの合意に分解するが、前提的合意は、表層合意とその表示行為を通じて認定されざるを得ないために、表示行為とは異なる当事者間で前提的合意の存在を認めることが困難になるからである。三層的法律行為論がもたらす利点、すなわち、表層合意と同時に表層合意を支える前提的合意が存在するという意思表示の重層構造を多角取引において発展的に活かすためには、ついには、前提的合意が表層合意とは別の当事者間で成立していると構成しなければならない。

３　多数当事者間契約論と三層的法律行為論

多角取引において、前提的合意が表層合意とは異なる枠組みで成立するというためには、二当事者間契約の原則を相対化する必要がある。そこで、私見では、前述の合同行為的契約論を発展させ、多角取引に参加するすべての当事者は、取引参加者相互間で締結される個別契約と同時に、あらかじめ確定された取引の基本事項に関する事項に対して同意することにより、多数当事者による基本契約が成立するという多数当事者間契約論を主張するに至ったのである。[31] すなわち、この基本契約は、対立しあう意思表示としての申込みと承諾の合致により成立するのではなく、二人以上の当事者間で確定された合意事項にすべての当事者が「同意」することによって成立する。このように、三層的法律行為論でいう前提的合意が基本契約として表層合意にあたる個別契約との重層構造にあるとする点では、三層的法律行為論と同様であるが、多数当事者契約論の下では、基本契約は個別契約とは異なる多数の当事者間において、個別契約と重層的な構造の下で成立することになり、個別契約は基本契約の下で、個別の当事者間の具体的な約定を定めたものとなる。

ただし、契約目的、経済的一体性、取引構造、システム、提携、協調といった、これまで多角取引を法律構成するために用いられてきた要素は、多数当事者間で成立する契約における合意の範囲と内容を確定するための基準として、意思とともに利用できる。これらの要素はたがいに排斥しあうものではなく、いずれもが合意内容を確定するための要素として、取引に応じて重点が置かれる要素が異なるにすぎない。したがって、合意内容を確定する作業は、多角取引の目的からする規範的な作業である。この点では、三層的法律行為論が前提的合意の存在の認定について、当事者間の暗黙の前提として当事者間に共有されている推定的当事者意思を認定するとしていることと同様である。

確定された合意に対する同意は、取引当事者による自己の立場の引受けと、他の当事者の立場の承認からなり、当事者間で個別的な契約が網羅的に締結されている必要はない。同意は、事実関係そのものから契約関係を発生させるのではないことのメルクマールであり、単なる取引実態から法律関係を区別するために必要不可欠な基準である。同意は、伝統的な法律行為論の下での意思表示と異ならないが、取引に参加することによって当然に推認されるというべきである。

多角取引の効果は、合意内容に従って導かれる。具体的には、取引参加者が個別的に合意している内容にとどまることなく、取引を維持するために「相互協力義務」を負う。その具体的内容は、合意に従って各当事者に割り当てられるが、たとえば、フランチャイズ契約におけるフランチャイザーの情報提供義務、リース取引における供給者の目的物の瑕疵修補義務、下請負における元請人の利益分配義務などとして現れる。また、取引当事者の結合の度合によって違いがあり、一人の当事者に従属的な地位にある者ほど、その者と共通の義務（連帯債務など）を負うが、独立性の高い者ほど独自の義務を負う。

多角取引は、以上のようにして、二当事者間契約の原則を相対化し、多数当事者による合意に対する同意によって一つの契約が成立するという構成の下で規律されるべきである。

五　むすびにかえて

三層的法律行為論は、動機の錯誤の問題を契機に主張されている理論ではあるが、錯誤の問題に限らず、二当事者間契約に関する問題については、他の法律行為論との違いが具体的には顕在化せず、その主旨が発揮されない。同理論の主旨は、同理論にいう表層合意と前提的合意とが一つの表示行為によって表示される二つの合意であり、合意の当事者はそれぞれ異なっても、一つの多角取引に同意し、かつ、個々の当事者間での個別事情を受け入れるという意味において、合意の重層構造が維持されるというかたちで生かされるといえるのではなかろうか。このように、三層的法律行為論は、伝統的な法律行為論の枠組みを維持しながらそれに修正を加えるという目的で主張されたものではあるが、その主旨を発展的に活かすならば、同理論は意思表示の重層構造を指摘する点において、新たな契約論への架橋としての役割を有しているように思われる。

（1）　加藤雅信『民法総則〔第二版〕』（有斐閣、二〇〇五年）。初版は二〇〇二年だが、この部分に変更はないので、以下の引用は第二版二六一頁以下による。

（2）　加藤・前掲注（1）二七八頁。

(3)　加藤・前掲注(1)二六五頁。
(4)　加藤・前掲注(1)二六二頁。
(5)　加藤・前掲注(1)二六三頁。
(6)　加藤・前掲注(1)二六四頁。
(7)　加藤・前掲注(1)二六四頁。
(8)　加藤・前掲注(1)二六四頁。
(9)　加藤・前掲注(1)二六五頁。
(10)　加藤・前掲注(1)二六五頁。
(11)　加藤・前掲注(1)二六五頁。
(12)　加藤・前掲注(1)二六五頁。
(13)　加藤・前掲注(1)二六八頁。
(14)　加藤・前掲注(1)二六六頁。
(15)　加藤・前掲注(1)二七七頁。
(16)　加藤・前掲注(1)二七八頁。
(17)　加藤・前掲注(1)二六九頁以下。
(18)　加藤・前掲注(1)三〇四頁。
(19)　山本敬三『民法講義Ⅰ総則〔第三版〕』(有斐閣、二〇一一年)二〇〇頁。
(20)　山本・前掲注(19)二〇二頁注三六。なお、平野裕之教授は、意思表示概念について、「契約の内容が全て意思によって規律されるというのは、夢物語でしかない」とし、民法自体が当事者の一方に意思がなくても契約の成立を認めており(改正前民九三条本文〔改正民九三条一項本文〕、改正前民九五条ただし書〔改正民九五条三項〕)、当事者の意思が合致していなくても契約成立を認めてよく、表示に対する相手方の保護(信頼)と、意思がないのに表示をした責任(帰責性)によって修正がなされるとしたうえで、論評を加えることなく、三層的法律行為論を紹介している。平野裕之『民法総則〔第三版〕』(日本評論社、二〇一一年）一〇一頁、一〇五頁。

(21) 樋口直「続・錯誤論再考――『法的拘束力からのアプローチ』についての検討」亜細亜法学四五巻一号（二〇一〇年）三六頁。

(22) 濱田絵美「動機錯誤の法的処理に関する一考察」植木哲編『（高森八四郎先生古稀記念）法律行為論の諸相と展開』（法律文化社、二〇一三年）七四頁。

(23) 濱田・前掲注（22）六一頁。

(24) 河上正二『民法総則講義』（日本評論社、二〇〇七年）三五〇頁。

(25) 中舎寛樹『民法総則〔第二版〕』（日本評論社、二〇一八年）一五九頁。

(26) 三層的法律行為論は、動機と内心的効果意思を深層意思と表層意思に再定位するものであることからすると、内心的効果の内容についても従来の理解とは異なる理解を導く可能性がある。すなわち、これまで意思欠缺と解されてきた以下のような問題についても見直しを迫る意義があるのではないかと思われる。

①心裡留保

加藤教授は、前述のように、代理権濫用に対する理論の展開可能性を示している。すなわち、周知のように、判例は、代理権濫用について改正前民法九三条ただし書を類推適用しているが、三層的法律行為論からすれば、代理権濫用では、深層意思の部分で本人のためにする意図が欠落していることから代理行為は無効となり、または有効性を主張することが信義則違反になると構成されるという。そうであるとすれば、九三条と三層的法律行為論との関係はどのように説明されることになるのであろうか。

たしかに、同教授自身は、心裡留保については、内心的効果意思が欠缺している場合であると解しており（加藤・前掲注（1）二四四頁）、このような理解による限り、心裡留保はそもそも表層合意と表示行為とが合致している場合ではなく、したがって深層意思を問題にする場面ではないということになろう。しかし、同教授は、前述のように、代理権濫用についても三層的法律行為論の問題であると捉えたうえで、九三条そのものについても、「判例が問題とする代理人の背信的意図は、元来動機の問題であった。それは、本書の三層的法律行為論でいう深層意思にあたる部分の問題となる。これまでの二層式法律行為論を前提とすれば、九三条は本来、表示行為とそれに対応する内心的効果意思との関係を律するにとどまるはずである。ところが判例は——無意識的に——これを深層意思の部分にまで拡張し、この種の事案で本人、代理人、相手方間の妥当な規律をはかってきたのである」（加藤・前掲注（1）三〇四頁）として、九三条の解釈を見直すべきことを示唆している。このような理解によるならば、心裡留保において留保された真意について、これを深層意思と構成するならば、表意者は、表層意思が深層意思と齟齬していることを知りながら表層意思を表示しているという構造で心裡留保を捉えることが可能であろう。筆者は、心裡留保につき、改正前民法九三条は「真意ではない」と規定しているが、これは意思の欠缺を意味するものではなく、意思はあるが表意者にとって意思表示をする決定的な動機（真の意図）を意識的に欠いている場合に、原則としてその動機を相手方に主張できないという趣旨の規定であると解している（中舎寛樹「代理人の権限濫用行為と民法九三条の役割」名法九〇号（一九八三年）五二頁以下。同『民法総則〔第二版〕』（日本評論社、二〇一八年）一六九頁参照）。また、改正民法九三条一項ただし書は、相手方が表意者の深層意思を知りまたは知ることができたにもかかわらず、意思表示の有効性を主張することが信義則に反することを規定しているものとして捉えられることになろう。

②虚偽表示

また、以上のことは、虚偽表示によりよく当てはまるように思われる。たしかに、虚偽表示についても、加藤教授自身は、内心的効果意思が欠缺している場合であると解している（加藤・前掲注（1）二四六頁）。しかし、虚偽表示は、意思表示の当事者間に通謀がある場合であり、これこそが三層的法律行為論でいう深層意思の合致、すなわち前提的合意がある場合であると構成することはできないであろうか。この場合の前提的合意は、表層合意とは別の隠匿行為のことではなく、表層合意を否定する合意のことである。そうだとすると、虚偽表示は、むしろ表層合意と表示行為は一致しているが、前提的合意と表層合意とが齟齬している場合であり、従来、内心的効果意思がないと解されてきたのは、実は、このことを意味していると理解することになるのではなかろうか。筆者は、虚偽表示につき、民法九四条は意思が欠缺している場合ではなく、外形上の意思表示と異なる隠匿行為があっても、善意の第三者には隠匿行為の効力を主張できないという趣旨の規定であると解している（中舎寛樹『表見法理の帰責構造』（日本評論社、二〇一四年）一一九頁以下）。

（27）**第Ⅰ章第1節**参照。

（28）従来の学説について簡潔にまとめるものとして、都筑満雄「複合契約論のこれまでと今後」椿寿夫編『三角・多角取引と民

法法理の深化』（商事法務研究会、二〇一六年）六八頁以下参照。
（29） **本章第1節第1項四5**(1)(2)参照。
（30） この点については、**本章第1節第1項四5**(3)参照。
（31） 以下の多数当事者間契約論に関する記述については、**本章第2節第1項**参照。

第4節　多数当事者間契約と相互協力義務

本節では、多数当事者契約論を総括するために、本書においてこれまで展開してきた議論をあらためて整理したうえで、保証取引と多数当事者間決済への多数当事者間契約論の適用を素材として、多数当事者契約論の効果としての相互協力義務について論じることとしたい。

一　多数当事者間契約論

1　多角取引

ドイツ法律行為論の影響を受けたわが国の法律行為論の下では、契約は、申込者と承諾者の二当事者間での意思表示の合致により形成されるという「二当事者間契約の原則」が採られている。しかし実際には、三人以上の多数当事者間で、各当事者の固有の利益を実現するために、独立の当事者として契約を個別に締結し、これら複数の契約を組み合わせることによって、意思表示の合致がない当事者間を含めて、一つの社会的・経済的目的を達成しようとする取引が存在する。本書では、このような取引を「多角取引」と呼んできた。たとえば、古典的な多角取引としては、第三者のためにする契約（改正民五三七条以下）は、要約者・諾約者・債務者間で一つの給付がなされることを約する取引である。また、保証は、債権者と保証人間で締結される二当事者間契約であるが、取引を全体として見れば、債権者・主債務者・保証人間で、主債務契約と保証契約を組み合わせて債務の履行を安定的に確保しようとする取引である。他方、多角取引現象が顕著に現れるのが、現代の取引における必要に応じて、多数当事者間で展開する現代的多角取引である。たとえば、第三者与信型消費者信用取引やファイナンスリースは、伝統的には二当事者間で行われてきた取引が分業化されている場合であり、下請負、サブリースは、二当事者間で行われる取引が事業の展開に伴い、第三当事者を巻き込んで拡大する場合である。フランチャイズ契約のように、一人の当事者から同種の契約が放射状に展開される点に取引の本質があるものもある。

2　従来の法律構成の限界

このような多角取引においては、実際には、取引に参加するすべての当事者相互間で種々の利害関係が発生するにもかかわらず、個々の二当事者間で締結される契約でそれを十分反映した効果を導くことができない。たとえば、第三者与信型消費者信用取引では、商品等の売主と買主間の売買契約、売主と金融機関との提携契約、金融機関と買主間の立替払契約のように、複数の当事者が個別的に契約を締結しているが、全当事者によって取引全体を包括する契約が締結されているわけではないので、特別法の規定がない場合には、買主は売買契約上の売主に対する抗弁を金融機関との立替払契約上主張することができない。また、ファイナンスリースでは、サプライヤーとユーザー間には、契約関係がないので、ユーザーは、サプライヤーに対して契約上、目的物の修補請求をすることができない。

３　多角的発想による法律構成

　このような多角取引が抱える問題を克服するために、これまで多くの問題場面で数多くの見解が示されてきた。従来の学説をその発想の点から大きく分けると、二当事者間の契約の存在を前提にしながら、それらの結合要素を考えることによって、個別契約それ自体からは導くことができない効果を導こうとする構成（複合契約的発想）と、多数当事者の存在から、個別契約とは別に、多数当事者による新たな契約を観念することによって、そこから個別契約とは別の効果を導こうとする構成（多角的発想）があるように思われる。[1] これらは、多角取引では、個別契約の解釈からだけでは導くことができない「何らかの利益」が契約の結合によって創出されており、この「何らかの利益」を導くための要素をどう法律構成するかという点での認識を共有しながら、それを法律構成に活かす途が決定的に異なる。ここでこれらの展開過程を再度整理することはしないが、[2] 筆者は、これをどのように法律構成するかという問題について、多数当事者の存在から、個別契約とは別に、多数当事者による新たな契約を観念することによって、そこから個別契約とは別の効果を導こうとする多角的発想に基づく多数当事者間契約論を展開してきた。[3] 本書の総括としてあらためて整理すれば、これは以下のような構成である。

(1)　二当事者間契約の原則の相対化

　多角取引を多角的発想から法律構成するためには、個別的には各当事者間に意思表示の合致による契約が成立していない場合を含めて、多数当事者によって契約が成立しうることを認めなければならず、そのためには、伝統的な二当事者間契約の原則を相対化する必要がある。そこでは、多数当事者による多角取引への参加と合意内容の承認を内容とする「同意」という意思を中心とし、かつ、個々の当事者の意思ないし二当事者間の意思表示の合致を絶対化せずに、それを多数当事者による合意の内容を確定するための要素の一つとして捉え、「合意に対する全当事者の同意」による契約の成立を認めことが必要となる。

(2)　合意に対する同意

合意に対する同意は、各取引当事者による自己の立場の引受けと、他の取引当事者の立場の承認からなり、これらが認定できる場合には、取引参加当事者間で個別契約が網羅的に締結されているか否かにかかわらず、多数当事者間契約における合意の成立を認めてよいと考えられる。同意は、事実関係そのものから契約関係を発生させるのではないことの証左であり、単なる取引実態から法律関係を区別するために必要不可欠な要件である。これが意思表示であることはいうまでもないが[4]、このような意思表示は、取引に参加することによって当然に推認されるものである。伝統的なドイツ法律行為論と異なるのは、各当事者間での意思表示の合致ではなく、合意に対する意思表示であるという点にすぎない。

(3)　合意内容を確定するための要素

このような理解からすれば、「契約目的」、「経済的一体性」、「取引構造」、「システム」、「提携」、「協調」といった要素は、多数当事者間で成立する契約における合意の範囲と内容を確定するための基準として「個々の当事者の意思」とともに、利用できる。これらの要素は相互に排斥し合うものではなく、いずれも全当事者による合意の内容を確定するための要素として、取引に応じて重点が置かれる要素が異なるにすぎないものであり、したがって、合意内容を確定する作業は、当事者意思の探究にとどまらないものであって、多角取引の目的からする「規範的」な作業であるといえる。

(4)　取引への参加の非同時性

上記のような多数当事者間契約における「同意」の理解からすれば、契約の目的に合致する限り、契約当事者が誰であるかを最初から固定する必要はない。取引の必要、拡大に伴い、後からの参加者を含めて多数当事者間契約は拡大しうる（下請負における孫請け、フランチャイズにおけるフランチャイジーなど）。逆に、二当事者間での契約を基に理解したのでは取引関係から離脱する者であっても、合意の内容によっては、なお契約当事者として残り続ける場合もあり得ることになる（契約上の地位の譲渡人など）。このことは、多数当事者間契約の成立のためには、それに参加する当事者が同時に意思表示をするという「同時性」は必要でないことを意味する。すでに成立している多数当事者間契約に、後に参加する者もまた、当初の参加者がすでにそのような者の登場を予定しているといえる限り、契約内容を同意することによって多数当事者間契約の一員となることができるといえるのではなかろうか。

４　多数当事者間契約の効果

多角取引の効果は、前述のようにして確定される多数当事者間契約の合意内容に従って導かれるが、これは、多角取引の目的を実現するために必要となる効果を各当事者に「割り当てる」ことになる。多数当事者間契約の各当事者間で個別的に合意されている内容があっても、効果はそれにとどまることなく、取引を維持するために必要な包括的な同意から導かれる効果が規範的に抽出されることになる。それは、各当事者相互の協力義務、すなわち「相互協力義務」というべきである。

５　多数当事者間契約論の課題

このような構成による多数当事者間契約論に対しては、まず、二当事者間契約の原則と意思表示の合致による契約の成立という伝統的な契約論・法律行為論から見て、これらを克服するための構成原理の脆弱性が指摘されることが予想される。そこで筆者は、これまで、このような構成がわが国の民法の下でも成り立ちうることを主として他の有力な構成と比較しながら検討してきた(5)。私見によれば、これらによって構成原理上、多数当事者間契約論が成り立ちうることは検証できたものと考えており、後は、このような構成を採るか否かという選択の問題が残されているにすぎない。

しかし、多数当事者間契約論の最大のメリットは、取引に関係するすべての当事者に相互協力義務を導くことができる点であり、最大の課題は、このような構成によって、多角取引における問題の解決のために、どのように有意義な効果を導くことができるかである。このような相互協力義務の具体的内容は、当然のことながら、当該取引の目的によって異なりうるが、たとえば、フランチャイズ契約におけるフランチャイザーのフランチャイジーに対する情報提供義務、リース取引におけるサプライヤーのユーザーに対する目的物の瑕疵修補義務などとして現れると考えられる。

もっとも、以上のように、相互協力義務が多角取引の目的から見出されるといってみたところで、その存在とその具体的内容は、個々の多角取引の構造と特徴を明らかにしなければ明確にならず、単なる抽象的な「発想」にとどまるのではないかという問題がある。そこで、以下では、このような課題に対応するために、多角取引の代表的な場面として、保証取引を取り上げ、保証取引における相互協力義務の発生原因、特徴、具体的内容を明らかにしたい。

二　保証取引の多角的構造

1　保証取引における相互依存性

ここでいう保証取引とは、債権者と主債務者間の主債務契約、債権者と保証人間の保証契約、主債務者と保証人間の保証委託契約という三つの個別契約からなる取引をいう。これらの三つの個別契約は、伝統的な法律構成の下では、独立したものとして扱われるが、実際には、この三つの契約がすべて成立し、効力を有することによってはじめて成り立つ取引である。

主債務契約と保証契約は、法的にはそれぞれ独立した契約として構成されるが、実際には、強い牽連関係、相互依存関係がある。主債務契約が成立・存続しなければ、保証契約は成立・存続できない（附従性）。しかし、保証取引の多角的構造はこれに限ったことではなく、保証委託契約と保証契約の間にも牽連性がある。すなわち、根保証では附従性が緩和されており、将来債務や不確定債務の保証もまた有効に成立する。また、保証委託関係の存否およびその内容は、法的には、保証契約の成立・効力等に無関係であると考えられているが、実際には、委託関係の存否・委託の程度の違いが保証債務の成立・内容・消滅に影響を及ぼしている。たとえば、根保証で附従性が緩和され、将来債務や不確定債務の保証もまた有効に成立するのは、主債務者と保証人間の保証委託関係の存否とその内容に応じて、保証の成立および内容が影響を受けるからである。また、連帯保証では、保証債務に附従性はないが、これは、主債務者と保証人間の保証委託関係の内容に応じて、保証契約の内容が影響を受けるからにほかならない。さらに、求償の場面では、保証委託関係の存否によって、求償権の範囲が大きく異なり（改正民四五九条、四六二条）、事前求償権（改正民四六〇条）の有無という違いもある。保証の終了の場面でも、主債務契約が解除された場合に主債務者の負う原状回復義務なども保証の範囲に含まれるというのが保証人の通常の意思であると解されているのは[6]、直接的には保証契約の解釈の問題であるが、そのような解釈は、保証委託関係を考慮しなければ導くことができない。

２　保証取引の多角取引性

以上のような保証の成立・内容・保証人の抗弁権・保証の終了の各場面における法律効果の違いは、主債務者と保証人間の関係の違いを反映しており、両者の関係が保証委託契約によって強固に設定されているほど、保証債務の独立性・附従性が減退して、両者の共同責任性が強まるのに対して、両者の関係が委託によらない保証のように稀薄であるほど、保証債務の附従性がそのまま維持されるかまたはさらに強められて、保証債務の二次的責任性が強まるという関係にある。

従来、このような保証債務の多様性は、保証契約それ自体の契約解釈ないし特約の問題として処理されてきた。しかし、これらはすべて、主債務契約・保証契約・保証委託契約からなる保証取引の構造に由来する問題であり、これらをすべて保証契約固有の解釈問題として処理することには無理がある。委託による保証取引では、債権者・主債務者・保証人という三当事者によって、債権者における金銭の貸付けと確実な回収、主債務者における融資の実現、保証人による受託者としての利益という、それぞれの当事者の固有の利益を実現するために、それぞれが独立の当事者として、主債務契約、保証契約、保証委託契約を個別に締結し、これら三つの契約を組み合わせることによって、全体として保証を伴う金銭貸借取引という社会的・経済的目的を達成しようとしており、このような意味において、保証取引は多角取引であることを認めるべきである。

三　保証と錯誤に関する裁判例とその実際上の意義

1　最近の裁判例

保証契約に関しては、保証人の錯誤が問題になる裁判例が多い。しかし、以下で見るように、その紛争の実体は、債権者もまた同様の錯誤に陥っている共通錯誤の事例であり、主債務者と保証人間の保証委託関係、および債権者と主債務者間の貸金契約において前提とされた事情が事実と異なる場合に、そのような事情に関する共通錯誤が保証契約にどのような影響を及ぼすかという問題として共通している。以下、最近の裁判例を見てみよう。

①最判平成14・7・11判時一八〇五号五六頁

Ａ社は、Ｂ社から機械を購入する契約を締結し、その代金につき、Ｘとの間で立替払契約（クレジット契約）を締結した。Ｙは、Ａの従業員であり、Ａに依頼されてこの立替払契約につき連帯保証契約を締結した。しかし、これは、Ａの営業資金を捻出するために実際には売買契約がないままなされた、いわゆる空クレジットであり、ＸからＢへ支払われた立替金は、Ｂが受領後にＡに交付するという約束になっていた。その後、Ａが分割金の支払いを怠り、倒産してしまったので、ＸはＹに対して保証債務の履行を請求した。

最高裁は、錯誤無効を認めなかった原判決を破棄自判し、保証契約は、特定の主債務を保証する契約であるから、主債務がいかなるものであるかは、保証契約の重要な内容であり、本件立替払契約が空クレジット契約であったことにより、本件保証契約における保証人の意思表示は法律行為の要素に錯誤があったものというべきであるとした。

②東京高判平成24・5・24判タ一三八五号一六八頁

Ａ銀行は、Ｂに対して二億五〇〇〇万円を貸し付け、Ｙ（Ｂの兄）は、Ａとの間で、Ｂが本件貸付によりＡに対して負担する一切の債務について連帯保証する契約を締結した。これは、ＢおよびＡの担当者らの突然の来訪を受けて、その場で、担当者が、Ｂが貸付を受けて購入を予定しているビルは一〇億円の価値があり、十分な担保価値があるので、Ｙには一切迷惑がかからないなどと発言したことにより、ＡがＹの責任を追及するような事態には至らないと考えたことによるものであった。しかし実際には、ビルの価値は一〇億円を大幅に下回るものであり、担保価値として十分なものでなかった。Ａから貸付債権の譲渡を受けたＸ（整理回収機構）は、Ｙに対し、連帯保証契約に基づき、貸金の残元金等の支払を求めて訴えを提起した。

判決は、ビルの価値が実際にはかなり低く、担保価値として十分でなかったと認定したうえで、Ｙは、その誤信した事実を動機として、本件連帯保証契約を締結したものというべきであり、Ｙが誤信した事実は、連帯保証契約の他方当事者であるAの従業員が積極的に発信した事実であるから、動機の表示があったことは明らかであるとして、本件連帯保証契約は、錯誤により無効であるとした。

③最判平成28・1・12民集七〇巻一号一頁

X銀行とY信用保証協会は、信用保証に関する基本契約を締結していたところ、Xは、A社から運転資金の融資の申込みを受け、A社とYは、保証委託契約を締結した。そこで、Xは、A社との間で金銭消費貸借契約を締結し、Yは、Xとの間で、A社の債務を連帯保証する契約を締結した。ところがその後、A社は反社会的勢力であることが判明した。しかし、基本契約や保証契約においては、契約締結後に主債務者が反社会的勢力であることが判明した場合の取扱いについての定めは置かれていなかった。XがYに対し保証債務の履行を請求したが、Yは、A社が反社会的勢力であることを知らずに本件各保証契約を締結したので錯誤により無効であると主張した。

最高裁は、信用保証協会の意思表示には動機の錯誤があるといえるが、たとえ動機が表示されても、当事者の意思解釈上、それが法律行為の内容とされたものと認められない限り、表意者の意思表示に要素の錯誤はないと解するのが相当であり、A社が反社会的勢力でないことというYの動機は、それが明示又は黙示に表示されていたとしても、当事者の意思解釈上、これが保証契約の内容となっていたとは認められず、Yの保証契約の意思表示に要素の錯誤はないというべきであるとした。しかし他方では、主債務者が反社会的勢力でないことそれ自体が金融機関と信用保証協会との間の保証契約の内容にならないとしても、XおよびYは、本件基本契約上の付随義務として、個々の保証契約を締結して融資を実行するのに先立ち、相互に主債務者が反社会的勢力であるか否かについてその時点において一般的に行われている調査方法等に鑑みて相当と認められる調査をすべき義務を負うというべきであり、Xが上記の調査義務に違反したといえる場合には、Yは、保証債務の履行の責めを免れうるとした。

④最判平成28・12・19判タ一四三四号五二頁

Ｘ信用保証協会とＹ銀行は、信用保証に関する基本契約を締結していたところ、ＹがＡ社に貸付けをするに際して、Ａがセーフティネット保証制度に該当する事業（牛乳等の小売業）を営む中小企業者であるとして、Ｘとの間でＡの債務を連帯保証する旨の保証契約を締結した。ところが、保証契約締結までの間にＡは本件事業をＢに譲渡していたため、実際には上記の保証制度に該当しない中小企業者となっていた。しかし、基本契約には、主債務者が中小企業者の実体を有しないことが判明した場合の取扱いについての定めはなかった。ＸはＹの請求により保証債務の履行として四九二五万円余を支払っていたが、その後事情を知ったＸは、ＸＹ間の保証契約は錯誤により無効であると主張してＹに対して不当利得の返還を請求した。

最高裁は、Ｘの意思表示には動機の錯誤があるといえるが、たとえ動機が表示されても、当事者の意思解釈上、それが法律行為の内容とされたものと認められない限り、表意者の意思表示に要素の錯誤はないと解するのが相当であり、Ａが中小企業者の実体を有することという Ｘの動機は、それが表示されていたとしても、当事者の意思解釈上、保証契約の内容となっていたとは認められず、Ｘの保証契約の意思表示に要素の錯誤はないというべきであるとした。しかし他方では、金融機関は、信用保証に関する基本契約に基づき、主債務者が中小企業者の実体を有する者であることについて、相当と認められる調査をすべき義務を負うというべきであり、Ｙがこのような義務に違反したといえる場合には、Ｘは、保証債務の責めを免れうるとした。

２　契約の内容と債権者の義務

①の事例は、空売りの売買についての立替払契約の保証であり、空売りである売買契約の連帯保証契約への影響は、間接的である。しかし、判決は、連帯保証契約の主債務の発生原因である立替払契約が売買契約を前提としているとし、売買契約の成否が連帯保証契約の重要な内容であるとしている。このような契約解釈からするならば、

実は、立替払契約もまた、売買契約の成立を前提としたものであって無効であり、連帯保証契約は、附従性により無効となるといえば足りたはずである（ただし、通常、保証契約の履行を求める債権者がこのような主張をすることはない）。すなわち、本判決は、売買契約、その代金の立替払契約、その連帯保証契約の内容上の牽連性を認め、それを錯誤無効として認めたものであるといえるのではなかろうか。

これに対して、②の事例は、貸付契約の債権者が主債務者の提供する担保物件に十分な担保価値があると説明したが、実際には大幅に下回る価値しかなかったという事案である。判決は、連帯保証人の動機の錯誤であるが、債権者が上記のような説明をした以上、動機の表示があったとして錯誤無効を認めている。しかし、他に担保物件があることは、連帯保証契約の解釈上は、その内容であるとは言い難い。主債務契約である貸金契約と担保権設定契約とが別契約である以上、担保物件についての事情が主債務契約の内容となっているとはいえないからである。したがって、このような事案では、保証契約の内容を問題にして錯誤無効を認めることはできないはずである。本件のような事案では、判決がまさに重視して指摘しているように、債権者が連帯保証契約の締結に際して誤った情報を提供したことが問題なのであり、債権者には、主債務契約に関する情報を保証人に提供すべき義務があり、契約締結に際して債権者がなすべき十分な調査・説明を怠れば、債務不履行責任を負うということが妥当であろう。すなわち、このような義務は、連帯保証契約それ自体の契約内容から導くことはできないが、保証取引全体から見れば、取引を維持するために債権者に課せられているといえるのではなかろうか。

以上のような疑問に直接答えているのが③および④の事案である。これらの事案では、主債務者が反社会的勢力でないこと、または一定の中小企業者であることが連帯保証契約の内容であるとはいえないとされながら、金融機関と信用保証協会の両者は、ともに、基本契約上、主債務者についての調査義務を負うとされた。これは、信用保証協会保証では、基本契約とそれに基づく個々の保証契約とが実際上一体的な関係にあるものと解するものであり、また、そのような義務は、信用保証制度の目的から導かれるというものであって、信用協会保証の全体の仕組みが保証契約にも影響を及ぼすことを認めるものであるといえるのではなかろうか。

以上のように見てくると、保証契約について錯誤が問題になる事例における紛争の実体は、主債務者と保証人間の委託関係において前提とされた事情が事実と異なる場合に、債権者と保証人間で締結された保証契約にどのような影響があるかという問題であり、錯誤という構成は、このことを表わす仮託的な法律構成であるように思われる。

３　金山説とその評価

保証に関する錯誤の裁判例を素材としつつ、錯誤法理によるアプローチには限界があるとし、この問題を主債務者と債権者の法的関係を分析することによって、新たな視点から捉える最近の学説として金山直樹教授の見解がある。

金山教授は、保証人の錯誤問題について、まず、従来の判例を分析し、錯誤という問題設定では、主債務者の行為・態様を十分に考慮することができず、オール・オア・ナッシングという硬直的な解決しかもたらさず、主債務者の属性誤認に起因するリスク配分に関して、「債権者と保証人が誤認につき同罪であるならば、保証人だけがリスクを負うことは正当化できない」として、主債務者を債権者の契約締結補助者として構成することへと論を進める[7]。

同教授によれば、「既存の判断枠組によって、債権者の得る利益と保証人の被るリスクを適切に調整できていないとすれば、それはいわばリスク源たる主債務者が保証契約の当事者とされていないからである」とし、債権者の調査義務の分析から、契約締結補助者の理論の適用範囲を探る[8]。そして、債権者には、保証契約締結前の信義則上の義務として「相手方配慮義務」があり[9]、これは、「主債務者に起因する想定外の危険から相手方を守ることを究極の目的としており」、この「抽象的・包括的な一般的義務としての『相手方配慮義務』から、個別具体的な義務たる『調査義務』が発生する」とする[10]。

しかし、それだけでは、主債務者を源とする保証人のリスクを適切にコントロールすることができないとして、主債務者の行為・態様を評価対象として取り込むために、ここに「契約締結補助者の理論」を適用すべきことを提唱する[11]。それによれば、主債務者が、保証契約の締結補助者として、債権者が保証人に対して負担する相手方配慮義務の履行補助者の地位に立つ、と構成できるとし[12]、債権者は自らの行為のみならず、相手方配慮義務の履行補助者たる主債務者の行為についても責任を問われるとする[13]。具体的には、保証人は債権者に対して不法行為による損害賠償請求ないし詐欺による保証契約の取消しを主張できるとする[14]。

以上のような金山説の主旨は、保証取引の構造理解に関して詳細な検討に基づく新たな理論構成を示すことにあり、しかも、その構造理解を保証取引を形成する主体の関係に着目するものであって、この点に関する限りでは、保証取引を多角取引と位置づけつつ、取引を形成する主体間による多数当事者間契約の成立を主張する私見と議論の方向性を一にするものである。また、この構造理解にあたり、従来の法理を利用しつつ、主債務者と債権者の法律関係を一体的なものと構成し、「契約締結補助者の理論は、契約の相手方でない主債務者を契約締結補助者として扱うとともに、相手方配慮義務の履行補助者として位置づけることによって、主債務者を相手方（債権者）と同様に扱うことを提唱している」[15]点では、私見を含めた従来の見解には見られない斬新な提案であると評価することができる。しかし、私見の立場からすれば、保証取引の構造を金山説のようにいうことができるのは、保証取引を各当事者間で締結される個別契約とは別に多数当事者間の契約関係が成立しているからであるとみているからにほかならないように思われる。このような視点からすれば、金山説には、その精緻な構成にもかかわらず、次のような疑問が生じる。

第一に、金山説は、保証取引では、信義則上、債権者が保証人に対して相手方配慮義務を負うとしており、個別契約である保証契約とは別に、新たな義務の存在を認めている。しかし、その具体的な結論は妥当であるが、義務の発生原因を信義則に求めている点には疑問がある。金山説が、私見と同様、保証取引を債権者、主債務者、保証人からなる多数当事者の法律関係と捉えているのであるならば、個別契約には含まれない義務の発生原因は、このような当事者間の関係性それ自体の中に見出されなければならないのではなかろうか。そうでなければ、金山説のいう相手方配慮義務は、一般的な二当事者間の契約関係においても、その契約の付随義務として構成でき、保証取引においてとくに問題になるというまでもなくなる。すなわち、金山説に対する第一の疑問は、個別契約の結合による保証取引全体こそが義務の発生原因であり、その法的構造を示さない限り、二当事者間契約における付随義務とは異なる、保証取引に特有の相手方配慮義務は抽出できないのではないかということである。

第二に、このような債権者の義務の存在を前提に、主債務者がその契約締結補助者であるという構成についても、主債務者と債権者間の関係に限ればそのような相互関係にあることを認めるとしても、保証取引の構造自体の中に義務の発生原因を見出そうとする場合には、疑問が生じる。すなわち、保証取引が主債務契約、保証契約、保証委託契約の結合によって構成されているというのであれば、これらの各当事者の他の当事者に対する補助者としての関係は、主債務者と債権者間に限られたものではなく、債権者、主債務者、保証人の三当事者間すべての関係において成り立つのではなかろうか。私見の立場からすれば、保証取引では、債権者、主債務者、保証人の三者がいずれも相互依存の関係にあり、これらの当事者間で補助者的な関係が成り立つというのであれば、保証契約については主債務者が補助者になると同時に、主債務契約については保証人がその補助者となり、保証委託契約については債権者が補助者となるといえるのではなかろうか。また、それは一方当事者に対するものではなく、主債務者は保証契約に関して債権者・保証人双方の補助者であり、保証人は主債務契約に関して主債務者・債権者双方の補助者、債権者は保証委託契約に関して主債務者・保証人双方の補助者という関係になるのではなかろうか。そして、仮にこのようにいうことができるとすれば、各当事者が他の契約における双方の当事者に対して負う義務は、特定の当事者に対する補助者としての義務というよりは、それらの者による契約の締結・履行を補助することではあっても、それは保証取引を維持するために必要な補助的な義務であって、独立した自分自身の協力義務といえるのではなかろうか。このように、金山説に対する第二の疑問は、保証取引における各当事者は、保証取引全体を維持するために、相互に他の当事者に対してそれらの者の間における個別契約の成立・履行に協力すべき独自の義務を負うというべきであり、主債務者が債権者の補助者的立場にあるというにとどまらないのではないかということである。[16]

以上のような金山説に対する疑問は、債権者ないし債務者に個別の契約関係からは導けない特有の義務を認めるためには、保証取引が単に三当事者からなる複数の個別の契約関係ではなく、全体として保証取引が多角関係であることが必要であり、それを発生原因として、すべての当事者に多角取引特有の義務を課すことができることが必要ではないかということである。たとえ保証取引が三当事者から形成されている取引だとしても、それが法的に拘束力のある関係にあるといえなければ、単に三人の当事者が関与する取引であるというにすぎなくなり、また、たとえそういえたとしても、それぞれの当事者が取引を維持するための独自の義務を負うといえなければ、当事者間の関係が相互的なものであるとはいえないからである。

そこで以下では、三当事者によりそれぞれ個別の契約が締結されているが、それが相互に依存効を持ち、そこから各当事者が相互に取引全体を維持するために個別契約とは別の義務を負うためには、すべての当事者がそのような取引をすることに同意しなければならないことを示すために、三者間決済の問題を取り上げることにする。

四　多数当事者間決済と多角取引

1　多数当事者間相殺合意の対外的効力

たとえば、複数の事業者が原材料の供給、部品の製造・販売、最終製品の製造・販売を分担しながら全体として一つの事業を展開している場合、多数の当事者が経営する交通機関をその利用者が電子カードを使って相互に乗り継ぎを繰り返している場合などでは、事業展開の過程で生じる多数の売掛代金債権や運送料金債権をある時期に一括して決済することが効率的である。

一括決済では、一方で、当事者間の問題として決済の仕組みの簡便性が要請されるとともに、他方では、そのような仕組みと第三者（典型的には、一括決済の目的となっている債権を差し押さえた債権者）との利害関係を調整する必要性が生じる。しかし、民法が決済（債権債務の消滅・移転）のために用意している法的仕組みや解釈で第三者が利用できるもの、すなわち、第三者による弁済・代物弁済、更改、債務引受などは、一方で、当事者間の問題として、これらの仕組みが二当事者間での決済、ないし別の二当事者間の関係への置き換えを念頭に置いていることから、たとえ多数当事者の決済についてこれらを駆使しても、上記のような取引の実体に整合的でないという問題点があり、他方で、第三者との利害調整の問題として、これらが第三者の出現後に現実化するため、典型的には差押えの効力（民執一四五条）を阻止するための潜脱行為として、第三者に対抗できないという問題点がある。[17] このような状況において、多数の当事者間で相殺が利用されることがある。たとえば、AがBに対して債権を有し、BがCに対して債権を有する場合で、AC間に一定の利害関係が存在する場合に、Aが自己の債権を自働債権とし、BのCに対する債権を受働債権として相殺することを合意するような場合である。

多数当事者間で、第三者の相殺を許容する契約の効力に関して、最判平成7・7・18判時一五七〇号六〇頁がある。これは、A社が取引先であるB社に対する甲債権と、B社がその取引先であるY社（Aの親会社）に対する乙債権につき、Bに信用悪化の事由が生じた場合には、Bが甲債権について期限の利益を失い、Aの意思表示によって相殺適状の時に遡って両債権を消滅させるという内容の相殺予約をAB間で締結していたところ、Bが振り出した手形が不渡りとなり、国Xが租税債権徴収のために乙債権を差し押さえて取立請求したという事案である。このような予約の効力が問題となったが、最高裁は、Aのした相殺が実質的にはYに対する甲債権の譲渡といえることを考慮すると、Yは、Xの差押え後にAがした意思表示をもってXに対抗することができないとした。

この判決については、その法律構成につき、判決が採用した債権譲渡に類似するとする構成以外にも種々の見解が示されている。[18]また、たとえば前記の当事者のうち、AB間の合意、AY間の合意、BY間の合意による場合でも、その法律構成は文字通りの相殺ではなく、代物弁済、債務引受、債権譲渡、債務免除などに類似した効力を生じさせる契約として種々の構成がありうる。従来の判例・学説において、このような多数当事者間の相殺予約でも、これを当事者全員の合意によるならば少なくとも当事者間で対内的に効力を認めてよいことに異論はない。[19]また、二当事者で合意する場合でも、法律上の利害関係を有しているか、対象となる債権の債務者の意思に反しない場合であれば、当事者間での効力を認めても支障はない。しかし、重要なことは、最高裁がこのような相殺契約（予約）の対外的効力を否定していることである。判決では、実質的には債権譲渡といえることを理由としているが、たとえ上記のようなほかの種々の法律構成を採ったとしても、第三者が受働債権を差し押さえている場合には、差押えの効力の潜脱行為として第三者には対抗できないと解すべきであろう。また、判決の事案は上記のAB間の合意による場合であったが、このことは、たとえすべての当事者で合意をした場合であっても、差押え後の処分と解される以上、差押債権者には対抗できないと解することになると思われる。周知のように、最大判昭和45・6・24

民集二四巻六号五八七頁は、二当事者間でのこのような特約を有効としているが、多数当事者間でのこのような特約は、二当事者間におけるように相殺適状を創出することだけでなく、債権の相対立性を崩すものであり、予期せぬ相殺を認めるものであって、同判決の射程を超えるものというべきである。(20)

２　相互保証による多角取引の形成

多数当事者間相殺を正当化する根拠は、当事者間の決済の便宜性ではなく、当事者間の緊密性ないし当事者が行う取引の緊密性に求められるべきであり、決済の便宜性は、その結果にすぎないというべきである。無資力の危険分散という目的も、当事者間の緊密性ないし当事者が行う取引の緊密性にこそ正当化の根拠が求められるべきである。このような緊密性がある場合にはじめて、多数当事者間の関係を法的にも多角取引として認知でき、第三者に対する優先的関係を認めることが是認されるように思われる。

取引の一体性を確保するために一括決済を行うという場面では、原則として、一括決済を求める当事者と第三者間では、受働債権に対する対等性が保障されるべきであり、第三者による相殺だけではこの対等性を崩すことはできない。このような場合に当事者間の緊密性・取引の緊密性について第三者に対する優位性を認めるためには、単に実際上の緊密性を動機に留めるのではなく、法律構成上も、第三者の介入を排除するための緊密な当事者間の関係を構築すべきであり、単に債権の連鎖・同時存在というだけでなく、担保権設定のように、第三者を排除するための強力な法律上の関係（多角関係）を当事者間で作り出さなければならない。

多数当事者間において、実質上は相互に牽連関係にあるが、法律上はそのような関係にあるといえない複数の債権の回収に伴う危険を全員に分散しようとの当事者の意思に忠実に従うならば、各当事者には、当事者がそれぞれ負担している債務について相互に協力し、保証し合うとの意思があるものと理解することができる。そうであるならば、法律上、これを素直に示す方法としては、一括決済に参加する各当事者は、一括決済の対象となる各債権（債務）を連帯保証すればよい。

改正前民法では、たとえば、ＡがＢに対して債権を有しており、ＣがＢの債務を保証している場合には、Ｃは、ＢのＡに対する債権を自働債権として保証債務を相殺できると規定されていたが（改正前民四五七条二項）、これについては、保証人が債権者から保証債務の履行を請求された場合、保証人は相殺が可能である範囲内において弁済を拒絶する抗弁権を付与するにすぎないと解するのが通説となっており、このため、改正民法四五七条三項では、主たる債務者が債権者に対して相殺権を有するときは、保証人は、その限度で、債権者に対する履行を拒むことができると規定された。しかし、上記の例で、ＢがＣに債権を有している場合にＡがこの債務を保証し、また、ＣがＡに債権を有している場合にＢがこの債務を保証し、これらを組み合わせるならば、ＡＢＣ間には、債権の連鎖とちょうど逆向きに保証の連鎖が生じることになる。当事者が三名以上の多数になっても、この基本的な関係を組み合わせれば、各当事者間には、必ず、債権関係とは逆向きに保証債務関係が存在することになる。この場合に、たとえば、ＡのＢに対する債権をＡの債権者Ｄが差し押さえたときは、Ｃは自己のＡに対する債権を自働債権とし、Ａの自己に対する保証債権を受働債権として相殺することができる。これは、自己の債権を自働債権とする相殺であり、改正民法四五七条三項の場合とは異なるので、履行拒絶の抗弁権を有するにとどまらない。この相殺により保証債務が消滅する結果として、主たる債務であるＢのＡに対する債務（ＡのＢに対する債権）も消滅する。このようにして差押えに対する相殺の優先性を確保することができる。また、差押債権者ＤがＡのＣに対する連帯保証債権も差し押さえたような場合でも、Ｃは自己のＡに対する債権をＤの差押え以前に取得してさえいれば、相殺をもってＤに対抗することができる。このように、緊密な当事者間ないし取引関係において、相互保証を利用した場合、ある当事者に信用不安が生じたときには、債権関係の連鎖という協同関係が差押えによって切断されても、いわば第二の柵として、連帯保証関係の連鎖という協同関係を発動させて、当該当事者に対する債権につき期限の利益を喪失させ、自己の連帯保証債務と相殺することにより、協同関係は維持される(21)。

以上のような多数当事者間決済に関する私見から多角取引についていえることは、以下の二点である。すなわち、第一に、多数の当事者間で個別の契約が締結されている場合に、たとえそれらを組み合わせることによって一つの社会的・経済的効果を達成しようとしても、それだけでは各契約が相互に牽連性を有する多角取引であるとはいえない。これらが相互に牽連性を有するためには、各契約に牽連性を持たせるための新たな合意とそれに対するすべての当事者による同意が必要である。多数当事者間決済では、個別の債権関係とは別に、各当事者間相互でいわば逆向きの保証契約を締結しなければそのような合意があったと認めることはできない。しかし重要なのは、このような相互保証契約自体を締結することではなく、取引のすべての当事者にそのような相互関係を形成する意思があり、それらが共有され、かつ、それが外部に表明されているか否かである。この点、保証取引では、すでに述べたように、債権者、主債務者、保証人のいずれもが保証取引を行うことを前提にして各個別契約を締結しており、個別契約による自己の立場の引受けと同時に、他の当事者の立場の承認が認められるので、すでに保証取引を行うという合意に対する各当事者の同意があり、多角取引が成立している。このような意味において、保証取引には、各個別契約からは導けないが、保証取引を維持するための特別の義務が発生するということを正当化できる根拠があるのである。

第二に、このような特別の義務は、多角取引を構成する当事者のうち特定の者にだけ課せられるべきものではなく、取引に参加する当事者すべてが、その者自身の義務として負うものである。特定の者だけが義務を負うのでは、当事者全員で多角取引を支えているとはいえない。ただし、各当事者が負うべき義務の内容は、多角取引の目的に従って、各当事者の立場に応じて割り当てられるものであるから、必ずしも同一内容であるとはいえない。多数当事者間決済では、各個別契約によって発生する債権・債務が金銭債権・債務であり、多角取引は決済のためだけに利用されるので、各当事者が負う義務もまた同一になる（保証債務）。他方、保証取引では、各個別契約は内容を異にしているので、各当事者が負うべき特別の義務の内容もまた、当事者の立場によって異なりうる。しかし重要なことは、各当事者全員がその者自身の義務として特別の義務を負うということである。

五　保証取引における各当事者の相互協力義務の内容

1　相互協力義務の割当て

前述のように、委託による保証取引は、債権者・主債務者・保証人という三当事者によって、債権者における金銭の貸付けと確実な回収、主債務者における融資の実現、保証人による受託者としての利益という、それぞれの当事者の固有の利益を実現するために、それぞれが独立の当事者として、主債務契約、保証契約、保証委託契約を個別に締結し、これら三つの契約を組み合わせることによって、全体として保証を伴う金銭貸借取引という社会的・経済的目的を達成しようとする多角取引である。

このような保証取引においては、債権者、主債務者、保証人の三者は、いずれも相互依存の関係にあり、保証取引を行うという合意に対する同意があるといえるので、そのような合意を発生原因として、それぞれの立場に応じて、保証取引を維持するために必要な義務、すなわち相互協力義務を割り当てられるというべきである。

２　各当事者の具体的義務

⑴　保証人の相互協力義務

保証人は、債権者との間の保証契約に基づき、保証債務を履行する義務を負うとともに、主債務者との間の保証委託契約に基づき、受任者として委任事務を履行する義務を負う。また、これらの給付義務以外にも、それぞれの契約の付随義務を負う。

しかし、保証人は、これらの個別契約から発生する義務とは別に、保証取引全体を維持するための相互協力義務として、主債務契約に関しても、それが円滑に締結、履行されるための協力義務を負うというべきであり、具体的には、債権者に対して、保証委託契約の締結状況・内容や主債務者の財産状況に関する情報を提供するとともに、主債務者に対して、保証契約の締結状況・内容や債権者に関する情報を提供する義務を負うというべきである。保証人がこのような義務に違反した場合には、その義務違反が取引全体を維持できない重大なものであるときには、保証契約または保証委託契約自体の義務違反ではなくても、債権者または主債務者は、保証取引を解消することの一環として、それらの個別契約を解除することができるというべきである。また、義務違反の程度がそれまでに至らないときは、債権者または主債務者は、それらの個別契約の解除はできないが、保証取引に対する合意違反として、債務不履行による損害賠償請求などができるというべきである。ただし、保証人が信用保証協会である場合には、信用保証協会保証制度が中小企業者等に対する金融の円滑化をはかるという目的を有しており、単に債権者の貸付債権の保全策として存在するものではない。このため、信用保証協会は、このような制度目的・趣旨に従って保証をなすべき責務を負っており、保証委託契約において保証を受託するための条件が提示されている。そしてまた、債権者も、信用保証協会保証制度を利用するときは、協会がこのような条件の下でなければ保証しないことを当然の前提として承諾したうえで保証契約を締結しているというべきであり、債権者には、通常の保証契約と異なり、特段の合意がなくとも、保証契約上そのような条件に違反しない義務があるというべきである。そしてこのような保証契約の特性は、斡旋保証であろうと債権者を経由した経由保証であろうと異ならないというべきである。[22]したがって信用保証協会保証では、公益的目的を果たすための保証であるという信用保証契約の性質上、信用保証協会は、債権者に対してその契約上の義務として主債務者の情報を提供する義務を負っているというべきであろう。

(2)　主債務者の相互協力義務

主債務者は、債権者との間の主債務契約に基づき、主債務を履行する義務を負うとともに、保証人との間の保証委託契約に基づき、委任者としての義務を履行する義務を負う。また、これらの給付義務以外にも、それぞれの契約の付随義務を負う。

しかし、主債務者は、これらの個別契約から発生する義務とは別に、保証取引全体を維持するための相互協力義務として、保証契約に関しても、それが円滑に締結、履行されるための協力義務を負うというべきであり、具体的には、債権者に対して、保証委託契約の締結状況・内容や保証人の財産状況に関する情報を提供するとともに、保証人に対して、主債務契約の締結状況・内容や債権者に関する情報を提供する義務を負うというべきである。主債務者がこのような義務に違反した場合には、その義務違反が取引全体を維持できない重大なものであるときには、主債務契約または保証委託契約自体の義務違反ではなくても、債権者または保証人は、保証取引を解消することの一環として、それらの個別契約を解除することができるというべきである。また、義務違反の程度がそれまでに至らないときは、債権者または保証人は、それらの個別契約の解除はできないが、保証取引に対する合意違反として、債務不履行による損害賠償請求などができるというべきである。

民法改正では、事業のための委託による個人保証について、契約締結時に、主債務者の情報提供義務に関する規定が新設された（改正民四六五条の一〇第一項、第三項）。それによれば、主債務者が事業に係る個人保証を委託するときは、保証人となる者に、①主債務者の財産および収支の状況、②主債務以外に負担している債務の有無、額、履行状況、③主債務の担保として提供しまたは提供しようといているものとその内容に関する情報を提供しなければならない。主債務者がこれらの情報を提供せず、または誤った情報を提供したために保証人となる者がその事項を誤認し、それによって保証契約の申込みまたは承諾をした場合には、そのような事実について債権者が悪意または有過失であれば。保証人は、保証契約を取り消すことができる（同条二項）。私見によれば、これは前記のような主債務者の相互協力義務を具体化したものと捉えるべきであり、これを保証委託自体の義務として認めた点、および主債務者に義務違反があった場合に保証契約の取消しまでを認める点は、私見を超える意義があると積極的に評価できる。しかし他方では、このような義務は保証取引の構造から生じるものと捉えるべきであり、義務が事業のための委託の場合に限定されている点では、十分ではないといえるであろう。

(3)　債権者の相互協力義務

債権者は、主債務者との間の主債務契約に基づき、金銭を貸与する義務を負うとともに主債務の履行を求める権利を有し、保証人との間の保証契約に基づき、保証債務の履行を求める権利を有する。

しかし、債権者は、これらの個別契約から権利のみを取得するというべきではなく、債権者といえども、保証取引全体を維持するための相互協力義務を負うというべきであり、具体的には、主債務者に対して、保証契約の締結状況・内容や保証人の財産状況に関する情報を提供するとともに、保証人に対して、主債務契約の締結状況・内容や主債務者の財産状況等に関する情報を提供する義務を負うというべきである。債権者がこのような義務に違反した場合には、その義務違反が取引全体を維持できない重大なものであるときには、主債務契約または保証委託契約自体の義務違反ではなくても、主債務者または保証人は、保証取引を解消することの一環として、それらの個別契約を解除することができるというべきである。また、義務違反の程度がそれまでに至らないときは、主債務者または保証人は、それらの個別契約の解除はできないが、保証取引に対する合意違反として、債務不履行による損害賠償請求などができるというべきである。ただし、保証人が信用保証協会である場合には、①で述べたように、公益的目的を果たすための保証であるという信用保証契約の性質上、債権者は、信用保証協会に対してその契約上の義務として主債務者の情報を提供する義務を負っているというべきであろう。したがって、債権者がこのような義務に違反した場合には、信用保証協会は、保証契約を解除することもできるというべきである。また、金融機関と信用保証協会で取り交わされる基本契約における免責・一部免責は、失権約款による解除条件付保証契約の解除の意義を有すると解される。

民法改正では、債権者は、主債務者の委託を受けて保証人になった者に対して、保証人から請求があったときは、遅滞なく、主債務の元本、利息、違約金、損害賠償その他債務に附従するすべてのものについて、それらの不履行の有無ならびに残額と弁済期が到来している額に関する情報を提供しなければならないとする規定が新設された（改正民四五八条の二）。委託による保証であれば、個人保証だけでなく法人保証にも適用される。私見によれば、これは債権者の相互協力義務を具体化したものといえるが、これを保証契約自体における義務として認めた点に積極的な意義があると評価できる。債権者がこの義務に違反した場合の効果は規定されていないが、保証契約上の義務違反として債務不履行責任を負うというべきであろう。

六　むすびにかえて

以上のように、多角取引においては、各個別契約とは別に、取引全体を維持するとの合意とそれに対する各当事者の同意が存在するといえ、そのような合意を発生原因として各当事者にはその立場に応じた相互協力義務がそれらの当事者自身の義務として割り当てられるというべきである。そして、保証取引における各当事者の相互協力義務は、自己が当事者ではない個別契約の成立・履行に協力すべき義務であり、具体的には自己が知りうる情報を他の当事者に適切に提供する義務がその中心をなすといえよう。民法改正では、委託による保証において、主債務者に対して保証委託上の義務、および債権者に対して保証契約上の義務として、情報提供義務の規定が新設された。保証取引が多角取引であることが一般的な承認を得ていない現段階では、このような相互協力義務を各個別契約上の義務として設定することは、法律構成上の工夫であるといえるが、本来的には、保証取引が債権者・主債務者・保証人からなる多数当事者間契約から導かれるべき義務であるというべきであろう。

（1）　わが国において、はじめて、多数当事者によって構成される取引を「多角的法律関係」、「多角取引」として一体的に捉える必要があること、また、それには新たな法律構成上の概念としての可能性があることを提唱したのは、椿寿夫博士である。椿寿夫「民法学における幾つかの課題（一）（七）（八）（九）」法教二二四号六七頁、二三一号三一頁以下（いずれも一九九九年）、二三二号五五頁、二三三号六五頁（いずれも二〇〇〇年）、同「三角取引（多角取引）について（上）（中）（下）」ＮＢＬ一〇四八号四頁、一〇五〇号四四頁、一〇五一号四一頁（いずれも二〇一五年）。

（2）　複合契約論の展開については、**第Ⅰ章第１節**、**第Ⅳ章第１節第１項**参照。

（3）　**第Ⅳ章第２節第１項**参照。

（4）　同旨、池田真朗「契約当事者論」山本敬三ほか『債権法改正の課題と方向（別冊ＮＢＬ五一号）』（商事法務研究会、一九九八年）一七五頁。

（5）　**本章第２節第２項**、**第３節第１項**、**第２項**。

（6）　最大判昭和40・6・30民集一九巻四号一一四三頁。

（7）　金山直樹「保証人の錯誤問題——判断基準の探究」『瀬川信久先生＝吉田克己先生古稀記念論文集・社会の変容と民法の課題（上）』（成文堂、二〇一八年）五〇四頁以下。

（8）金山直樹「保証契約締結前の義務と契約締結補助者の理論」曹時七〇巻四号（二〇一八年）二頁以下。
（9）金山・前掲注（8）二一頁。
（10）金山・前掲注（8）二四頁以下。
（11）金山・前掲注（8）二六頁。
（12）金山・前掲注（8）二八頁。
（13）金山・前掲注（8）二九頁。
（14）金山・前掲注（8）三三頁。
（15）金山・前掲注（8）三七頁。
（16）以上のような多角取引における各当事者の義務の相互性については、私見以外でも複合契約論からも指摘があるところである。たとえば、複合契約的発想からする有力な見解として、千葉恵美子「『多数当事者の取引関係』をみる視点」伊藤進・國井和郎・堀龍兒・新美育文編『椿寿夫教授古稀記念・現代取引法の基礎的課題』（有斐閣、二〇〇九年）一七五頁以下の「給付関連性説」がある。それによれば、第三者与信型消費者信用取引においては、販売業者と顧客は売買契約上、信販会社と顧客は立替払契約上、それぞれ一方の契約を他方の契約に関連づける要素を契約内容として取り込んでいるために、両契約から生じる債務間には一定の牽連関係があると解する。そして、顧客の債務負担、与信者の請求を基礎づけているのは、契約当事者を異にする別個の契約である与信契約と売買契約において、契約内容として、「結合要素」がそれぞれ組み込まれているからであるとする。具体的には、立替払契約（割賦購入あっせん）ないし消費貸借契約（ローン提携販売）上、信販会社や金融機関が顧客の売買代金債務を一括弁済することと、顧客が信販会社ないし金融機関に対して債務を負担することが一体的に発生するように約定されており、この顧客に対する二重の効果帰属（代金債務の消滅と顧客の債務の発生）の一体的発生から、本来、売買契約上、目的物引渡義務と売買代金債務との間に認められる発生上・履行上・存続上の牽連関係が、目的物引渡義務と与信契約上の支払債務との間にも延長されるとする。以上の結果として、給付関連性説では、コーズ（債務負担の実質的理由）の存在によって、一つの取引システムの構成部分として統合化されている複数の契約が、それぞれ結合要素を契約内容として組み込んでいる点に、両契約上の債務間の相互依存効の根拠が求められている、とするのである。このような給付関連性説は、私見のように多角取引を構成する当事者の合意と同意に着目するのと異なり、多角取引を構成する個別契約における給付の相互関連性に着目するものであるが、多角取引は、それを構成するすべての当事者間で特別の法律関係が発生することが本質的な構造であると解することでは共通している。**本章第3節第1項**での検討参照。

(17) このように、民法典の用意する仕組みないし解釈では、たとえ当事者間で一括決済の効果を生じさせることができても、それを第三者に主張することができないことについては、**第Ⅲ章第1節**、**第2節**参照。

(18) その詳細は、**第Ⅲ章第1節**参照。

(19) 大判大正6・5・19民録二三輯八八五頁、於保不二雄『債権総論〔新版〕』（有斐閣、一九七二年）四一四頁。

(20) 潮見佳男『新債権総論Ⅱ』（信山社、二〇一七年）三三五頁。

(21) 以上につき、**第Ⅲ章第2節**参照。

(22) **第Ⅱ章第2節二**参照。

【著者略歴】

中舎寛樹（なかや・ひろき）
1950年　岐阜県高山市生まれ。名古屋大学法学部卒業。同大学院法学研究科博士課程後期課程満期退学。名古屋大学法学部助手、名古屋大学大学院法学研究科教授などを経て、現在、明治大学専門職大学院法務研究科（法科大学院）教授、名古屋大学名誉教授、明治大学博士（法学）。

（主著）
『解説　類推適用からみる民法』〔共編著〕（日本評論社、2005年）、『解説　新・条文にない民法』〔共編著〕（日本評論社、2010年）、『多角的法律関係の研究』〔共編著〕（日本評論社、2012年）、『表見法理の帰責構造』（日本評論社、2014年）、『債権法』（日本評論社、2018年）、『民法総則〔第２版〕』（日本評論社、2018年）ほか

多《た》数《すう》当《とう》事《じ》者《しゃ》間《かん》契《けい》約《やく》の研《けん》究《きゅう》

2019年９月５日　第１版第１刷発行

著　者　中《なか》舎《や》寛《ひろ》樹《き》

発行所　株式会社　日本評論社
〒170-8474　東京都豊島区南大塚3-12-4
電話　03-3987-8621（販売）　-8611（編集）
FAX　03-3987-8590（販売）　-8593（編集）
振替　00100-3-16　　https://www.nippyo.co.jp/

印刷所　平文社
製本所　松岳社
装　幀　林　健造
検印省略　
ISBN 978-4-535-52442-2　　Printed in Japan